Uni-Taschenbücher 267

UTB FÜR WISSEN SCHAFT

Eine Arbeitsgemeinschaft der Verlage

Wilhelm Fink Verlag München
Gustav Fischer Verlag Stuttgart
Francke Verlag Tübingen
Paul Haupt Verlag Bern und Stuttgart
Dr. Alfred Hüthig Verlag Heidelberg
Leske Verlag + Budrich GmbH Opladen
J. C. B. Mohr (Paul Siebeck) Tübingen
R. v. Decker & C. F. Müller Verlagsgesellschaft m. b. H. Heidelberg
Quelle & Meyer Heidelberg · Wiesbaden
Ernst Reinhardt Verlag München und Basel
F. K. Schattauer Verlag Stuttgart · New York
Ferdinand Schöningh Verlag Paderborn · München · Wien · Zürich
Eugen Ulmer Verlag Stuttgart
Vandenhoeck & Ruprecht in Göttingen und Zürich

Georg Fohrer · Hans Werner Hoffmann · Friedrich Huber
Ludwig Markert · Gunther Wanke

Exegese des Alten Testaments

Einführung in die Methodik

5., durchgesehene Auflage

Quelle & Meyer Heidelberg · Wiesbaden

CIP-Titelaufnahme der Deutschen Bibliothek

Exegese des Alten Testaments: Einführung in die Methodik / Georg Fohrer ... – 5., durchges. Aufl. – Heidelberg; Wiesbaden: Quelle u. Meyer, 1989
(UTB für Wissenschaft: Uni-Taschenbücher; 267)
ISBN 3-494-02165-1
NE: Fohrer, Georg [Mitverf.]; UTB für Wissenschaft / Uni-Taschenbücher

5., durchgesehene Auflage 1989

Druck und Verarbeitung: Zechnersche Buchdruckerei, Speyer
Printed in Germany/Imprimé en Allemagne
ISBN 3-494-02165-1

Vorwort

Dieses Buch bietet eine Einführung in die exegetischen Methoden. Auf der einen Seite soll es dem Studenten ein Lehrbuch sein, auf der anderen Seite einen weiterführenden Beitrag zur neueren Methodendiskussion liefern. Besonderes Gewicht wurde auf eine genaue Differenzierung und gleichzeitig notwendige Integration der einzelnen exegetischen Fragestellungen gelegt. Moderne Linguistik und Sprachtheorie leisteten dabei wertvolle Hilfe. Im Verlauf der Arbeit an diesem Buch stellte sich heraus, daß mancherlei neu durchdacht und bestimmt werden mußte.

Des weiteren ist das Buch ein Versuch, aus dem Zusammenwirken mehrerer Mitarbeiter ein möglichst einheitliches Gesamtwerk entstehen zu lassen. Jeder Mitarbeiter hat zwei oder mehr Paragraphen selbständig erarbeitet und entworfen. Diese Entwürfe waren in gemeinsamer Diskussion aller Mitarbeiter der ständigen Kontrolle und Korrektur unterworfen. Dadurch sind die einzelnen Paragraphen das Ergebnis sowohl der Bemühungen eines einzelnen als auch das Ergebnis der gemeinsamen Arbeit.

Hauptverantwortlich für die einzelnen Paragraphen sind: G. Fohrer für § 2 und 9, H. W. Hoffmann für § 3 und 10, F. Huber für § 5 und 8, L. Markert für § 4 und 7, G. Wanke für § 1, 6 und 11.

Erlangen, im Juli 1973 Die Verfasser

Zur 4. Auflage

Die Erfahrungen aus der praktischen Verwendung des Buches in akademischen Lehrveranstaltungen und wohlwollende weiterführende Kritik an ihm – soweit sie schriftlich vorliegt –, dazu die fortschreitende Methodendiskussion veranlaßten die Verfasser zu einer Überarbeitung des Buches. Dabei sollte das zugrunde liegende Methodenkonzept noch klarer herausgestellt und die Verwendbarkeit des Buches weiter verbessert werden. Mit Ausnahme der §2 und 9 (G. Fohrer, Jerusalem) wurden alle Abschnitte des Buches einer Revision unterzogen und notwendige Änderungen vorgenommen. Eine tiefgreifendere Umgestaltung erfuhr der § 11 „Theologische Kritik", wofür vor allem didaktische Überlegungen maßgebend waren. Änderungen in der Beispielsexegese ergaben sich aus der Anpassung an die überarbeiteten Methodenschritte und aus der Auseinandersetzung mit neuerer Literatur zu Gen 28.

Bei der Benutzung des Buches bitten die Verfasser den Leser zu bedenken, daß es von Anfang an zwei teilweise konkurrierende Absichten verfolgte, nämlich einen Beitrag zur Methodendiskussion zu liefern und ein Lehrbuch für Studenten zu sein, mit der unvermeidlichen Konsequenz, daß sich der Student angesichts der Theoriediskussion gelegentlich überfordert fühlt, während dem Fachgelehrten der theoretische Teil manchmal zu knapp erscheinen mag. Trotz dieser den Verfassern bewußten Schwierigkeit waren die freundliche Aufnahme des Buches und seine in der Fachliteratur zu beobachtenden Wirkungen Anlaß genug, an der Grundanlage des Buches festzuhalten.

Erlangen, im Mai 1983 — Die Verfasser

Inhaltsverzeichnis

1. Kapitel: Einführung und Grundlegung

§ 1 Notwendigkeit und Ziel der Exegese des Alten Testaments

1. Die Beantwortung der Frage nach Notwendigkeit und Ziel einer Exegese des Alten Testaments kann von der Tatsache ausgehen, daß das Alte Testament in den christlichen Kirchen als Teil des Kanons heiliger Schriften anerkannt ist. Es gilt zusammen mit dem Neuen Testament als die das Leben und die Lehre der Kirche bestimmende Norm[1]. Hinzu kommt, daß die Urchristenheit diese Wertung des Alten Testaments als normativer Tradition bereits vom Judentum übernommen hat. So messen gegenwärtig also zwei große religiöse Gemeinschaften dem Alten Testament eine Geltung bei, wie sie nur wenig anderer Literatur in gleicher Weise zukommt. Eine Beschäftigung und Auseinandersetzung mit dem Alten Testament ist darum auch überall dort unausweichlich, wo diese Gemeinschaften Einfluß auf gesellschaftliche Vorgänge nehmen.

Diese Geltung des Alten Testaments bringt es notwendig mit sich, daß jede Äußerung, die den Anspruch erhebt, christlich oder jüdisch zu sein, an den heiligen Schriften gemessen wird, bzw. umgekehrt, daß aus den heiligen Schriften von den einzelnen christlichen und jüdischen Gemeinschaften Lehren und Regeln erhoben werden, deren Verbindlichkeit für das einzelne Glied der Gemeinschaft außer Frage stehen sollte.

Neben diesem Umgang mit dem Alten Testament, der vorwiegend dogmatisch-lehrhafter Abzweckung dient, gibt es eine Fülle anderer Formen des Umgangs mit diesem Buch, die von nicht zu unterschätzender Bedeutung sind. Tag für Tag und Sonntag für Sonntag finden z. B. Texte der Heiligen Schriften in Gottesdiensten oder im Religionsunterricht Verwendung; und täglich findet sich die Bibel in den Hän-

---

[1] S. u. a. Tridentinum sessio IV (H. Denzinger-A. Schönmetzer, Enchiridion Symbolorum Definitionum et Decalarationum de Rebus Fidei et Morum, 1967[34], 784f.); Confessio Helvetica posterior, Art. I; Confessio Augustana, Vorrede und Beschluß; Konkordienformel, Epitome und Solida Declaratio: Von dem summarischen Begriff, Regel und Richtschnur.

den unzähliger Menschen, die sich der Autorität und dem Anspruch der Schriften aussetzen.

Bei diesen und anderen, hier nicht genannten Formen des Umgangs mit den heiligen Schriften handelt es sich aber bereits immer um interpretierenden, auslegenden Umgang mit ihnen. Und solange es Gemeinschaften gibt, die sich auf diese Texte als heilige Schriften beziehen, gibt es Interpretation, gibt es Auslegung des Alten Testaments. So unterschiedlich nun aber die religiösen Gruppen und so verschieden die einzelnen Menschen sind, die mit dem Alten Testament interpretierend umgehen, so vielfältig sind die Ergebnisse ihrer Auslegung.

2. Diese ersten knappen Beobachtungen von Fakten im Zusammenhang mit der Auslegung des Alten Testaments decken nun aber bereits eine gewisse Diskrepanz zwischen dem autoritativen Charakter der heiligen Schriften bzw. ihrer normativen Geltung und zwischen der Vielfalt der Auslegungen, auch innerhalb einer religiösen Gemeinschaft, auf. Denn man erwartet ja zunächst von der verbindlichen und grundlegenden Norm einer Gemeinschaft Eindeutigkeit und Klarheit, die sich auch in möglichen Anwendungen der Norm niederschlagen sollten, nicht aber Unklarheit, Uneindeutigkeit oder gar Widersprüchlichkeit. Daß diese Diskrepanz, dieses Auseinanderfallen von Anspruch und Ergebnis dennoch allenthalben zu beobachten ist und augenscheinlich auch bewußt in Kauf genommen wird, dürfte nicht allein auf die Verschiedenheit der Einstellungen und Auffassungen der Ausleger zurückgehen, sondern wird u. a. wohl auch in der besonderen Eigenart dieser heiligen Schriften (darunter das Alte Testament) begründet sein – einer Eigenart, die Auslegung notwendig macht und Vielfältigkeit der Auslegungsergebnisse erwarten läßt.

Das Alte Testament ist eine Sammlung von Schriften verschiedener Autoren; das erklärt schon einiges. Das Alte Testament ist aber vor allem eine Sammlung von Schriften, die in einer fernen Vergangenheit entstanden sind, einem längst untergegangenen Kulturbereich entstammen und in Sprachen verfaßt sind, die heute so nicht mehr gesprochen werden. Ein unmittelbares Verstehen dieser Schriften ist daher fast nicht mehr möglich. Behalten solche Schriften dennoch Geltung in einer Gemeinschaft, die die Sprache der Schriften nicht mehr spricht und die einem anderen kulturellen und geistigen Horizont verhaftet ist, so wird Auslegung notwendig.

Zumeist ist der erste Schritt solcher Auslegung bereits die Übersetzung in andere Sprachen. Denn: Sprachen erleben im Vollzug der Umweltgestaltung und Weltbemächtigung, den sie ihrerseits erst ermöglichen, selbst einen Wandel. Sie sind also, obwohl umweltbestimmend, umweltabhängig. Sie erschließen zwar Umwelt, sprachliche Äußerungen sind aber erst voll verstehbar, wenn alle Faktoren bekannt sind, die sie bestimmen. Ergeben sich daraus Schwierigkeiten schon für die Verständigung zwischen Zeitgenossen, so gilt dies um so mehr für ein Verstehen fremder Sprachen und des sich in ihnen ausdrückenden Menschen und seiner Umwelt. Darum ist schon die einfache Übertragung eines Textes aus einer Sprache in eine andere nur mehr sehr eingeschränkt möglich. Erst recht braucht dann Übersetzung Auslegung, ja ist selbst schon Auslegung.

Die Bedeutung dieser Auslegung wird erst in ihrem ganzen Ausmaß erfaßt, wenn man sich bewußt macht, daß – von verschwindenden Ausnahmen abgesehen – in den Händen der Christen sich nicht mehr die Schriften des Alten und Neuen Testaments, sondern Auslegungen derselben befinden. Jeder, der also Übersetzungen benutzt, sollte wissen, daß hier bereits Auslegung stattgefunden hat. Er sollte auch wissen, daß diese Übersetzung durch einen sprachlichen Vorgang entstanden ist, der darauf abzielt, die Welt der alten Texte mit der Welt des Lesers zu vermitteln. Er sollte weiter wissen, daß dieser Vermittlungsvorgang nie abgeschlossen sein kann, weil mit der Wandelbarkeit der Sprache und Umwelt dessen, der das Alte Testament liest, als veränderndem Faktor gerechnet werden muß.

Auslegung ist also nie fertig, nie vollkommen, nie abgeschlossen – dennoch notwendig, weil sie auf Verstehen zielt und Verstehen ermöglicht, wenn überhaupt verstanden werden will. Dort allerdings, wo man nur mehr sich selbst bestätigt sehen will, ist Auslegung des Alten Testaments überflüssig geworden. Es wird zwar – und nicht nur gelegentlich – der Wortlaut des Alten Testaments zur Autorisierung von Selbstverständnissen herangezogen; ein legitimer Umgang mit dem Alten Testament liegt dann allerdings auch nach kirchlicher Lehre nicht mehr vor, wenngleich kirchliche Lehre nicht selten auf dem genannten Wege autorisiert wird.

3. Es ist deutlich geworden, daß überall, wo ein Verstehen von Texten der Vergangenheit ernsthaft angestrebt wird, Auslegung notwendig ist; und es ist weiter deutlich geworden, daß Auslegung nie vollständig, nie abgeschlossen, nie endgültig sein kann. Dennoch wäre es nicht vertretbar, bei dieser Feststellung einfach stehenzubleiben und die Auslegungsergebnisse von vornherein der Willkür zu überlassen. Sieht man allein in den kirchlichen Bereich, so ließe sich von ihm aus schon eine Reihe von Gründen angeben, die einer nur subjektiven und willkürli-

chen Auslegung der Schriften entgegenstehen: so unter anderem die normative Geltung der kanonischen Schriften oder die Notwendigkeit einer Vermittlung der christlichen Verkündigung in einer nichtchristlichen Umwelt.

Ist darüber hinaus im kirchlichen Raum die Absicht vorhanden, das Alte Testament in seinen je besonderen Aussagen zur Sprache zu bringen, so ist eine Auslegung gefordert, die alle Faktoren berücksichtigt, die die Eigenart und Besonderheit der alttestamentlichen Schriften erhellen können, und die alles Material heranzieht, das zum besseren Verstehen des Alten Testaments beiträgt; und es ist eine Auslegung gefordert, die – so gut es geht – nicht durch Dogmen und Lehrsätze von vornherein festgelegt ist.

Auslegung muß daher – soll sie nicht nur den Zielen esoterischer Zirkel oder einzig persönlicher, subjektiver Erbauung dienen, sondern will sie auch vor einem weiteren Forum verantwortete Interpretation sein – in ihrer Methodik mitteilbar und nachvollziehbar sowie in ihren Ergebnissen überprüfbar sein, d. h. sie darf nicht subjektive, sondern muß intersubjektive Auslegung sein. Sie wird sich als solche wissenschaftlicher Methodik bedienen und an den Erkenntnissen derjenigen Fachgebiete teilhaben, die in irgendeiner Weise einen Beitrag zum Verstehen von Texten der Vergangenheit leisten. Eine Auslegung, die diesen Forderungen entspricht, ist darum natürlich noch immer nicht vollkommen und endgültig, aber sie sollte doch den Interpretationsspielraum wesentlich einengen und Ergebnisse liefern, auf welche sich nicht nur einige wenige, sondern die Mehrzahl der Beteiligten einlassen könnten.

Auslegung ist also, sofern sie das Alte Testament in seiner Eigenart ernst nimmt, historische Wissenschaft. Und sie ist, sofern sie die Forderung nach Intersubjektivität akzeptiert, kritische Wissenschaft. Dies und was im folgenden Abschnitt noch gesagt wird, ist gemeint, wenn von historisch-kritischer Auslegung, von Exegese gesprochen wird[2].

4. Was kann so betriebene Auslegung des Alten Testaments bzw. der heiligen Schriften insgesamt leisten? Sie ist jedenfalls Voraussetzung jeden Verstehens des Alten Testaments, das nicht von vornherein den auszulegenden Texten bestimmte Aussagen unterschieben will. Und sie zielt auf ein Verstehen, das sich – soweit das irgend möglich ist

---

[2] Diese Definition des Terminus „historisch-kritische Auslegung" ist im wesentlichen von H. Barth-O. H. Steck, Exegese des Alten Testaments. Leitfaden der Methodik, 1980[9], 1 ff. übernommen worden.

– auch seine eigenen Bedingungen und Voraussetzungen bewußt gemacht hat, um überhaupt eine Distanzierung zum untersuchten Gegenstand zu erreichen und mit ihm in einen Dialog eintreten zu können (s. § 10, I; 11, I).

Von den in dieser Zielbestimmung implizierten Forderungen ist natürlich auch das vorliegende Buch nicht auszunehmen. Die Klärung von Bedingungen und Voraussetzungen, die das folgende Methodenkonzept bestimmen, erfolgt – soweit noch nicht geschehen – aus praktischen Gründen jedoch an anderer Stelle. Die sprachtheoretischen Voraussetzungen legt § 6, I dar, und über die allgemeinen hermeneutischen und theologischen Voraussetzungen versucht § 11, I Rechenschaft abzulegen. Auf diese Abschnitte sei wegen der Knappheit der einleitenden Bemerkungen des § 1 ausdrücklich hingewiesen und empfohlen, sie im Zusammenhang der Lektüre des § 1 zur Kenntnis zu nehmen.

Historisch-kritische Exegese will also die je eigenen Aussagen des Alten Testaments zur Geltung bringen. Vollzieht sich dieser Vorgang innerhalb der christlichen Kirche, so ist damit eine Kritik der christlichen Dogmen und der christlichen Tradition verbunden, soweit sich diese auf die heiligen Schriften als grundlegende Norm berufen. Die in den kanonisierten Schriften gründende christliche Tradition und Lehre muß ihre Autorität ja ständig neu von diesen Schriften selbst in Frage stellen lassen. So ist Exegese dort, wo sie die Schriften des Kanons zur Sprache bringen will, am traditions- und autoritätskritischen Prozeß unmittelbar beteiligt. Um sich aber selbst nicht zur einzigen Autorität und Norm christlicher Lehre zu erheben, ist es nötig, daß Exegese für Kritik, Änderung und Anregung offen bleibt, und zwar für Kritik sowohl vonseiten der am Auslegungsprozeß Beteiligten als auch vonseiten des Gegenstandes, mit welchem sich Auslegung befaßt; nur so wird sie im oben geforderten Sinne, nämlich intersubjektiv, betrieben.

Exegese des Alten Testaments hat in alledem den Vorzug, daß sie nicht allein im kirchlichen, sondern auch im jüdischen Raum und nicht zuletzt im Bereich der orientalistischen Wissenschaft betrieben wird – in Bereichen, die inzwischen gelernt haben, aufeinander zu hören, und deren regen Austausch an Erkenntnissen und Fragestellungen man nicht aufs Spiel setzen sollte. Es ginge damit nicht nur viel vom Reichtum alttestamentlicher Aussagen für die christlichen Kirchen verloren, sondern es wäre damit auch ein Rückzug in die Selbstgenügsamkeit, in ein freiwillig gewähltes Ghetto, verbunden.

Auslegung des Alten Testaments geschieht immer, wo überhaupt ein Verstehen der Schriften beabsichtigt ist. Wissenschaftliche Auslegung des Alten Testaments, Exegese, ist notwendig, wenn Auslegung nachvollziehbar, verstehbar gemacht werden soll und wenn ihre Ergebnisse vermittelt werden sollen. Damit ist gleichzeitig etwas über das Ziel gesagt: Ziel der Auslegung ist als erstes immer Verstehen. Verstehen aber in der Weise des engagierten Nachvollziehens schließt immer Kritik ein. So wird auch Kritik zu einem weiteren Ziel der Exegese des Alten Testaments und wird immer dort zur Geltung kommen, wo das Alte Testament als Autorität und Norm in Anspruch genommen wird. Dabei sollte dieser kritische Vorgang zu einem neuen und besseren Verstehen der Texte und der auf sie gründenden Tradition führen.

§ 2 Fragestellungen aus dem Text

Daß Auslegung des Alten Testaments in Form der Exegese notwendig ist und daß sie zum Verstehen alttestamentlicher Texte als ihrem Ziel führt, ergibt sich – hat man das Alte Testament erst einmal in die Hand genommen – für den aufmerksamen Leser aus den Texten selbst. Diese legen sogleich bestimmte Fragestellungen nahe, die sich aus ihren Eigenarten und aus ihren sich dem Leser aufdrängenden Schwierigkeiten ergeben. Dies soll im folgenden an einem Textkomplex gezeigt werden; dazu wird als allgemein bekannter Text Gen 1–3 herangezogen.

1. Bereits der Versuch einer *Übersetzung* des Textes kann auf Schwierigkeiten stoßen, die sich erst mit Hilfe einer eingehenden exegetischen Analyse beheben lassen. Die Schwierigkeiten können in syntaktischen Möglichkeiten, in der genauen Erfassung der Bedeutungsspanne hebräischer Wörter mitsamt ihren möglichen Ober- und Untertönen oder in der Wiedergabe mittels Ausdrücken der Sprache des Übersetzers begründet sein.

Wer die ersten Sätze der Bibel zu übersetzen sucht, trifft sogleich auf derartige Schwierigkeiten. Die herkömmliche Übersetzung von Gen 1,1–2 lautet nach der Zürcher Bibel: „Im Anfang schuf Gott den Himmel und die Erde. Die Erde war aber wüst und öde, und Finsternis lag auf der Urflut, und der Geist Gottes schwebte über den Wassern.“ Der erste Satz läßt sich als einleitende Zusammenfassung des Ganzen, der zweite Satz als Beschreibung des Zustandes verstehen, in den das Schaffen Gottes eingriff. Daran schließt v. 3 mit dem ersten Befehl Gottes als Beginn der Schöpfung an. Jedoch läßt die hebräische Syntax auch andere Möglichkeiten zu: Ist v. 1 überhaupt ein Hauptsatz oder ein Nebensatz, und zwar ein untergeordneter Temporalsatz? Liegt, falls das letztere zutreffen sollte, der Hauptsatz in v. 2 oder v. 3 vor? Der Text könnte also auch lauten: „Zu Anfang des Schaffens Gottes (als

Gott schuf) den Himmel und die Erde, war die Erde ..."; „Im Anfang, als Gott den Himmel und die Erde schuf – die Erde aber war wüst und öde ... –, da sprach Gott ..."; „Als Gott begann, den Himmel und die Erde zu schaffen ..., da sprach Gott ..." So stößt der Leser auf verschiedene syntaktische Möglichkeiten, die ihn zu einer Exegese nötigen.

Gleichfalls ist die Bedeutung und Wiedergabe der einzelnen Wörter sorgsam zu erwägen. Darf man das Wort *re'šît* mit „Anfang" im Sinne eines Zeitbegriffs übersetzen? Vielleicht bezeichnet es eher den Ausgangspunkt für alles weitere Geschehen, das im Anschluß an die Schöpfung erzählt wird, oder das erste Geschehen in der zeitlichen Reihenfolge. Wenn eine der beiden letzten Möglichkeiten wahrscheinlich zu machen ist, folgt daraus eine deutliche Abgrenzung zur Kosmologie.

Was besagt das Verb *bara'* „schaffen"? Soll es eine theologische Aussage über die Schöpfertätigkeit Gottes machen, z. B. die Schöpfung aus dem Nichts oder die Schöpfung durch das gebietende Wort? Geht der Übersetzer den Fragen nach und berücksichtigt vielleicht noch die Fülle von Untersuchungen zu und die Vielfalt von Meinungen über das Verb, so stellt er fest, daß immer Jahwe und niemals ein anderer Gott oder ein Mensch das Subjekt des Verbs ist und daß dieses niemals eine Angabe darüber mit sich führt, woraus Gott schafft. Ferner lassen sich im Alten Testament zwei Schwerpunkte für den Gebrauch des Verbs erkennen: in Jes 40–55 und in dem Erzählungsstrang, zu dem Gen 1,1 gehört. Dabei wird das Verb vom Schaffen Gottes am Anfang und von seinem Wirken in der Geschichte gebraucht. Man kann fragen, ob es das Schaffen von etwas Neuem und Unerhörtem meint oder ob es die Besonderheit des Schaffens Gottes gegenüber allem menschlichen Wirken ausdrücken soll. Schließlich muß die Möglichkeit erwogen werden, ob *bara'* ursprünglich ein konkretes Schaffen ähnlich wie *'aśā* „machen" und *jaṣăr* „bilden" bezeichnet hat. Kann man der mehrfach geäußerten Annahme trauen, daß die Grundbedeutung „schneiden, abschneiden" war und die Schöpfung als ein Trennen beschreibt? Oder kann man von der altsüdarabischen Bedeutung „bauen" oder möglicherweise „gebären"[3] ausgehen? Am Ende steht der Leser verwirrt vor den mannigfachen Fragen, die ein einzelnes Verb aufgibt.

Man wird mit Sicherheit sagen können, daß die Gottesbezeichnung *'ᵃlohîm* in Gen 1,1 als reiner Singular zu verstehen ist und daß die pluralische Bedeutung „Götter" an dieser Stelle ausscheidet. Doch was

---

[3] W. Leslau, Lexique soqoṭri, 1938.

schwingt im Gebrauch des Wortes mit? Muß man die ältere Verwendung für den Gott Israels und Jakobs (Ex 5,1; Jes 2,3; Ps 46) heranziehen? Oder meint die Erzählung, da sie erst in einer jüngeren Zeit formuliert worden ist, Gott schlechthin, den einzigen, den es überhaupt gibt, ohne einschränkende Bezogenheit[4]? Ist es also Gott schlechthin, der Himmel und Erde geschaffen hat – der eine, der zugleich der Gott des Volkes Israel ist, auf das die weiteren Erzählungen hinzielen oder auf das sie sich beziehen?

Dieser Gott schuf „den Himmel und die Erde". Der Leser muß sich fragen, was damit gemeint sein kann. Wird auch in diesem Fall wie sonst im Alten Orient und im Alten Testament eine Ganzheit mit Hilfe von zwei polaren Begriffen anstatt mit einem einzigen Wort bezeichnet? Dann hätte die Sprache für das mit den polaren Begriffen gemeinte Ganze keinen Ausdruck geprägt, wie er im griechischen Kosmos, im lateinischen Universum oder im deutschen All vorliegt. Umschreiben die polaren Begriffe „Himmel und Erde" dieses Ganze?

Versucht man, alle angeschnittenen Fragen zu berücksichtigen, so lautet eine mögliche Übersetzung von Gen 1,1, die den Vers als Hauptsatz versteht: „Als Ausgangspunkt, als erstes, schuf in der ihm eigenen Weise der eine Gott, der Gott Israels, das geordnete All, den Kosmos." Diese Übersetzung ist schon ein Ergebnis exegetischer Arbeit, zu der der Text genötigt hat, bedarf jedoch weiterer exegetischer Erörterung, weil der Zusammenhang mit den folgenden Sätzen zu klären ist und weil die sich aus dem Ganzen der Erzählung ergebenden formalen und inhaltlichen Fragen zu berücksichtigen sind. Ähnlich verhält es sich mit den meisten Sätzen von Gen 1–3.

2. Nicht in allen Fällen kann sich der Leser nach diesem ersten Schritt der Übersetzung sogleich den literarischen, formalen und inhaltlichen Fragen zuwenden. Vielmehr stößt er öfters auf Unklarheiten und Ungereimtheiten des *hebräischen Textes;* sollte er sie nicht selbst bemerken, so weist ihn der textkritische Apparat der Biblia Hebraica darauf hin. Kaum ein Textabschnitt des Alten Testaments ist von Beschädigungen oder Änderungen ganz verschont geblieben, auch Gen 1 nicht.

So ist die Stellung des Ausführungsberichts „und es geschah so" am Ende von v. 7 fraglich, weil er sonst nie zwischen Scheidung und Benennung steht, sondern zum Schöpfungsbefehl gehört (v. 3.9. 11.15.24.30). 𝔊 hat ihn denn auch am Ende von v. 6 nach dem Befehl, zu

---

[4] L. KÖHLER, Theologie des Alten Testaments, 1966⁴, 18.21.

dem er gehört. Es fragt sich, ob man 𝔊 nicht trotz ihrer stilistisch harmonisierenden Tendenz folgen muß.

In v. 9 lautet der Befehl Gottes nach 𝔐, daß das Wasser unterhalb des Himmels sich „an einem Ort“ sammeln soll. 𝔊 liest statt dessen *synagoge*, was dem hebräischen *miqwǟ* „Ansammlung“ in v. 10 entsprechen könnte (obwohl 𝔊 dort ein anderes Wort verwendet). Kann man daraufhin eine Änderung des hebräischen Textes erwägen? Oder sieht man nicht besser davon ab, weil das Zahlwort „eins“ in v. 9 sich eher mit „Ort“ als mit „Ansammlung“ verbinden läßt und weil „Ort“ in v. 9 zum Vorgang des Schöpfungswerkes gehört, „Ansammlung“ in v. 10 dagegen das Ergebnis bezeichnet und die Verschiedenheit der Ausdrücke also beabsichtigt sein dürfte?

V. 11 erwähnt „junges Grün“, „Pflanzen“ und „Fruchtbäume“. Dabei weisen ɯ u. a. vor „Fruchtbäume“ ein „und“ auf. Dies könnte nebensächlich erscheinen, ist jedoch für das Verständnis des ganzen Satzes nicht unwichtig. Wenn drei Arbeiten aufgezählt werden sollen, ist eine Aneinanderreihung ohne „und“ möglich. Wenn dagegen „junges Grün“ als Oberbegriff genannt ist, der danach in „Pflanzen“ und „Fruchtbäume“ untergliedert wird, ist der Text besser mit „und“ zu lesen. Wenn der Leser diese Auffassung durch v. 29 bestätigt findet, zeigt ihm dies, daß bei textkritischen Überlegungen unter Umständen die inhaltliche Aussage und der weitere Textzusammenhang berücksichtigt werden müssen.

Nach v. 26 sollen die Menschen, die Gott machen will, über die Tiere herrschen. Im hebräischen Text werden die Fische, die Vögel, das Vieh und das Gewürm aufgezählt (v. 28 nennt vereinfachend die Fische, die Vögel und das Lebendige, das sich auf der Erde regt); dazwischen wird die „ganze Erde“ erwähnt. Doch v. 24 und 25 führen auch die wilden Tiere an, die in v. 28 einbegriffen sind. Kann oder muß man deswegen in v. 26 mit 𝔖 das Wort *ḥăjjăt* vor „Erde“ einfügen, so daß sich der Ausdruck für „wilde Tiere“ ergibt? Wie kann, wenn dies zutrifft, das Wegfallen des Wortes im hebräischen Text erklärt werden? Beruht es auf dem Versehen eines Schreibers, oder hat einer das Beherrschen der Erde aus dem göttlichen Segen von v. 28 vermißt und es durch Weglassen von *ḥăjjăt* in v. 26 hergestellt?

In allen Fällen zeigt sich, daß der Bestand des hebräischen Textes den Leser oft vor Fragen stellt, die er klären muß, um eine sichere Grundlage für die Auslegung des Textes zu erhalten.

3. Zu den *literarischen Fragen*, die der Textkomplex Gen 1–3 aufgibt, gehört zunächst die Abgrenzung der Erzählungseinheiten. Dabei

könnte der Leser einfach der Kapiteleinteilung der Bibel folgen. Aber trifft diese wirklich zu? Einige Beobachtungen führen zu anderen Möglichkeiten. Wie 1,1 eine einleitende Zusammenfassung bildet, so scheint 2,4a eine abschließende Bemerkung zu sein, die einer Unterschrift ähnlich ist, nach der 2,4b ganz neu einsetzt. Läßt sich also der Umfang der ersten Erzählung auf 1,1–2,4a festlegen und von 2,4b an eine zweite Erzählung annehmen, die bis zum Schluß von Kap. 3 reichen kann? Geht der Leser versuchsweise von dieser Abgrenzung aus, so macht er vielleicht die Beobachtung, daß die beiden Erzählungen bemerkenswerte Unterschiede in der Darstellung der Schöpfung aufweisen; folgende sind besonders auffällig:

Gottesbezeichnung: Gott – Jahwe (Gott),
Urzustand als Chaosmeer – als Steppe,
Gliederung in sieben Tage – unmittelbare Aufeinanderfolge,
Schöpfungsfolge Pflanze-Tier-Mensch – Mensch-Pflanze-Tier,
Schöpfung von Menschen – eines *'adam*,
Schöpfung von Mann und Frau gleichzeitig – nacheinander.

Betrachtet der Leser danach die Erzählungen je für sich, so ergeben sich neue Fragen. Bildet die erste Erzählung in 1,1–2,4a eine in sich geschlossene Einheit oder kann sie in zwei Schichten, Versionen oder Berichte aufgegliedert werden? Die Frage stellt sich einmal angesichts des Widerspruchs zwischen den acht Schöpfungswerken und den sechs Schöpfungstagen, der auf eine Zusammenarbeitung von zwei ursprünglichen Erzählungen mit zusammen acht Schöpfungswerken zurückgeführt werden könnte, und ferner angesichts des auffälligen Nebeneinanders von zwei Arten des göttlichen Schaffens durch das „Machen" und das „Sprechen", das auf der Vereinigung eines Tatberichts und eines Befehlsberichts beruhen könnte. Der Leser steht damit vor einer schwierigen Frage, die von der Exegese unterschiedlich beantwortet worden ist. Bei weiterem Nachforschen kann er feststellen, daß das Problem heute gewöhnlich auf anderem Wege als durch die Scheidung in zwei Quellen gelöst wird (s.u. Abschnitt 6). Wahrscheinlich ist dies richtig, doch die eigene Nachprüfung und Entscheidung wird dem Leser nicht erspart.

Anders als in der ersten Erzählung verhält es sich vielleicht in Gen 2–3. Auf jeden Fall stellen sich dem Leser neue Fragen: Worauf beruht das Nebeneinander der zwei Bäume im Gottesgarten – des Baumes der Erkenntnis des Guten und Bösen und des Baumes des Lebens? Warum darf der Mensch nur vom Erkenntnisbaum nicht essen, warum ißt er nicht – absichtlich oder aus Zufall – vom Lebensbaum, obwohl er dann doch ewig lebte und sogar vom Erkenntnisbaum essen könnte, ohne sterben zu müssen, und warum fürchtet Jahwe erst nach der Übertretung des Verbots, daß der Mensch vom Lebensbaum essen könnte? Warum soll der gefallene Mensch sich einerseits mit Mühsal vom Acker ernähren und andererseits das „Kraut des Feldes" essen, weil der Acker nur Dornen und Disteln tragen wird? Warum wird abschließend zweimal vom Fortschicken bzw. Vertreiben des Menschen aus dem Garten geredet? Man kann versuchen, solche Unstimmigkeiten und Wiederholungen als allmählich erfolgten Zuwachs zur Erzählung im Verlaufe ihrer Entstehung und weiteren Überlieferung zu erklären. Aber es fragt sich, ob diese Erklärung ausreicht und man nicht besser von der Haupterzählung die Reste einer zweiten Quelle abzuheben hat.

Des weiteren fällt der Abschnitt über die Paradiesströme in 2,10–14 auf. Es handelt sich um eine geographische Notiz, eine Aufzählung, die sich von der umgebenden Erzählung deutlich unterscheidet und einer anderen Traditionslinie als sie angehört. Kann man sie deswegen noch als einen Bestandteil der Erzählung betrachten? Hat der Haupterzähler sie eingefügt oder bildet sie erst den späteren Zusatz eines gelehrten Schreibers? Auch diese literarische Frage muß erwogen und unter Umständen mittels eines Vergleichs mit anderen Geschichten desselben Erzählers entschieden werden.

4. Diesen ersten literarischen Problemen wird der Leser weitere Erwägungen anschließen müssen. Es stellen sich ihm doch die Fragen nach dem *formalen Aufbau*, der *stilistischen und syntaktischen Eigenart*, der Besonderheit des *Wortschatzes* und der möglichen *rhythmischen Struktur* der Texte.

Muß sich dem Leser nicht die Erkenntnis aufdrängen, daß die Darstellung der Schöpfungswerke in Gen 1,1–2,4a ein gleichbleibendes Schema befolgt[5]? Dann stellt sich die Frage: Soll durch diese Form ausgedrückt werden, daß es der immer gleiche Vorgang ist und daß das Wesentliche in allen Schöpfungswerken gleichbleibt? Das Schema weist fünf Bestandteile auf:

Einleitung: Und Gott sprach (v. 3.6.9.11.14.20.24.26),
Befehl: Es sei(en), es sammle sich (v. 3.6.9.11.14f.20.24.[26]),
Vollzug: Und es geschah so (v. 3.7.9.11.15.24.30),
Beurteilung: Und Gott sah an ... es war gut (v. 4.10.12.18.25.31),
Einordnung: Und es ward Abend ... (v. 5.8.13.19.23.31).

[5] Vgl. C. WESTERMANN, Genesis (BK), I 1974, 117ff.

Darüber hinaus läßt sich eine konkrete, vielgestaltige und doch sich mehrfach wiederholende Ausdrucksweise beobachten, die in verschiedener Weise auf die Schöpfungswerke verteilt ist:

Gott schied (v. 4.7.[9]),
Gott nannte (v. 5.8.10),
Gott machte (v. 7.16.25),
Gott setzte (v. 17),
Gott schuf (v. 21.27),
Gott segnete (v. 22.28).

Aus der Verteilung auf die einzelnen Schöpfungswerke und einem Vergleich mit dem Aufbauschema der Darstellung lassen sich vielleicht weitere Schlüsse ziehen.

Die Erzählung in Gen 2,4b–3,24 weist dagegen kein solches Aufbauschema und keine vergleichbare Ausdrucksweise auf. Doch zeigt wenigstens Kap. 3 ein strukturelles Schema, in dem eine Bewegung in verschiedener Richtung verläuft:

3,1–7 Verführung und Fall: Schlange → Frau → Mann,
3,8–13 Entdeckung: Mann → Frau → Schlange,
3,14–19 Fluchworte: Schlange → Frau → Mann.

Außerdem muß sich der Leser fragen, ob die Fluchworte in 3,14–19 nicht poetisch geformt sind und rhythmisch gehaltene Sprüche darstellen. Ist dies der Fall, so erhebt sich wie bei anderen Erzählungen, die ebenfalls geformte Sprüche enthalten, die Frage, ob die Sprüche älteres, ursprünglich eigenständiges Gut darstellen, das schon in einem frühen Werdestadium in die Erzählung aufgenommen worden ist; dann aber muß sowohl nach dem ursprünglichen als auch nach dem jetzigen Sinn gefragt werden. Doch dies weist über die formalen Erwägungen hinaus in neue Fragenbereiche, die sich also teilweise aus der beobachteten Form als weitere exegetische Aufgabe ergeben.

Zuvor muß sich der Leser jedoch noch darüber klar werden, um welche Erzählungsart es sich in den beiden Textkomplexen von Gen 1–3 handelt. Sind es Geschichtsberichte? Liegen Erzählungen mit einzelnen mythischen Motiven oder reine Mythen vor? Kann man zwischen aufzählenden und erzählenden Texten unterscheiden und zudem Mischformen annehmen? Kann man zwei Erzählungen von der Schöpfung und eine weitere Erzählung von Schuld und Strafe voneinander abheben? Oder treffen die an anderen Erzählungen gewonnenen Definitionen von Sage und Legende auch für Gen 1–3 zu? Die Sachlage wird für den Leser noch verwickelter, wenn er altorientalische Darstellungen von gleicher oder ähnlicher Thematik kennt und sie formal mit

Gen 1–3 vergleicht. Nur eine eingehende exegetische Analyse wird ihm weiterhelfen und ihm einen Weg aus der Wirrnis weisen können.

5. Mehr als an den literarischen und formalen wird der Leser an den *inhaltlichen Fragen* interessiert sein, auf die schon einige Bemerkungen vorausgewiesen haben. Denn der hauptsächliche Grund, aus dem der Leser sich mit dem Text befaßt, dürfte vor allem im Verstehenwollen seines Inhalts liegen. Darum wird er nach den vorangegangenen Schritten nunmehr versuchen, aufgrund der Einsichten, die sich ergeben haben, die Aussage des Textes zunächst vorläufig zu erfassen und sie sodann mittels der Einzelinterpretation so genau und umfassend wie möglich herauszuarbeiten.

Zur Vorbereitung dessen gehören sowohl die Aufnahme der Fragen nach der syntaktischen Gliederung der Sätze und der Bedeutung der verwendeten Ausdrücke, nach dem sich durch Textkorrekturen ändernden Sinn und nach den für den Inhalt folgereichen literarischen und formalen Erkenntnissen als auch nach dem Sinnzusammenhang der Einzelaussagen, die ja nicht als solche beabsichtigt sind, sondern ein größeres Ganzes bilden. Das Ziel dieses Bemühens wird für den Leser darin liegen, einen Überblick über den Inhalt von Gen 1–3 im ganzen wie im einzelnen zu gewinnen.

Dabei wird er auf mannigfache inhaltliche Fragen stoßen. Unterscheiden sich die beiden Schöpfungserzählungen voneinander dadurch, daß es in Gen 1 um die Schöpfung des Ganzen – auch der ganzen Menschheit – und in Gen 2 um die Schöpfung eines einzelnen, nämlich des *'adam*, geht? Oder liegen nur unterschiedliche Zuordnungen und Dimensionen auf verschiedenen theologischen Denkstufen vor, da Gen 2 doch auch die Schöpfung der Pflanzen- und Tierwelt erzählt? Was besagt es, daß innerhalb des Schöpfungsthemas der Entstehungsgedanke in dem Satz „Die Erde bringe hervor ..." anklingt? Welche der Haupttypen des Schöpfungsvorgangs, die die Religionsgeschichte kennt – Schöpfung durch Geburt oder Geburtenfolge, aufgrund eines Kampfes oder Sieges, als Anfertigen, Machen oder Bilden, durch ein Sprechen oder Befehlen –, sind verwendet worden? Was folgt daraus für die inhaltlichen Aussagen der alttestamentlichen Erzählung?

Gen 1,1–2,4a schreibt Gott dem Schöpfer mehrere verschiedene Tätigkeiten zu, wie sich bei der Erörterung der formalen Fragen gezeigt hat. Wichtiger als die Frage danach, woher dies rührt, ist die Frage, wozu es dient. Wird es dazu benutzt, um das Gegliedertsein der Welt in der Folge der Schöpfungswerke auszudrücken? Dann würde von der Welt als solcher unterschieden, was auf und in der Welt ist, und dabei wiederum das Lebendige von der leblosen Kreatur; die Gliederung ließe ein Gefälle erkennen, insofern alles, was Gott schuf, eine Bestimmung hat, die Bestimmung alles Geschaffenen aber auf den Menschen zielt, den Gott sich zu seinem Gegenüber schuf, und die Schöpfung den Menschen in die Geschichte hinüberweist[6]. Was bedeutet in diesem Zusammenhang das Siebentageschema? Nähert der Erzähler dadurch das Schöpfungsgeschehen der Geschichte an, weil auch die Schöpfung als sich erstreckende und begrenzte Zeit betrachtet wird? Drückt es aus, daß es das gleiche Gotteswirken und das Wirken des gleichen Gottes ist, das die Geschichte wie die Schöpfung wirkt? Ist die Schöpfung wie die Geschichte auf ein Ziel gerichtet, das bei der Schöpfung nicht im letzten Schöpfungswerk, dem Menschen, läge, sondern in dem, was die Beschreibung des siebten Tages andeutet[7]? Oder liegen Ziel und Höhepunkt der Darstellung doch in der Schöpfung der Menschen, auf die letzten Endes alles hinführt und die nach der Schöpfung der Welt und Umwelt sozusagen die Spitze einer Pyramide bilden, während in Gen 2,4b–25 der Mensch am Anfang und im Vordergrund des Schöpfungshandelns steht und um ihn herum alles andere sozusagen in konzentrischen Kreisen angeordnet wird?

Noch größer wird der Kreis der Fragen, wenn der Leser versucht, die Motive und Traditionen voneinander zu trennen, die in Gen 1–3 als älteres, vorgegebenes Gut begegnen, und wenn er ihre Herkunft erforscht. Verhält es sich nicht so, daß die Erzähler in einer vorgegebenen Traditionskette stehen, die zeitlich und räumlich weit über Israel hinausreicht, und daß sie gleichzeitig das, was sie erzählen, selbstverständlich auf der Grundlage und im Rahmen des alttestamentlichen Glaubens darlegen wollen? Wie weit reichen die Vielfalt und Vielschichtigkeit der vorgegebenen Motive und Traditionen in ihre Darstellung hinein, welche Stellung nehmen sie darin ein, welche Rolle spielen sie darin? Manches scheint auf eine Verwandtschaft mit altorientalischen Mythen hinzuweisen: so in 1,1–2,4a Finsternis und Wasser als Merkmale des ursprünglich chaotischen Zustandes der Welt, die Entstehung des Kosmos durch Spaltung der Urflut, der Aufbau der geordneten Welt und das Sieben-Tage-Werk; in 2,4b–3,24 der aus Erde geschaffene Mensch, die eigenartige Verbindung des Bildens der Frau aus der Rippe mit ihrer Bezeichnung „Mutter des Lebendigen", die Lebensspeise, die Verführung des Mannes durch die Frau, der von

[6] C. Westermann a.a.O. (Anm. 5) 123.
[7] C. Westermann a.a.O. (Anm. 5) 125.

Himmelswesen bewachte heilige Hain und das Nichterlangen der Gottgleichheit. Vielleicht wird der Leser schließlich auf das sumerische Epos von Atrachasis, dem „überaus Weisen", geführt, das mit der Schöpfung des Menschen beginnt und ähnlich wie die alttestamentliche Urgeschichte fortfährt, so daß nicht nur einzelne Erzählungen, sondern auch Aufbau und Reihenfolge der Urgeschichte seinem Vorbild entsprechen. Damit trifft der Leser auf weitreichende Zusammenhänge, die für Verstehen und Interpretation von Gen 1–3 alles andere als belanglos sind und berücksichtigt werden müssen.

Daraus folgt ein letzter inhaltlicher Fragenbereich: In welcher Weise haben die Erzähler die vorgegebenen Motive und Traditionen verwendet und zu welchem Zweck? Es handelt sich dabei um das Miteinander von aufgenommener Tradition, umgestaltender Interpretation und darin zutage tretender Intention seitens der Erzähler. Haben diese die Traditionen um ihrer selbst willen aufgegriffen, oder ist es geschehen, weil sie mit ihrer Hilfe auf dem Wege über ihre Umgestaltung eine bestimmte Aussage machen wollten? Und kann der Leser diese Aussage als das Entscheidende auf dem Weg über die erfolgte Interpretation der Traditionen erkennen?

6. Endlich steht der Leser vor Fragen des *Überlieferungs- und* des *Redaktionsvorgangs.* Wenn die bei den literarischen Überlegungen zu Gen 1,1–2,4a beobachteten Unstimmigkeiten sich nicht aus der Zusammenfügung von mehreren Quellen erklären lassen, dann stellt sich die Frage, ob sie nicht aus vorliterarischen Stadien des Textes stammen. Allein aufgrund der Vorgeschichte seiner Motive und Traditionen kann man nicht mehr davon ausgehen, daß der Text in einem einmaligen Vorgang in der jetzt vorliegenden Art formuliert worden ist. Vielmehr ist anzunehmen, daß er in einem umfassenderen Vorgang des Überlieferns entstanden ist, in dem die schriftliche Fassung nur das letzte Stadium darstellt, dem eine lange und verzweigte israelitische und vor- oder außerisraelitische Vorgeschichte vorangeht. Es fragt sich, wie weit dieser Vorgang rekonstruiert werden kann und welche Folgerungen sich daraus für das Verstehen des Textes ergeben.

Ähnlich verhält es sich, wenn der Leser bemerkt, daß die beiden großen Erzählungen in Gen 1–3 nicht isolierte Einzelgeschichten bilden, sondern Glieder von größeren Erzählungssträngen sind, die von der Schöpfung der Welt bis zur Landnahme der Israeliten in Palästina reichen. Welche Stelle nehmen sie im ganzen dieser umfassenden Darstellungen ein, welche Rolle spielen sie in diesem Kontext?

Eine völlig andere Frage, die an das Ende des gesamten Überlieferungsvorgangs führt, stellt sich, falls sich die Spannungen in Gen 2,4b–3,24 darauf zurückführen lassen, daß die Haupterzählung durch Bruchstücke einer zweiten Erzählung erweitert und ergänzt worden ist. In diesem Falle trifft der Leser auf den Vorgang einer Redaktion, die bewußt und absichtlich vorgenommen worden ist. Läßt sich noch erkennen, warum und wozu man so verfahren ist? Vor allem: Kann und darf der Leser für sein Verstehen und seine Interpretation des Textes hinter den redaktionellen Vorgang zurückgehen und sich mit den Erzählungen in ihrer ursprünglichen schriftlichen Fassung beschäftigen oder muß er vom Ergebnis des Redaktionsvorgangs ausgehen? Je nach der getroffenen Entscheidung wird das Ergebnis der Exegese unterschiedlich sein. Die gleichen Fragen stellen sich hinsichtlich der Verbindung und Aufeinanderfolge der beiden Erzählungen in Gen 1–3. Auch sie gehören in den großen und bunten Zusammenhang der Fragestellungen, die sich dem aufmerksamen Leser aus dem alttestamentlichen Text ergeben. Es versteht sich nahezu von selbst, daß sie nur im Rahmen einer wissenschaftlichen Exegese mittels Methoden, die der jeweiligen Fragestellung angemessen sind, behandelt werden können.

§ 3 Verlauf der Exegese

Nachdem in § 1 die Notwendigkeit und das Ziel alttestamentlicher Exegese dargelegt und begründet wurden, hat § 2 eine Reihe von Fragestellungen aufgeworfen, denen nachgegangen werden muß, um einen Text auf Eindeutigkeit hin einzuengen, d.h. ihn möglichst so zu verstehen, wie ihn der Verfasser von seinen Hörern oder Lesern verstanden wissen konnte und wollte einschließlich dessen, was der Text beim Adressaten veranlassen sollte[8]. Diese und weitere Fragestellungen können aber, sollen sie jener Aufgabe gerecht werden, nicht in beliebiger Reihenfolge an den Text herangetragen werden, sondern bilden ein methodisches Gebäude einzelner Stufen mit notwendigen Vor- und Nachordnungen.

Zwei Komplexe von Fragen sind dabei zu unterscheiden. Zunächst kommt es darauf an, den Text als Gegenstand[9] möglichst genau zu erkennen und sich mit andern über ihn zu verständigen. Dies sollen die

[8] Vgl. dazu auch die Einschränkung § 10, III.

[9] Zum Text als Gegenstand gehören, dem Gegenstand entsprechend, alle Elemente nicht nur der Ausdrucks-, sondern auch der Bedeutungsseite.

im 2. Kapitel des Buches vorgestellten *Methoden* leisten. Wenn auf diesem Weg der Exeget den Text richtig in den Blick bekommen und ihn zum Reden gebracht hat, kann er mit ihm in einen Dialog eintreten, d.h. sich mit ihm über diejenigen Gegenstände verständigen, von denen er handelt. Letzterem Vorgang, nämlich der *Interpretation,* ist das 3. Kapitel des Buches gewidmet.

Die einzelnen Stufen notwendiger Vor- und Nachordnungen innerhalb des methodischen Gebäudes mit seinen beiden Fragekomplexen seien nun im folgenden genauer ausgeführt.

1. Grundlegende Voraussetzung allen exegetischen Bemühens ist die *Textkritik,* die aus den verschiedenen hebräischen Textüberlieferungen sowie den alten Übersetzungen denjenigen Wortlaut zu erheben sucht, der dem ursprünglichen am nächsten kommt. Für die Beurteilung der einzelnen Überlieferungen und Übersetzungen gibt dabei die *Textgeschichte* wichtige Hinweise.

Ist solchermaßen eine gesicherte Textgrundlage erhoben, muß als nächster Schritt die sachgemäße Abgrenzung des zu exegesierenden Abschnittes geprüft und eventuell entsprechend korrigiert werden. Überkommene Einteilungen erweisen sich nicht immer als zutreffend und haben darum nur als Ausgangspunkt für die endgültige Bestimmung von Beginn und Ende einer Texteinheit Bedeutung. Neben dieser Aufgabe fällt der *Literarkritik* weiterhin zu, den Text auf Einheitlichkeit bzw. Uneinheitlichkeit hin zu prüfen und ihn im Falle der Uneinheitlichkeit in seine verschiedenen Schichten zu zerlegen, deren Zusammenwachsen als Ergebnis eines redaktionellen Prozesses zu verstehen ist: Die sprachliche Handlung eines Verfassers wurde nach ihrer Niederschrift durch andere und spätere Hände literarisch bearbeitet, sei es, daß ein bis dahin selbständig umlaufender und inhaltlich abgerundeter Text in sie eingearbeitet wurde, oder sei es, daß sie um eigens für sie geschaffene Zusätze erweitert wurde. Für diese redaktionellen Vorgänge kommen verschiedene Beweggründe in Frage, von der Verknüpfung parallel umlaufender Erzählungen zu einer neuen Einheit angefangen über dogmatische Korrekturen bis hin zu aktualisierenden und erklärenden Zusätzen. Durch Verknüpfung mit anderen Texten oder durch andere Zusätze hat die ursprüngliche Aussage eines Textes jedenfalls Veränderungen erfahren, die sie im Extremfall bis hin zu ihrer Verkehrung ins Gegenteil verschoben haben können. Einen unmittelbaren Zugang zur ursprünglichen Aussage gibt es dann jedenfalls nicht mehr; erst die literarkritische Scheidung eröffnet den Weg zu dem, was der Verfasser des untersuchten Textes sagen wollte. Umgekehrt kann aber auch das Anliegen eines Bearbeiters erst dann deutlich hervortreten, wenn seine Eingriffe von dem von ihm Vorgefundenen abgehoben sind. Eine Exegese, an deren Anfang nicht eine exakte literarkritische Untersuchung des Textes steht, kann nicht erwarten, die Aussage des Verfassers des Textes noch eines seiner Bearbeiter richtig zu erfassen. Alle weiteren methodischen Schritte müssen immer deutlich auf eine der literarkritisch erhobenen Stufen bezogen sein, sei es die Verfasserstufe oder eine der gewonnenen Bearbeiterstufen; im Falle einer späteren Verknüpfung von zwei ursprünglich selbständigen und inhaltlich abgerundeten Texten sind zwei parallel liegende Verfasserstufen zu unterscheiden, deren eine freilich durch den Verknüpfungsvorgang meist nur noch fragmentarisch erhalten ist.

Da es sich bei dem zu untersuchenden Text um eine oder im Falle notwendiger literarkritischer Sonderung um mehrere sprachliche Handlungen handelt, die fixiert vorliegen, ist als nächster Schritt dieser grundlegenden Tatsache in einer *sprachlichen Analyse* Rechnung zu tragen. Sie erfolgt unter den Aspekten von Ausdruck und Bedeutung auf der Laut-, Wort-, Satz- und Textebene und umfaßt eine syntaktisch-stilistische, eine phonemisch-phonetische, eine semantische und eine Strukturanalyse und fragt schließlich nach Funktion und Horizont der sprachlichen Handlung(en). Darüber hinaus führen die Beobachtungen der sprachlichen Analyse bereits auf größere Zusammenhänge literarischer oder sozio-kultureller Art hin, denen der Text einzuordnen ist und aus denen heraus er verstanden werden muß.

In der alttestamentlichen Exegese wurde der sprachlichen Analyse bisher meist viel zu geringe Beachtung geschenkt; häufig glaubte man sie unter der Hand und damit in methodisch nicht nachprüfbarer Weise erledigen zu können. Demgegenüber muß die Notwendigkeit der exakten sprachlichen Untersuchung, die die Erkenntnisse der modernen Sprachwissenschaft aufnimmt, stark betont werden. Ihre Ergebnisse stellen wichtiges und vor allem auch methodisch gesichertes Material für die weiteren exegetischen Schritte bereit.

So baut die nun anzuschließende Frage nach geprägtem Gut, das über die bereits in der sprachlichen Analyse erhobenen stehenden Ausdrücke und Formeln hinausgeht, auf jenen Beobachtungen auf. Geprägtes Gut in einem Text erhellt den Hintergrund, vor dem jener zu verstehen ist; ihm eignet eine bestimmte Aussagemöglichkeit, deren sich der jeweilige Verfasser bediente. Die Fragestellung ist also für das Verständnis eines Textes unerläßlich. Sie stellt sich in doppelter Weise: einmal in Sicht auf das vornehmlich auf der Ausdrucksseite geprägte

Gut (geprägte Strukturen), zum anderen auf geprägtes Gut hinsichtlich der Bedeutungsseite (geprägte Bedeutungssyndrome).

Der ersteren Gruppe ist in der *Formen- und Gattungskritik* nachzugehen. Der Vergleich strukturell ähnlicher, aber literarisch unabhängiger Formen läßt bestimmte Gattungen erkennen, deren sich die Verfasser alttestamentlicher Texte bedienten. Diese Gattungen wurzeln alle in einem bestimmten Lebensbereich, der bei ihrer Verwendung anklang, selbst wenn die Gattung in einer anderen als der ihr eigenen Funktion Verwendung fand, was des öfteren zu beobachten ist. Als Pendant zur Formen- und Gattungskritik auf der Bedeutungsseite ist die *Motiv- und Traditionskritik* zu betrachten. Sie fragt nach aufgenommenen Motiven und Traditionen, wobei auch hier wie entsprechend bei den Gattungen die spezielle Funktion jener Größen in der zu untersuchenden Texteinheit besondere Beachtung verdient.

Geprägtes Gut hat zudem eine Geschichte, in deren Verlauf es Wandlungen durchgemacht haben kann, die Schlüsse auf bestimmte Veränderungen in der Einstellung zulassen und besonders dann große Bedeutung für den Exegeten gewinnen, wenn der Verfasser der untersuchten Texteinheit für eine solche Abwandlung in Frage kommt.

Nachdem die literarkritisch gesonderte Texteinheit auf das sie bestimmende geprägte Gut in der eben dargelegten Weise untersucht ist, ist auch nach der möglichen Vorgeschichte jener Einheit selbst zu fragen. Das ist Aufgabe der *Überlieferungskritik und -geschichte.* Es gilt, soweit wie möglich hinter die vorliegende endgültige Fassung jener Einheit zurückzugehen und vor allem die Wandlungen im Laufe der Überlieferung zu erfassen, die auf Eigenheiten und besondere Interessen in den einzelnen Überlieferungsstufen bis hin zur endgültigen schriftlichen Niederlegung hinweisen.

Von der Überlieferungskritik zu unterscheiden ist die *Kompositions- und Redaktionskritik,* die im allgemeinen[10] von der literarkritisch gesonderten Einheit ausgeht und nach ihrem weiteren literarischen Schicksal nach ihrer endgültigen schriftlichen Niederlegung fragt. Es wird gleichsam der Prozeß der literarkritischen Abgrenzung und Sonderung umgekehrt und ausgehend von den dort unterschiedenen Schichten eines Textes deren Zusammenwachsen verfolgt sowie darüber hinaus auch der Verbindung zu größeren Komplexen wie Sammlungen und Kompositionen nachgegangen, natürlich nicht ohne nach den Beweggründen solcher Bearbeitungen zu fragen.

---

[10] Eine Ausnahme wird in § 9 diskutiert.

Zweckmäßigerweise folgt nun erst nach diesen Untersuchungen die *Zeit- und Verfasserfrage*, weil sie dann nicht nur die literarkritisch gesonderte Einheit, sondern auch die überlieferungskritisch wie kompositions- und redaktionskritisch erfaßten Stadien berücksichtigen kann.

In der *Einzelauslegung* und in der *zusammenfassenden Exegese* laufen die bisherigen Ergebnisse der einzelnen methodischen Schritte brennpunktartig zusammen, indem eine abschließende und umfassende Interpretation des untersuchten Textes versucht wird. Text und Exeget begegnen sich hierbei – anders als bei den vorausgehenden methodischen Schritten – als Dialogpartner (s. oben und § 10,I). Die Einzelauslegung legt dabei, in der Regel versweise vorgehend, Einzelheiten des Textes dar, die für sein Verständnis maßgebend sind. Anschließend wird dann in der zusammenfassenden Exegese der Versuch unternommen, den Inhalt des Textes sowie die mit ihm verfolgte *Intention,* also das, was sein Verfasser mit ihm beabsichtigt hat, zu erfassen und darzustellen, wobei natürlich wie bei allen voraufgehenden Schritten die literarkritisch gesonderten Schichten streng zu unterscheiden sind.

Der für den Theologen wichtigsten Fragestellung, nämlich der nach dem Reden von Gott im Alten Testament, ist wegen ihrer Bedeutung innerhalb der Interpretation ein eigener Abschnitt unter der Überschrift *Theologische Kritik* gewidmet. Dieser „Anhang" an Einzelauslegung und zusammenfassende Exegese stellt Material für eine systematisch-theologische Weiterbearbeitung zur Verfügung.

2. Die einzelnen methodischen Schritte, die den Verlauf einer Exegese bestimmen und zu denen durchaus noch neue Fragestellungen hinzutreten können, sind integrierende Bestandteile des Bemühens um Klarheit und Eindeutigkeit der Interpretation alttestamentlicher Texte. Die Abfolge der Schritte ist von der Sache her bestimmt und kann darum nicht beliebig verändert werden; in Anknüpfung an die Ausführungen in Abschnitt 1 ist hierzu auf folgendes hinzuweisen:

Um die Aussage eines alttestamentlichen Verfassers zu verstehen, muß sie zunächst in ihrem äußeren Umfang und in ihrer Textgestalt gesichert sein. Zwei geschichtliche Vorgänge sind hierzu durchsichtig und gleichsam rückgängig zu machen, nämlich einmal kompositionelle und redaktionelle Bearbeitungen jener Aussage, zum andern die Überlieferung des Textes mit den möglichen Veränderungen, die sich textkritisch erfassen lassen. Die Reihenfolge, in der jene beiden Vorgänge eben genannt wurden, gibt zugleich ihre zeitliche Schichtung an, so daß vom Standort des Exegeten aus zunächst die textkritische Untersuchung eines vorläufig abgegrenzten Abschnittes zu leisten ist[11], bevor er in der Literarkritik die schon mehrfach erwähnten Bearbeitungen ins Auge faßt und die ursprüngliche Aussage des Verfassers in ihrem Umfang festzulegen sucht.

Die Fragestellungen der sprachlichen Analyse, der Formen- und Gattungskritik sowie der Motiv- und Traditionskritik, die gegenüber der Text- und Literarkritik zu einem zweiten Komplex von exegetischen Methoden zusammengefaßt werden können, wenden sich unter verschiedenen Gesichtspunkten der Aussage des Verfassers oder Bearbeiters selbst zu und setzen darum voraus, daß deren Gestalt und Umfang geklärt sind[12]. Die bisweilen zu beobachtende Vorordnung der Gattungskritik (oft unzutreffend „Formgeschichte" genannt) vor die Literarkritik ist aus diesem Grunde methodisch nicht haltbar und gibt zu Fehlinterpretationen Anlaß[13]. Die Formen- und Gattungskritik so wie die Motiv- und Traditionskritik bauen ihrerseits auf den Ergebnissen der sprachlichen Analyse auf, so daß letztere ihren Ort vor jenen Fragestellungen nach geprägtem Gut hat.

Einen weiteren, dritten Methodenkomplex bilden die Überlieferungskritik, die Kompositions- und Redaktionskritik sowie die Zeit- und Verfasserfrage. Bei der sprachlichen Analyse, der Formen- und Gattungskritik und der Motiv- und Traditionskritik ist das Objekt der Untersuchung jeweils der literarkritisch abgegrenzte und gesonderte Text, im dritten Fragenkomplex hingegen ist es seine Geschichte. Dieser Umstand sowie die Tatsache, daß zur Bearbeitung des dritten Komplexes jedenfalls die Ergebnisse der sprachlichen Analyse vorliegen müssen, begründen die Vorordnung des zweiten Methodenkomplexes vor den dritten.

Die Stellung der Einzelauslegung und der zusammenfassenden Exegese im Gebäude der exegetischen Stufen ist durch die Ausführungen im Abschnitt 1 hinreichend begründet, ebenso der Ort der theologischen Kritik.

---

[11] Eine sinnvolle vorläufige Abgrenzung eines Abschnittes setzt natürlich literarkritische Überlegungen voraus. Doch ändert dies nichts an der methodischen Abfolge der Schritte Textkritik und Literarkritik, d. h. der teilweise Vorgriff auf die Literarkritik bedarf in seinen Ergebnissen einer Überprüfung im Anschluß an die Textkritik.

[12] Zum Verhältnis von Literarkritik und Fragestellungen der sprachlichen Analyse s. weiterhin u. Abschnitt 3.

[13] Vgl. die kritische Auseinandersetzung von W. Richter, Exegese als Literaturwissenschaft. Entwurf einer alttestamentlichen Literaturtheorie und Methodologie, 1971, 45 Anm. 48.

Die Überbetonung und Fehleinschätzung einer exegetischen Methode wie etwa bei der erwähnten Vorordnung der Gattungskritik vor die Literarkritik ist z. T. wohl im Zusammenhang mit der zeitlichen Abfolge der „Entdeckung" der einzelnen Fragestellungen zu sehen: So folgte die gattungskritische Methode forschungsgeschichtlich auf die Literarkritik und verdrängte als die große Neuentdeckung letztere häufig zu Unrecht von dem ihr zustehenden Ort. Demgegenüber kann nur nochmals mit Nachdruck auf die notwendige Integration aller exegetischen Fragestellungen hingewiesen werden. Integration bedeutet freilich etwas anderes als Methodenmischung, vor der sich der Exeget gleichfalls zu hüten hat, um zu sicheren und nachprüfbaren Ergebnissen zu gelangen.

3. Die notwendige Differenzierung und Abfolge der einzelnen exegetischen Schritte bedeutet nicht, daß die auf einer Stufe gewonnenen Ergebnisse nicht durch Erkenntnisse aufgrund nachfolgender methodischer Schritte modifiziert oder gar umgestoßen werden, natürlich aber auch eine weitere Bestätigung erhalten können. So sind z.B. die in der sprachlichen Analyse zu behandelnden Fragen des Rhythmus und des Metrums durchaus für die literarkritischen Überlegungen relevant. Es kann daher im praktischen Vollzug einer Exegese durchaus sinnvoll erscheinen, einzelne Fragestellungen der sprachlichen Analyse bereits vor bzw. zusammen mit der literarkritischen Untersuchung vorläufig zu klären; sie müssen allerdings im Zuge der sprachlichen Analyse im Anschluß an die Literarkritik nochmals aufgenommen und überprüft werden. In der Überlieferungskritik kann eventuell weiteres vorgegebenes Gut ermittelt werden, woraus möglicherweise traditionskritische Konsequenzen zu ziehen sind. Auch kann z. B. die Überlieferungs- oder Kompositions- und Redaktionskritik zur Korrektur literarkritischer Entscheidungen veranlassen. Am Beispiel Gen 6,1–4 seien derartige Vorgänge verdeutlicht:

Die mögliche literarkritische Entscheidung, Gen 6,3 von Gen 6,1–2.4 zu sondern[14], da v. 3 als störender Einschub zwischen v. 2 und v. 4 erscheint, verlangt eigentlich eine redaktionskritische Betrachtung, die unter Einbeziehung der Zeit- und Verfasserfrage den Vorgang der Einfügung von v. 3 erhellen und in seiner Motivation offenlegen soll. Die kompositionskritische Beobachtung jedoch, daß 6,1–2.4 zu einer Reihe von Erzählungen gehört (bei der Annahme von zwei alten Quellenschichten der Urgeschichte des J, bei der Annahme von drei alten Quellenschichten N bzw. L zugewiesen), deren spezifischer Erzählrhythmus (Aufbäumen und Rückschlag bzw. Grenzüberschrei-

[14] Vgl. z. B. O. Eissfeldt, Hexateuch-Synopse, 1962², z. St.

tung und darauf reagierendes Einschreiten Gottes)[15] nun aber gerade mit der vermeintlichen Erweiterung v. 3 gegeben ist, läßt ernsthafte Zweifel daran aufkommen, daß v. 3 innerhalb von v. 1–2.4 das Ergebnis eines redaktionellen Vorganges ist, und verweist darum das Problem unter Revision der literarkritischen Entscheidung an die Überlieferungskritik. Sie mag zu folgendem Ergebnis kommen: In einem älteren Stadium der Erzählung fand sich v. 4 „gleich hinter v. 2 und nicht erst hinter dem Strafwort, wo er jetzt nur wie eine archäologische Notiz, wie eine allgemeine Zeitangabe fast außerhalb des Erzählungszusammenhanges steht." Die „Giganten waren doch natürlich die Abkömmlinge aus der Verbindung der Himmlischen mit Menschenweibern; ja das ursprüngliche Anliegen dieser Geschichte war geradezu dieses, die Herkunft der Heroen aus solchen Ehen ätiologisch zu begründen."[16] Dieses überlieferungskritisch zu erfassende ältere Stadium der Erzählung ist durch v. 3 „entmythologisiert" worden und liegt bei J bzw. N/L in letzterer Gestalt vor.

Dieses Beispiel liefert zugleich eine Begründung dafür, warum in den folgenden Darlegungen die Überlieferungskritik, die Kompositions- und Redaktionskritik sowie die Zeit- und Verfasserfrage in einem Paragraphen behandelt werden: Bei aller notwendigen Differenzierung hängen diese Fragestellungen besonders eng zusammen, weil sie ein Objekt durch je verschiedene Bereiche seiner Geschichte verfolgen.

---

[15] Vgl. (E. Sellin–)G. Fohrer, Einleitung in das Alte Testament, 1979[12], 178; C. Westermann, Genesis (BK), I 1976[2], 498f.

[16] G. von Rad, Das erste Buch Mose. Genesis (ATD), 1972[9], 85. G. von Rad weist Gen 6,1–4 der jahwistischen Quellenschicht (J) zu.

2. Kapitel: Methoden

§ 4 Textkritik

Der heute vorliegende hebräische (und aramäische: Esr 4,6–6,18; Dan 2,4b–7,28) Text des Alten Testaments ist im Verlaufe seiner Überlieferung vielfachen Veränderungen unterlegen, die von fehlerhafter Wiedergabe bis zu dogmatischen Korrekturen reichen. Übersetzungen vermehren noch die verwirrende Vielfalt der Lesarten und erschweren damit zunächst das Bemühen des Exegeten, eine sichere Grundlage für die Auslegung des Alten Testaments zu erhalten[17].

Dieser Tatbestand hat in der exegetischen Wissenschaft zur Einführung der Methode der Textkritik geführt, die zum Ziel hat, mit Hilfe der uns vorliegenden Textgestalten im Vergleich jeweils den Text zu rekonstruieren, der dem ursprünglichen am nächsten kommt. Die damit gegebene Aufgabenstellung der Textkritik läßt es sinnvoll erscheinen, zunächst die Geschichte des Textes, allerdings nur überblicksweise[18], darzustellen, um aus ihr Maßstäbe für die Methodik der textkritischen Arbeit zu gewinnen, und erst dann in einem zweiten Abschnitt diese selbst zu entwickeln.

I. Abriß einer Textgeschichte

1. Überlieferung in der Ursprache

a) *Masoretische Textgestalt* (𝔐)[19]. Der alttestamentliche hebräische Text in der Form, wie er sich heute in den Druckausgaben findet, stammt erst aus dem 9./10. Jh. n. Chr. Er ist in dieser Gestalt das Ergeb-

---

17 Vgl. § 2,2.

18 In diesem Zusammenhang ist keine ausführliche Darstellung oder gar Diskussion der Textgeschichte möglich, statt dessen wird auf die einschlägige Literatur verwiesen. Vgl. u. a. E. WÜRTHWEIN, Der Text des Alten Testaments. Eine Einführung in die Biblia Hebraica, 1973[4]; M. NOTH, Die Welt des Alten Testaments. Einführung in die Grenzgebiete der Alttestamentlichen Wissenschaft, 1962[4], 267 ff.; (E. SELLIN–)G. FOHRER, Einleitung in das Alte Testament, 1979[12], 538 ff.

19 In Klammern sind jeweils die Sigla der Biblia Hebraica (BH) angegeben. Bei Übereinstimmung der beiden im Gebrauch befindlichen Ausgaben BHS

nis einer jahrhundertelangen Überlieferung, die hier nur in ihren wichtigsten Daten nachgezeichnet werden kann.

Für das 2. Jh. v. Chr. lassen sich – sieht man von Vulgärrezensionen ab – drei Hauptrezensionen[20] des hebräischen Textes erschließen: eine Vorstufe des späteren Standardtextes, eine der Vorlage der Septuaginta und eine der samaritanischen Textform ähnliche Rezension. Spätestens seit dem 1. Jh. v. Chr. bemühte man sich, diese Vielfalt der Textformen durch einen verbindlichen Einheitstext zu ersetzen. Nach der Zerstörung Jerusalems 70 n. Chr. gelang es, vor allem im Zusammenhang mit der Abgrenzung des Judentums zu den Christen, den Konsonantentext weitgehend festzulegen. Etwa um 100 n. Chr. war diese Grundform von 𝔐, von einigen orthographischen und dialekthaften Varianten[21] abgesehen, im wesentlichen fixiert.

Der weitere Verlauf der Geschichte des alttestamentlichen Textes ist zunächst durch die Tätigkeit der „Schreiber" (Tiq soph u. a.) bestimmt, die einerseits nach strengen Regeln und mit größter Sorgfalt die alten Buchrollen abschrieben, andererseits durch Textuntersuchungen und -vergleiche die künftige Einheitsform des Textes mitvorbereiteten.

Um etwa 500 n. Chr. begannen die sogenannten Masoreten, die „Überlieferer", nach denen später der endgültig festgelegte und gesicherte Text „masoretisch" genannt wird, mit ihrer eine neue Periode der Textgeschichte einleitenden Arbeit. Es sind vor allem zwei Gruppen zu unterscheiden, die wieder in sich in „Schulen" und „Familien" gegliedert waren: die Masoreten des Westens in Palästina (Hauptsitz Tiberias; Haupttätigkeit 8./9. Jh.) und die Masoreten des Ostens in

---

(Biblia Hebraica Stuttgartensia, 1978) und BHK (Biblia Hebraica, ed. R. KITTEL, 1929/37) wird nur das gemeinsame Siglum aufgeführt. Sonst ist die Reihenfolge BHS/BHK gewählt.

[20] Der Terminus „Rezension" bezeichnet eine Textform, die das Ergebnis eines Auswahlprozesses darstellt. Ziel dieser Auswahl ist es, den ursprünglichen Wortlaut des Textes herzustellen. In der Mehrzahl der Fälle erfolgt sie durch einen (wertenden) Vergleich der verschiedenen Überlieferungen *einer*, z. B. der masoretischen, Textgestalt. Nur in manchen Fällen hat sich der Auswahlprozeß ohne eigentlichen Vergleich vollzogen; so sind die Vulgärrezensionen einfach das Ergebnis der Textüberlieferung in bestimmten Bevölkerungskreisen.

[21] Abweichende Lesarten innerhalb der Überlieferung *einer* Textform (z. B. unterschiedliche Lesarten innerhalb der masoretischen Überlieferung) werden als „Varianten", in der Überlieferung *verschiedener* Textformen (z. B. der masoretischen und der Septuaginta-Überlieferung) als „Versionen" bezeichnet. Der Terminus „abweichende/unterschiedliche Lesart" trifft beide Sachverhalte.

Babylonien (Zentren Sura, Nehardea und Pumbedita; 3./9. Jh.).

Durch ihre Tätigkeit erhielt der Text endgültig die Qualität eines Standardtextes. In der Randmasora, masora parva und magna (Mp; Mm/Mm, Mas. M), und der Schlußmasora am Ende eines Buches bzw. des Alten Testaments, masora finalis, legten sie ihre Bemerkungen zu dem Konsonantentext nieder, um ihn vor Veränderungen zu schützen. In zwei Traktaten, Sepher Tora und Sopherim, sind die Regeln überliefert, die für seine Herstellung gelten.

Auch die Vokalisation des Textes begann allmählich (6./7. Jh.), nachdem bis dahin die Aussprache nur mündlich überliefert bzw. durch matres lectionis angedeutet war. Es ergab sich in Palästina und in Babylonien trotz gegenseitiger Beeinflussung eine unterschiedliche Entwicklung. Sie führte erst im Laufe des 9./10. Jh. zu der allgemeinen Anerkennung des westlichen, d.h. tiberischen Punktationssystems, das unter den Masoretenfamilien ben Ascher und ben Naphtali alle anderen Systeme völlig verdrängte.

Damit war die Geschichte des „masoretischen" Textes noch nicht beendet. Die Textform der Familie ben Ascher wurde zwar durch die Autorität des Maimonides im 12. Jh. zuungunsten der geringfügig abweichenden Textform der Familie ben Naphtali anerkannt, aber im 14. Jh. bildete sich eine Art Mischtext, der textus receptus. Er liegt den Bibeldrucken bis zur 2. Auflage der Biblia Hebraica zugrunde. Die 3. Auflage (BHK) geht hinter ihn zurück, indem sie die im Leningrader Kodex B 19^{A} (L) vorliegende Abschrift der hebräischen Bibel aus dem Jahre 1008 benützt. Eine noch etwas ältere Handschrift, der ben-Ascher-Kodex (10. Jh.) aus der Synagoge in Aleppo, wurde dazu nicht zur Verfügung gestellt[22].

b) *Qumran-Handschriften*[23] (𝔔/-). Seit 1947 wurden in der Nähe von Qumran und an anderen Stellen der Wüste Juda Schriftrollen und Fragmente entdeckt, die aus dem 2. Jh. v. Chr. bis 1. Jh. n. Chr. stammen. Auch wenn ihre Publikation und damit ihre Auswertung noch

[22] Diese wertvolle Handschrift war nach antijüdischen Ausschreitungen im Jahre 1947 für einige Zeit verschollen. Später konnte sie zu etwa drei Viertel sichergestellt werden. Sie ist Grundlage einer kritischen Ausgabe der hebräischen Bibel, die die Hebräische Universität in Jerusalem herausgibt.

[23] Die umfangreiche Literatur zu den Qumrantexten kann hier nicht aufgeführt werden. Übersichten bieten Chr. Burchard, Bibliographie zu den Handschriften vom Toten Meer, (I) 1957 (1959); II 1965, und die fortlaufende Bibliographie in Revue de Qumran. Vgl. auch die Angaben in den Einleitungswerken, z.B. (E. Sellin–)G. Fohrer a.a.O. (Anm. 18) § 78.

längere Zeit beanspruchen wird, so ist doch schon heute ihre große Bedeutung auch für die textkritische Arbeit erkennbar.

Eine Übersicht über die bisher veröffentlichten Texte[24] legt ihre Einteilung in vier Gruppen nahe: 1. alttestamentliche Bücher, 2. Kommentare zu ihnen, 3. deutero- und nichtkanonische Bücher und 4. spezielle Schriften der Qumrangemeinschaft. In unserem Zusammenhang sind die beiden ersten Gruppen von Belang.

Es finden sich hebräische Handschriften von allen alttestamentlichen Büchern (außer Esther), besonders häufig von Deuteronomium, Jesaja, Zwölfprophetenbuch und Psalter. Manche ähneln in ihrer Textform dem Samaritanus, andere stehen anscheinend der hebräischen Vorlage der Septuaginta näher als der Vorstufe des masoretischen Textes. Die Bibelrolle mit der größten Bedeutung ist eine vollständig erhaltene Jesajahandschrift, die in einem Vulgärtext – abgesehen von ca. 4500 orthographischen Abweichungen – etwa 1400 von 𝔐 unterschiedliche Lesarten aufweist. Auf der einen Seite bestätigt sie im wesentlichen 𝔐 und zeigt damit eine einzigartige Kontinuität der Textüberlieferung über 1000 Jahre hinweg auf. Auf der anderen Seite weicht ihr Text in mehreren Fällen von 𝔐 ab und stimmt mit Lesarten alter Übersetzungen überein, die damit den ursprünglichen Text bewahrt haben dürften. Sogar Konjekturen (Textänderungen aufgrund exegetischer Überlegungen) wurden durch die Qumran-Handschriften bestätigt.

So sind die Qumran-Funde von textgeschichtlich unschätzbarem Wert: Als die bisher ältesten uns erhaltenen Handschriften mit hebräischem alttestamentlichen Text[25] geben sie Einblick in die vormasoretische Geschichte des hebräischen Textes. Sie bezeugen indirekt die für das 2. Jh. v. Chr. angenommenen drei Hauptrezensionen. Ihre textkritische Bewertung ist im Einzelfall zu prüfen, ihre Sonderlesarten verdienen aber auf jeden Fall Beachtung.

---

24 Zur Kennzeichnung der einzelnen Schriftrollen bzw. Fragmente: 𝔔 gibt die Gesamtheit des Handschriftenbefundes der Gegend von *chirbet qumrān* an. Die arabische Zahl vor dem Buchstaben bezeichnet die Höhle, in der das betreffende Stück gefunden wurde; dahinter wird mit einem Siglum der Inhalt der Handschrift angedeutet. Hochgestellte kleine Indexbuchstaben unterscheiden Handschriften derselben Höhle mit dem gleichen Inhalt. Beispiel: 2QEx^{a} = die in der „zweiten" Höhle der Gegend von *chirbet qumrān* gefundene Handschrift des Buches Exodus, und zwar die erste der drei in dieser Höhle aufgetauchten Exodus-Handschriften.

25 Papyrus Nash – mit Dekalog (teils nach Ex 20,2ff., teils nach Dtn 5,6ff.) und Sch^{e}ma (Dtn 6,4f.) – wird unterschiedlich datiert (2. Jh. v. Chr./2. Jh. n. Chr.) und kann unberücksichtigt bleiben.

c) *Samaritanischer Pentateuch* (ɯ). Als sich die samaritanische Gemeinde im 4. Jh. v. Chr. von Jerusalem trennte, behielt sie die Tora, die fünf Bücher Moses, als heilige Schrift bei. Diese vormasoretische samaritanische Textform des hebräischen Pentateuchs weist etwa 6000 Abweichungen von 𝔐 auf, die zum größten Teil orthographischer oder stilistischer Art sind. Sieht man von dogmatisch bedingten Änderungen ab, so stimmen allerdings noch immer 1600 Abweichungen mit der Septuaginta gegenüber 𝔐 überein. ɯ ist somit ein sehr zu beachtender Zeuge für eine von 𝔐 unabhängige Rezension des hebräischen Pentateuchs.

2. *Übersetzungen*

Übersetzung ist in der Regel bereits Auslegung, umweltabhängige Deutung[26]. Diese Erkenntnis weist auf die Vermittlungsfunktion des Übersetzers hin und verbietet eine naive unkritische Verwendung der Übersetzungen in der textkritischen Arbeit. Trotz dieses Vorbehalts besitzen sie für die Textkritik große Bedeutung, da sie häufig einen ursprünglicheren als den heute vorliegenden hebräischen Standardtext zu rekonstruieren helfen.

Die Handschriften der Übersetzungen sind häufig älter als die der Überlieferung in hebräischer Sprache. Sie haben ihre je eigene Geschichte, deren Kenntnis für die textkritische Arbeit wichtig und im Einzelfall zu prüfen ist.

a) *Semitische Übersetzungen des Alten Testaments.*

α) *Targum* (𝔗). In nachexilischer Zeit verlor das Hebräische seine Bedeutung als Umgangssprache und wurde durch das Aramäische, eine der offiziellen Staatssprachen des Perserreiches, ersetzt. Daraus ergab sich bald die Notwendigkeit, den hebräischen Bibeltext bei der Verlesung im Gottesdienst ins allgemein verständliche Aramäisch zu übertragen. Diese „Übersetzung“ (*targum*) erfolgte zunächst jeweils im mündlichen Vortrag, doch wurden im Laufe der Zeit die inzwischen entstandenen mündlichen „Übersetzungstraditionen“ schriftlich fixiert.

Diese Targume, verschiedenen Ursprungs und aus verschiedenen Perioden, sind also freie aramäische Übertragungen und Paraphrasen des hebräischen Textes mit vielen erklärenden Zusätzen. Zur Textkritik

[26] Vgl. § 1,2.

können sie daher nur mit besonderer kritischer Aufmerksamkeit herangezogen werden.

β) *Peschitta* (𝕾). Diese „einfache" Übersetzung, vielleicht im Unterschied zur Hexapla[27] so genannt, ist die syrische Version des Alten Testaments. Ihre komplizierte Textgeschichte ist erst teilweise erforscht, so daß einstweilen nur eine vorläufige Bewertung ihres textkritischen Ranges möglich ist. Jedenfalls ist sie das Werk mehrerer (jüdischer oder/und christlicher) Übersetzer und wahrscheinlich im Laufe einer längeren Zeitspanne allmählich entstanden. Die einzelnen Bücher sind in verschiedener Weise von Targumen und der Septuaginta abhängig. Während es sich bei Hiob und dem Hohenlied um wörtliche, bei Jesaja, den Kleinen Propheten und Psalmen um freie Übersetzungen handelt, sind Pentateuch, Ezechiel und Sprüche eher Targume und die erst später hinzugefügte Chronik eine Paraphrase. Die in der Peschitta feststellbaren Übereinstimmungen mit der Septuaginta lassen auf deren Einwirkung schließen, vielleicht auf eine Revision anhand der Septuaginta durch die syrische Kirche. So ergibt sich für die textkritische Arbeit ein im Einzelfall zu prüfender, im allgemeinen aber wichtiger Textzeuge.

b) *Septuaginta und ihre Tochterübersetzungen.*

α) *Septuaginta* (𝕲). Ursprung und frühe Geschichte der Septuaginta sind umstritten. Sie ist jedenfalls durch das praktische Bedürfnis des griechischsprachigen Judentums entstanden, den hebräischen Text des Alten Testaments zu verstehen. Zunächst wurde von mehreren Übersetzern (der Tradition nach von „siebzig", *septuaginta*) um die Mitte des 3. Jh. v. Chr. in Alexandria die Tora ins Griechische übertragen; um 200 v. Chr. lag die Übersetzung der „Propheten" der hebräischen Sammlung und im 1. Jh. v. Chr. diejenige der meisten anderen Bücher vor. Als ganzes ist die Septuaginta somit eine Sammlung von Übersetzungen der einzelnen Bücher des Alten Testaments, die den Geist des hellenistischen Judentums der ägyptischen Diaspora widerspiegelt[28].

Für die Christen wurde die Septuaginta die maßgebende Textform des Alten Testaments. Dieser Entwicklung in der alten Kirche korrespondierte unter den Juden ihre zunehmende Ablehnung. Nachdem im Judentum die Autorität des hebräischen Textes anerkannt war, ver-

[27] Diese Ausgabe des Alten Testaments durch Origenes (230/240 n. Chr.) stellt in sechs Kolumnen folgende Texte nebeneinander: den hebräischen Text, den hebräischen Text in griechischer Umschrift, Aquila, Symmachus, Septuaginta und Theodotion.

[28] Vgl. (E. Sellin–)G. Fohrer a. a. O. (Anm. 18) 559.

lor die Septuaginta dort völlig ihre Geltung und wurde schließlich durch neue Übersetzungen (Aquila, Theodotion, Symmachus) ersetzt.

Für die textkritische Bewertung der Septuaginta ist zu beachten, daß sie mehrfach rezensiert wurde[29], auch schon in vorchristlicher Zeit. So ist ihr textkritischer Wert unterschiedlich[30]. Während viele Bücher recht wörtliche Übersetzungen sind, stellen andere, z.B. Daniel, freie Übertragungen dar. Auffallend sind die Kürzungen, die die Septuaginta im Vergleich zu 𝔐 aufweist. So ist etwa der Text des Hiobbuches nicht nur an vielen Stellen nach theologischen Gesichtspunkten geändert, sondern auch gegenüber 𝔐 wesentlich gekürzt. Der Text des Jeremiabuches ist in der Septuaginta gar um ein Achtel kürzer als in 𝔐. Zusätzlich weisen beide Textformen im Jeremiabuch eine unterschiedliche Anordnung der Textkomplexe auf[31].

Im allgemeinen verschlechtert sich der textkritische Wert der Septuaginta mit zunehmender Entfernung vom Pentateuch. Da die Septuaginta aber eine von 𝔐 und seinen Vorstufen unterschiedliche Textform repräsentiert, ist sie für die Textkritik die wichtigste Übersetzung.

β) *Vetus Latina* (𝔏). In Südgallien und Nordafrika sind für das 2. Jh. n.Chr., in Italien für das 3. Jh. n.Chr. lateinische Übersetzungen von Büchern des Alten Testaments belegt, die als von der Septuaginta abhängige Übersetzungen zu beurteilen sind. Da diese altlateinischen Übersetzungen nur unzureichend erhalten sind, zumeist nur in Zitaten von altkirchlichen Schriftstellern, ist es nicht sicher auszumachen, ob es sich bei den verschiedenen lateinischen Textformen um mehrere selbständige Übersetzungen oder um Rezensionen einer einzigen Übersetzung handelt. „Vetus Latina" ist auf jeden Fall mehr als Sammelname denn als Bezeichnung eines einzigen Textes zu verstehen. Ihre textkritische Bedeutung liegt darin, daß sie vielfach ein indirekter Zeuge für einen vorhexaplarischen griechischen Text ist.

γ) *Koptische Übersetzung* (𝔎). Das Koptische, die Sprache der christlichen Nationalägypter, bildete sich im 3. Jh. n.Chr. in mehreren

---

29 Ausführlich sind diese Rezensionen in den Einführungen zu den Ausgaben der Göttinger Septuaginta von J. Ziegler, A. Rahlfs und R. Hanhart beschrieben. Origenes hat in der Hexapla eine dieser Rezensionen vorgenommen. Sein Maßstab für den Text des Alten Testaments war nicht die Septuaginta, sondern die schon normative hebräische Standardform. Er konnte jedoch die anderen Textformen der Septuaginta nicht verdrängen.

30 Vgl. im einzelnen E. Würthwein a.a.O. (Anm. 18) 68ff.

31 S. (E. Sellin–)G. Fohrer a.a.O. (Anm. 18) 438f. Diese Beobachtung – wie der Vergleich mit Jeremiafragmenten aus Qumran – läßt auf zwei unterschiedliche (hebräische) Vorstufen von 𝔐 und 𝔊 schließen.

Dialekten. Im 3./4. Jh. n. Chr. wurde die Septuaginta in diese koptischen Dialekte übersetzt: Es entstanden mehrere, sprachlich unterschiedene Übersetzungen, die für die Textkritik nur indirekt als Zeugen für die in Ägypten übliche Septuagintatextform von Belang sind.

δ) *Äthiopische Übersetzung* (𝔄). Als um die Mitte des 4. Jh. n. Chr. das Reich von Aksum (im nördlichen Teil des heutigen Abessinien) durch syrische Missionare für das Christentum gewonnen wurde, ergab sich die Notwendigkeit einer äthiopischen Übersetzung der Bibel, deren Vollendung aber längere Zeit beansprucht haben dürfte. Ihr liegt eine Rezension der Septuaginta (um 300 n. Chr.) zugrunde. Da die Handschriften – die älteste stammt zudem erst aus dem 13. Jh. – mehrfache Überarbeitung erkennen lassen, ist der textkritische Wert gering zu veranschlagen.

ε) Als weitere, allerdings in textkritischer Hinsicht unbedeutende Übersetzungen sind die *armenische* (Arm; 5. Jh. n. Chr.), die wenigstens teilweise jüngere *georgische*, die *gotische* (um 350 n. Chr.), eine *slawische* (9. Jh. n. Chr.) und mehrere *arabische* (𝔄 ; seit 7. Jh. n. Chr.) zu nennen.

c) *Von der Septuaginta unabhängige griechische Übersetzungen.* Als das Judentum die Septuaginta abgelehnt hatte, entstanden mehrere Übersetzungen des Alten Testaments ins Griechische, von denen die wichtigsten die des Aquila, Theodotion und Symmachus sind. Allerdings sind diese nur fragmentarisch erhalten, fast ausschließlich im Zusammenhang mit der textkritischen Arbeit des Origenes.

α) *Aquila* (α'/A). Die Übersetzung des Aquila (etwa um 130 n. Chr.) versucht jede Einzelheit des inzwischen einheitlich festgelegten hebräischen Konsonantentextes wiederzugeben und ist damit eigentlich nur eine mechanische Umsetzung des hebräischen Textes in griechische Wörter.

β) *Theodotion* (ϑ' /Θ). Theodotion (Ende des 2. Jh. n. Chr.) bemühte sich in seinem Werk, vielleicht einer Korrektur der Septuaginta unter enger Anlehnung an den hebräischen Text, um gutes Griechisch und fand damit auch in christlichen Kreisen Anklang.

γ) *Symmachus* (σ'/Σ). In der Übersetzung des Symmachus (Anfang des 3. Jh. n. Chr.) sind beide Tendenzen – wörtliche Wiedergabe des hebräischen Textes und gutes Griechisch – miteinander verbunden.

d) *Vulgata* (𝔅). Nachdem Hieronymus im Auftrag des Papstes Damasus I. vom Jahre 382 n. Chr. an die Vetus Latina revidiert hatte, wovon nur mehr der Psalmentext, das sog. Psalterium Gallicanum, und das Buch Hiob erhalten sind, begann er nach seiner Über-

Übersicht über die Geschichte des alttestamentlichen Textes

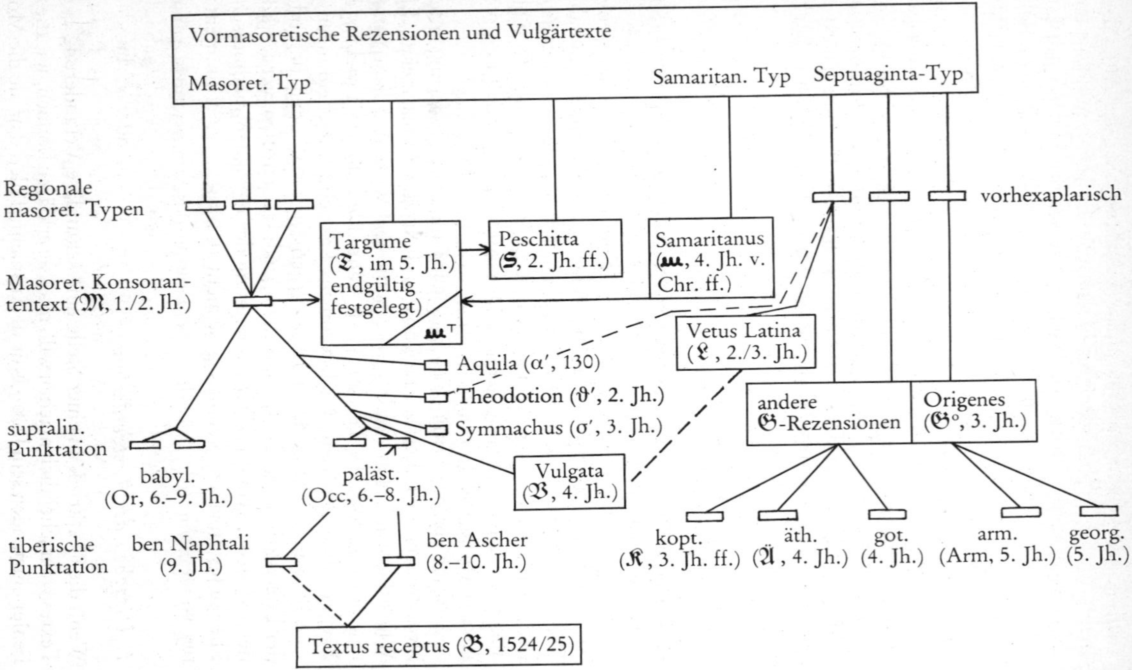

siedlung nach Betlehem (386) mit der Übersetzung des Alten Testaments aus dem Hebräischen ins Lateinische. Er benützte für sie außer der Vetus Latina auch die griechischen Übersetzungen der Septuaginta, des Aquila, Symmachus und Theodotion und holte den Rat von Rabbinen ein. Erst seit dem 7. Jh. setzte sich diese Übersetzung in der Kirche durch. Ihr Name „Vulgata", d.h. die allgemein Verbreitete, ist Ausdruck für diese allgemeine Anerkennung. Im 16. Jh. erklärte schließlich das Tridentinum sie zur maßgebenden Autorität für die katholische Kirche.

Die sehr komplexe Textgeschichte der Übersetzung des Hieronymus läßt keinen direkten Schluß auf eine hebräische Vorlage zu, so daß sie in der textkritischen Arbeit nur mit Vorbehalt und größter Sorgfalt verwendet werden kann.

II. Textkritik als Methode

Wie der textgeschichtliche Überblick gezeigt hat, ist die heutige Textgestalt des Alten Testaments – sowohl in der Ursprache als auch in den verschiedenen Übersetzungen – das Ergebnis eines mehr oder weniger langen Überlieferungsprozesses, an dem viele Hände mitgewirkt haben. Die alttestamentlichen Schriften enthalten darum – wie alle handschriftlich überlieferten Texte – mannigfache Lese-, Schreib- und Hörfehler, aber auch andere beabsichtigte und unbeabsichtigte Veränderungen des jeweils vorliegenden Textes.

Aufgabe der Textkritik ist es, möglichst alle diese Änderungen festzustellen und den ältesten erreichbaren Text zu rekonstruieren. Eine Wiederherstellung des erstmals konzipierten Wortlauts liegt jenseits einer so verstandenen Textkritik, sie kann allenfalls ein Ergebnis der Exegese als ganzer sein. Auch wenn textkritische Entscheidungen im Einzelfall nur mit Hilfe der anderen exegetischen Methoden, besonders der Literarkritik und der sprachlichen Analyse, getroffen werden können, ist an der grundsätzlichen Trennung der einzelnen methodischen Ebenen festzuhalten, wenn Exegese nicht zu subjektiver Willkür entarten soll.

1. Ursachen der Textverderbnis

Wenn die Textkritik an einer Stelle eine sekundäre Veränderung eines Textes wahrscheinlich machen will, muß sie erklären können, wie dieser Fehler entstanden sein kann. Nur in Ausnahmefällen darf sie die Möglichkeit singulärer Sonderfälle, die in ihrer Entstehung nicht mehr durchschaubar sind (z.B. Schreibmaterial als Fehlerquelle), in ihre Überlegungen einbeziehen.

In der Regel darf der Textkritiker mit folgenden Arten von Fehlern rechnen[32]:

Lese-, Schreib- und Hörfehler

- Verwechslung ähnlicher Buchstaben (sowohl in der nachexilischen Quadratschrift als auch in der althebräischen Schrift);
- Umstellung von Buchstaben;
- Einfachschreibung (Haplographie: hpgr/haplogr) von gleichen oder ähnlichen Buchstaben oder Wörtern, die unmittelbar aufeinanderfolgen;
- Doppelschreibung (Dittographie: dttg/dittogr) von Buchstaben oder Wörtern;
- Auslassung mehrerer Wörter durch das Abirren des Abschreibers vom Ende eines Wortes auf dasjenige eines anderen gleichen oder ähnlichen (Homoioteleuton: homtel/homoeotel);
- Auslassung bei gleichem Wortanfang (Homoioarkton: homark/-);
- fehlerhafte Wortverbindung und -trennung;
- Mißverständnis von Vokalbuchstaben als Konsonanten;
- falsche Vokalisation durch die Masoreten;
- Mißverständnis von Abkürzungen.

Absichtliche oder unbeabsichtigte Änderungen nach Vorstellungen und Verständnis der Schreiber und Rezensenten

- Ersetzung oder Ergänzung seltener oder in einem ungewöhnlichen Sinn gebrauchter Wörter;
- Änderungen aufgrund von Parallelstellen;
- syntaktische und grammatische Angleichungen;
- Auslassung und Hinzufügung von Buchstaben, Partikeln, kleinen häufigen Wörtern;
- Beseitigung anstößiger Ausdrücke;
- Einfügung von wiederholenden, erklärenden, ergänzenden, ändernden Glossen (gl/gl[oss]).

---

[32] Die folgende Aufstellung von Fehlern kann natürlich nicht alle Ursachen der Textverderbnis erfassen, sondern nennt nur die häufigsten und mag daher als Anregung dienen. Beispiele für die Fehlerquellen finden sich in reicher Fülle in dem noch immer wertvollen Buch von F. Delitzsch, Die Lese- und Schreibfehler im Alten Testament, 1920; s. auch E. Würthwein a.a.O. (Anm. 18) 104ff. – Zu den in Klammern angegebenen Sigla s. Anm. 19.

2. *Verfahren der Textkritik*[33]

Alttestamentliche Textkritik orientiert sich an Grundsätzen, die sich aus der textkritischen Arbeit im allgemeinen und der alttestamentlichen Textgeschichte im besonderen ergeben. So lassen sich drei aufeinanderfolgende Schritte mit je verschiedener Aufgabenstellung unterscheiden.

a) *Feststellung des überlieferten Textes.* Es sind zunächst die verschiedenen Textzeugen zu befragen, und zwar sinnvollerweise ihrer Bedeutung nach in folgender Reihenfolge[34]: 𝔐, ɯ, 𝔔, 𝔊, α', σ', ϑ', 𝔖, 𝔗, 𝔙, 𝔏, 𝔎, 𝔄̈, 𝔄, Arm. Dabei sind die Angaben im Apparat der BH[35] nur als Hinweise aufzufassen und daher, wenn möglich, durch Einsicht in die jeweiligen Spezialausgaben, d.h. in das gesamte handschriftliche Material, zu ergänzen.

Sodann ist der Befund der einzelnen Handschriften bereits vorläufig zu sichten, indem man Lesarten ausscheidet, die sich als Fehler oder – bei Übersetzungen – als nachträgliche Angleichungen an 𝔐 erklären lassen.

b) *Prüfung des überlieferten Textes.* Nachdem der überlieferte Text festgestellt ist, hat seine kritische Prüfung einzusetzen. Ausgangspunkt hierfür ist 𝔐 als die kanonisch gewordene Textgestalt. Dieser zunächst nur theologiegeschichtlich begründete Grundsatz wird sich im Verlauf der textkritischen Arbeit bewähren, da 𝔐 sich trotz vieler Fehler bisher als zuverlässigster Textzeuge erwiesen hat[36]. Alle hebräisch überlieferten Texte, also auch der Samaritanus und vor allem die Qumrantexte, sind von besonderer Bedeutung (Überlieferung in der „Ursprache").

Im Vollzug der kritischen Sichtung sind die festgestellten Lesarten nach eventuellen Abhängigkeiten der Textzeugen zu prüfen und nach dem größeren Gewicht der Bezeugung zu wägen. Nicht die Quantität, sondern die Qualität entscheidet („manuscripta ponderantur, non numerantur"). Dabei sind die verschiedenen Lesarten kritisch auf ihre Erklärbarkeit zu prüfen und ist die Eigenart der Texte, insbesondere

---

[33] Dieser Abschnitt folgt E. Würthwein a.a.O. (Anm. 18) 109ff. in der Darstellung der textkritischen Methode. Vgl. auch J. Begrich, Zur Frage der alttestamentlichen Textkritik, OLZ 42 (1939), 473–483.

[34] Vgl. zur Begründung dieser Rangordnung die Textgeschichte und die sich daraus ergebende textkritische Bewertung der einzelnen Textzeugen (§ 4,I).

[35] Es finden sich in der als Studienausgabe gedachten BH manche Ungenauigkeiten und Fehler.

[36] Daß der von 𝔐 gebotenen Vokalisation und Akzentsetzung nicht die gleiche Bedeutung zukommt wie dem Konsonantentext, ergibt sich aus der Textgeschichte (§ 4,I,1a).

der Übersetzungen, zu berücksichtigen. In manchen Fällen mag es zur endgültigen Beurteilung von Lesarten notwendig werden, den jeweiligen Textzusammenhang zu beachten und Erwägungen aus dem Bereich der Literarkritik und der sprachlichen Analyse anzustellen (Metrum, Stil, grammatische und lexikalische Möglichkeiten usw.). Ebenso mögen im Einzelfall die Beziehungen des Textstücks zur Zeit- und Religionsgeschichte oder zur Archäologie für eine richtige Entscheidung wichtig werden.

c) *Entscheidung.* In diesem dritten Schritt ist die Entscheidung zu treffen, welcher Text als der ältest erreichbare zu gelten hat. Bei einem Vergleich der Zeugengruppen sind in der Hauptsache folgende Konstellationen möglich:

α) Alle Textzeugen bieten den gleichen, sinnvollen und unanstößigen Text. Hier liegt der Sachverhalt klar.

β) Wenn dem masoretischen Text nach kritischer Sichtung abweichende Lesarten gegenüberstehen, sind folgende Möglichkeiten denkbar:

1. Der masoretische Text erweist sich mit Sicherheit oder Wahrscheinlichkeit als älter, die Abweichungen als erklärbar und damit sekundär. Hier ist 𝔐 zu folgen.
2. Der masoretische Text wie die abweichenden Lesarten ergeben einen verschiedenen, aber gleicherweise möglichen Sinn, ohne daß sich in einem Fall sekundärer Ursprung wahrscheinlich machen läßt. Hier wird man in der Regel 𝔐 als dem durch die Tradition vorgegebenen Normtext den Vorzug geben. Doch sind folgende methodischen Grundsätze bei der Entscheidung zu berücksichtigen: Die schwierigere/kürzere Lesart hat in der Regel den Vorzug vor der glatteren/längeren. Von zwei unterschiedlichen Lesarten ist diejenige zu wählen, die die Entstehung der anderen am ehesten zu erklären vermag.
3. Der masoretische Text erscheint bedenklich oder unmöglich, die abweichenden Lesarten befriedigen, ohne anscheinend eine Konjektur zu sein: 𝔐 ist nach ihnen zu korrigieren.

3. *Konjektur* (-/conj)

Ergeben weder der masoretische Text noch die anderen Textzeugen einen Sinn, ist die Textverderbnis also in sehr früher Zeit erfolgt, so ist eine dem Sinnzusammenhang entsprechende freie Änderung (Konjektur) erlaubt. Freilich ist in einem solchen Fall größte Vorsicht geboten, damit die Konjektur nicht ein Ausdruck der subjektiven Meinung des Exegeten, sondern die dem Textzusammenhang entsprechendste Lösung ist. Aus diesem Grunde sollte auch jeweils begründet werden, wie der verderbte Text entstanden sein könnte.

§ 5 Literarkritik

I. Fragestellung und Aufgabe

1. Beginn und Ende einer Texteinheit

Die textkritische Untersuchung wurde an einem Text durchgeführt, dessen Umfang von traditionellen Einteilungen des Alten Testaments übernommen wurde. Dabei konnte auf die Kapitel- oder Parascheneinteilung[37] der BH oder auf die in Übersetzungen, Kommentaren und Predigtperikopenreihen vorgeschlagenen Abgrenzungen zurückgegriffen werden. Eine Überprüfung zeigt jedoch, daß diese Abgrenzungen manchmal nicht sachgemäß sind. Nicht immer wurde durch sie Zusammengehöriges miteinander verbunden und nicht Zusammengehöriges voneinander getrennt. Ein Beispiel liegt gleich im ersten Kapitel des Alten Testaments vor. Der in Gen 1,1 beginnende Schöpfungsbericht reicht bis Gen 2,4a. In diesem Fall ist also die Grenze zwischen Kap. 1 und Kap. 2 nicht sachgemäß gezogen. Dagegen müßten die beiden Hälften des Verses Gen 2,4 durch eine stärkere Zäsur voneinander abgesetzt werden. Eine erste Aufgabe der Literarkritik ist es, Beginn und Ende eines Textes zu bestimmen.

2. Einheitlichkeit und Uneinheitlichkeit einer Texteinheit

Dazu kommt als weitere Aufgabe die Feststellung von „Einheitlichkeit" oder „Uneinheitlichkeit" eines Textes. Was hiermit gemeint ist, soll im folgenden erklärt werden.

---

[37] In Paraschen (von hebräisch *parašā* „Abschnitt") wurde das Alte Testament im Judentum eingeteilt. Man unterschied dabei zwischen offenen und geschlossenen Paraschen. Die offenen Paraschen sind größere Textabschnitte, an deren Ende eine begonnene Zeile „offen" gelassen wurde, die folgende Parasche also erst auf der nächsten Zeile begonnen wurde. In BH wird das Ende einer offenen Parasche durch das Siglum פ gekennzeichnet. Die geschlossenen Paraschen sind kleinere Textabschnitte, deren Ende durch einen größeren Zwischenraum markiert wurde. BH kennzeichnet das Ende einer geschlossenen Parasche durch das Siglum ס. Vgl. E. WÜRTHWEIN a.a.O. (Anm. 18) 22f.

Bei einem Gedicht, einem Roman, einer Erzählung oder einer wissenschaftlichen Abhandlung in unserem heutigen Sinn wird man erwarten können, daß es sich um ein geschlossenes Ganzes handelt, das einen bestimmten Aufbau erkennen läßt und im Gedankengang durchschaubar ist. Spannungen und störende Wiederholungen können höchstens daher kommen, daß der Autor seiner Aufgabe nicht gewachsen war. Ganz anders wäre dies in folgendem Fall, den man sich als extremes Gegenbeispiel vorstellen könnte: Der Aufsatz eines Schülers und die korrigierenden Bemerkungen des Lehrers wären in einem fortlaufenden Text gedruckt, ohne daß kenntlich gemacht wäre, was von welcher Hand stammt. Niemand könnte aus dem so entstandenen Gemisch einen klaren Aufbau und einen konsequenten Gedankengang entnehmen. Dieses Beispiel ist zwar etwas karikierend, aber eben eine solche Verbindung von ursprünglich nicht Zusammengehörigem findet sich häufig im Alten Testament. Man lese unvoreingenommen folgenden Abschnitt aus einem alttestamentlichen Text (Gen 27,18–27a):

(18) Dann ging er (Jakob) hinein zu seinem Vater und sprach: „Mein Vater!“, und der sprach: „Hier bin ich. Wer bist du, mein Sohn?“ (19) Da antwortete Jakob seinem Vater: „Ich bin Esau, dein Erstgeborener. Ich habe getan, wie du mir aufgetragen hast. Richte dich nun auf, setze dich und iß von meinem Wildbret, damit deine Seele mich dann segne.“ (20) Aber Isaak sprach zu seinem Sohn: „Wie hast du es denn so schnell gefunden, mein Sohn?“ Da antwortete er: „Ja, Jahwe, dein Gott, hat mich's treffen lassen.“ (21) Und Isaak sprach zu Jakob: „Tritt doch näher, damit ich dich betaste, mein Sohn, ob du wirklich mein Sohn Esau bist oder nicht.“ (22) Da ging Jakob nahe zu Isaak, seinem Vater, und der betastete ihn und sprach: „Die Stimme ist Jakobs Stimme, aber die Hände sind Esaus Hände.“ (23) Und er erkannte ihn nicht, weil seine Hände so behaart waren wie die Esaus, seines Bruders. Und er segnete ihn.

(24) Dann sprach er: „Bist du wirklich mein Sohn Esau?“ Und er (Jakob) antwortete: „Ja!“ (25) Er (Isaak) aber sprach: „Bring es (das Wildbret, das du gejagt hast) mir doch her; ich will vom Wildbret meines Sohnes essen, damit dich dann meine Seele segne.“ Da gab er (Jakob) ihm (dem Isaak), und der aß; und er brachte ihm Wein, und er (Isaak) trank. (26) Dann sprach Isaak, sein Vater, zu ihm: „Tritt doch näher und küsse mich, mein Sohn!“ Als er (Isaak) nun den Geruch seiner Kleider roch, segnete er ihn und sprach ...

Beim aufmerksamen Lesen wird man in diesem Text mehrere Spannungen und Wiederholungen bemerken: Der im Alter fast erblindete

Isaak hat den Verdacht, daß der vor ihm Stehende gar nicht sein Sohn Esau sei. Er äußert diesen Verdacht auch. Nachdem er aber durch das Betasten der Haut zu der Überzeugung gekommen ist, er habe doch Esau vor sich, segnet er ihn (v. 23). Von v. 24 an wiederholt sich dann dasselbe nochmals. Wieder stellt Isaak eine mißtrauische Frage, überzeugt sich dann – diesmal dadurch, daß er sich von seinem Sohn küssen läßt und dabei den in den Kleidern hängenden Geruch einatmet – und segnet schließlich. So entsteht der Eindruck, daß hier zwei Erzählungen miteinander verbunden wurden, die zwar inhaltlich gewisse Gemeinsamkeiten aufweisen, aber doch ursprünglich nicht so miteinander verknüpft waren, wie dies im jetzigen Text der Fall ist. Dies zeigt sich eben in den Spannungen und störenden Wiederholungen, die der Text aufweist, wie er uns jetzt vorliegt.

Finden sich in einem Text keine unvereinbaren Spannungen und störenden Wiederholungen, so ist er als „einheitlich" zu bezeichnen, andernfalls als „uneinheitlich". Im letzteren Fall ist der Text in seine verschiedenen Schichten zu zerlegen.

Die Literarkritik hat also eine doppelte Aufgabe. Sie soll erstens Beginn und Ende eines Textes bestimmen und zweitens den Text auf Einheitlichkeit oder Uneinheitlichkeit hin untersuchen. Beide Fragestellungen (Beginn/Ende; Einheitlichkeit/Uneinheitlichkeit) haben als gemeinsames Ziel die *Bestimmung des Umfanges eines Textes.*

3. Abgrenzung gegenüber anderen Auffassungen

Die Aufgabenbestimmung der Literarkritik, wie sie soeben vollzogen wurde[38], basiert auf einem Verständnis der Literarkritik, das vom herkömmlichen wesentlich abweicht. Insbesondere werden zwei Fragen, die bisher im Rahmen der Literarkritik besprochen wurden, hier noch nicht in der Literarkritik behandelt: die Fragen der Echtheit und der Quellenzugehörigkeit.

Herkömmlicherweise bezeichnet man einen Text oder Textteil als „echt", wenn er von dem Verfasser des Buches stammt, in dem er sich jetzt befindet. Andernfalls nennt man ihn „unecht". So werden z.B. die Verheißungen am Schluß des Amosbuches weithin für unecht gehalten, weil sie vermutlich nicht von Amos selbst verfaßt sind. Die

[38] Vgl. W. Richter, Exegese als Literaturwissenschaft. Entwurf einer alttestamentlichen Literaturtheorie und Methodologie, 1971, 49–72; E. Zenger, Ein Beispiel exegetischer Methoden aus dem Alten Testament, in: Einführung in die Methoden der biblischen Exegese, hg. von J. Schreiner, 1971, 105–117.

damit angesprochene Frage läßt sich jedenfalls auf der literarkritischen Ebene noch nicht beantworten, weil auf ihr nur am einzelnen Text gearbeitet wird, die Verfasserfrage hingegen den Vergleich mit anderen Texteinheiten erfordert. Sie hat ihren Ort in der Behandlung der Zeit- und Verfasserfrage (§ 9,C).

Dasselbe gilt für die Frage der Quellenzugehörigkeit. Sie ist vor allem bei der Analyse von Texten aus dem Pentateuch/Hexateuch wichtig. Diese Bücher werden von den meisten Forschern als eine Zusammenarbeitung von mehreren Quellen betrachtet, die zu verschiedenen Zeiten entstanden sind. Damit ist natürlich die Frage gegeben, ob ein Text zu einer der angenommenen Quellen gehört und – wenn ja – zu welcher. Die sogenannte „Quellenscheidung" wird weithin als die eigentliche Aufgabe der Literarkritik betrachtet. Doch ist auch über die mögliche Quellenzugehörigkeit erst aufgrund eines Vergleichs mit anderen Texten eine Entscheidung möglich. Diese Frage wird in § 9,B besprochen.

II. Methodik

1. Bestimmung von Beginn und Ende einer Texteinheit

Um den Beginn einer Einheit zu erkennen, ist darauf zu achten, an welcher Stelle des Textes ein Gedankengang, ein Thema oder eine Handlung einsetzen. Solche Anfänge sind manchmal formelhaft (vgl. z.B. Gen 15,1 und Gen 22,1). Handlungen beginnen oft mit einer Zeitangabe; Personen werden eingeführt; eine Situation wird umrißhaft angedeutet. All dies weckt im Hörer Erwartungen und verlangt so nach Fortsetzung[39]: „Es war einmal ein König" – liest man einen solchen Satz, so erwartet man, „daß man etwas über einen König, sein Reich, seine Zeit und über etwas, was sich dort ereignete, erfahren wird"[40]. Als alttestamentliches Beispiel sei Gen 22,1a genannt: „Nach diesen Begebenheiten versuchte Gott den Abraham." Ein zeitlicher Neueinsatz wird markiert („nach diesen Begebenheiten"), und ein Geschehen wird – unter Verzicht auf jede Einzelheit – mit einem Satz umschrieben („Gott versuchte den Abraham"). Dieser Satz verlangt Weiterführung. Der Leser möchte wissen, wie sich das im Eingangssatz geheimnisvoll Angedeutete eigentlich zugetragen hat.

Was man von einem Textanfang erwartet, läßt sich auch am

---

[39] Vgl. W. Dressler, Einführung in die Textlinguistik, 1972, 57f.
[40] W. Dressler a.a.O. 58.

Negativ zeigen, wenn man den in Gen 22,1b folgenden Satz ansieht: „Und er sprach zu ihm: Abraham!". Niemand wird diesen Satz für den Anfang einer Texteinheit halten. Er setzt erstens voraus, daß schon vorher die Person eingeführt wurde, die hier spricht. Zweitens muß der Angeredete schon vorher genannt worden sein, denn auf ihn wird mit einem Pronomen zurückverwiesen[41].

In Gen 22,1a wird der Inhalt der gesamten folgenden Geschichte mit einem Satz umschrieben („Gott versuchte den Abraham"). Dies ist *eine* unter vielen Möglichkeiten des Beginns einer Texteinheit. Immer aber muß der Anfang einer Texteinheit dadurch ausgezeichnet sein, daß er – ohne Vorangegangenes zum Verständnis vorauszusetzen – das Tor in eine neue Situation aufstößt und im Leser oder Hörer die Erwartung auf Fortsetzung hervorruft.

Das Ende einer Texteinheit ist dann erreicht, wenn das in der Einleitung eröffnete Geschehen oder der begonnene Gedankengang zu einem Ende gekommen sind und wenn im folgenden eine neue Einleitung folgt. Zwischen Beginn und Ende einer Texteinheit spannt sich ein Netz von syntaktischen und semantischen Bezügen: Auf genannte Personen wird durch Pronomina Bezug genommen („Gott versuchte den Abraham. Und *er* sprach ..."); Orts- und Zeitangaben werden durch Pro-Adverbien wiederaufgenommen (Gen 22,2: „Geh zum Land Morija und opfere ihn *dort* ..."); durch Pro-Verben wird auf erwähnte Geschehnisse zurückverwiesen („Er tat, wie Gott ihm *befohlen* hatte." Das Wort „befohlen" verweist auf einen konkreten, im Vorangehenden genannten Befehl.)[42].

Beim Alten Testament ist noch besonders zu berücksichtigen, daß eine Einheit möglicherweise durch Sätze zerrissen ist, die nicht zu ihr gehören. Hier kann man die Zusammengehörigkeit erst dann feststellen, wenn man einen größeren Textkomplex literarkritisch analysiert hat.

2. *Untersuchung der Einheitlichkeit und Uneinheitlichkeit einer Texteinheit*

Eine Texteinheit ist dann als „einheitlich" zu bezeichnen, wenn sich in ihr keine unvereinbaren Spannungen und / oder störende Wiederholungen feststellen lassen. Finden sich solche, so ist die Texteinheit „uneinheitlich".

---

[41] Zur Bedeutung der Pro-Formen (Pro-Nomen, Pro-Verb, Pro-Adverb) für den Zusammenhang von Sätzen vgl. W. Dressler a. a. O. (Anm. 39) 25–27.

[42] Vgl. dazu W. Dressler a. a. O.

Die Ausdrücke „unvereinbare Spannungen“ und „störende Wiederholungen“ bedürfen der Präzisierung. Sie soll im folgenden anhand von Beispielen und Gegenbeispielen vollzogen werden.

a) *Beispiel für einen einheitlichen Text:* Gen 12,10–20 erzählt davon, daß Abraham befürchtete, die Schönheit seiner Frau Sara könne ihm in Ägypten zum Verhängnis werden, weshalb er es für geraten hielt, sie dort als seine Schwester auszugeben. Die Erzählung spricht von der Ausführung dieses Planes, von den daraus entstehenden Verwicklungen und Komplikationen und schließlich von deren Lösung. In der ganzen Geschichte finden sich keine störenden Wiederholungen und unvereinbaren Spannungen. Sie ist eine in sich geschlossene Größe, die auch für sich existieren könnte. Einen Text, in dem sich weder unvereinbare Spannungen noch störende Wiederholungen finden und der inhaltlich abgerundet ist, nennen wir *einfache Einheit.* Ein Beispiel dafür ist also Gen 12,10–20.

b) *Beispiel für einen uneinheitlichen Text:* Auch die Sintflutgeschichte (Gen 6,5–8,22) erscheint zunächst als in sich geschlossen. Sie erzählt von Gottes Entschluß, eine Flut zur Vernichtung des Lebens über die Erde kommen zu lassen und nur einige Menschen und einige Exemplare von jeder Tierart am Leben zu erhalten. Sie erzählt weiter vom Auftrag an Noah, eine Arche zu bauen, und von der Ausführung dieses Auftrages, vom Hereinbrechen der Flut und von deren Ende, vom Auszug Noahs aus der Arche und schließlich von einem Versprechen Gottes, die Menschheit nicht mehr zu vernichten.

Die Sintflutgeschichte erscheint also zunächst als eine in sich geschlossene, abgerundete Einheit. Doch schon bei etwas genauerem Lesen wird dieser Eindruck fraglich. Es zeigt sich nämlich eine große Anzahl störender Wiederholungen und unvereinbarer Spannungen. Zwei Beispiele sollen dies verdeutlichen:

Erstes Beispiel

Und von allem Lebendigem, von allem Fleisch: zwei von jedem sollst du in die Arche bringen, um sie mit dir am Leben zu erhalten. Männlich und weiblich sollen sie sein. Von jeder Vogelart und jeder Art Vieh und von allen Kriechtieren der Erde; zwei von jeder (Art) sollen zu dir hineinkommen, damit du sie am Leben erhältst. (Gen 6,19f.)

Von allem reinen Vieh sollst du dir je sieben nehmen, männlich und weiblich, und von allem nicht reinen Vieh (je) zwei, männlich und weiblich. Auch von den Vögeln des Himmels je sieben, männlich und weiblich, um Nachkommenschaft auf dem ganzen Erdboden am Leben zu erhalten. (Gen 7,2f.)

Zweites Beispiel

Und Noah tat es. Alles, wie Gott es ihm befohlen hatte: so tat er. (Gen 6,22)

Und Noah tat alles, wie Jahwe es ihm befohlen hatte. (Gen 7,5)

Noah erhält also zweimal den Auftrag, Tiere zu sich in die Arche zu nehmen, um Leben auf Erden zu erhalten. Aber die beiden Befehle sind inhaltlich verschieden. Ebenso wird zweimal – mit fast denselben Worten – erzählt, daß Noah den Auftrag ausgeführt hat. Diese Wiederholung stört den Handlungsablauf ebenso wie der inhaltliche Widerspruch. Von derartigen störenden Wiederholungen und unvereinbaren Spannungen ließe sich noch eine ganze Anzahl innerhalb der Sintflutgeschichte nennen.

Doch schon die hier genannten Beispiele lassen den Schluß zu: Einheitlich ist die Sintflutgeschichte nicht. Wie die Uneinheitlichkeit zustande kam, welcher Art die hier zusammengefügten, ursprünglich jedoch nicht zusammengehörenden Teile also sind, könnte erst dadurch entschieden werden, daß die Spannungen und störenden Wiederholungen der ganzen Sintflutgeschichte ermittelt werden. Dies hat H. GUNKEL in seinem Genesis-Kommentar[43] getan. Er kommt zu dem Ergebnis, daß in Gen 6,5–8,22 zwei ursprünglich selbständige Sintflutgeschichten miteinander verbunden sind. Allerdings ist die eine der beiden Flutgeschichten nicht vollständig erhalten. Bei der Zusammenfügung wurde offenbar einiges von ihr weggelassen. Eine solche Verbindung heißt *zusammengesetzte Einheit.*

c) *Weitere Beispiele für das Kriterium „störende Wiederholung"*, die zugleich die Problematik dieses Kriteriums veranschaulichen sollen:

α) In Am 4,6–12 findet sich fünfmal derselbe Satz: „Aber ihr seid nicht umgekehrt bis zu mir – Ausspruch Jahwes" (Am 4,6.8.9.10.11). Aber dieser sich wiederholende Satz stört nicht. Er schließt jeweils die Nennung einer Plage ab, die Jahwe über Israel verhängte, um es zur Umkehr zu veranlassen. Jedesmal muß in monotoner Gleichartigkeit festgestellt werden: „Aber ihr seid nicht umgekehrt bis zu mir."

Es erhebt sich natürlich die Frage, wann eine Wiederholung störend ist und wann nicht; dies darf ja nicht dem subjektiven Empfinden des einzelnen überlassen werden. Eine Wiederholung ist nicht störend, wenn sie als Stilmittel verwendet ist: Solche stilistisch beabsichtigten Wiederholungen treten oft mehrmals innerhalb eines Abschnitts auf (vgl. Am 4,6–12; Gen 1); sie stehen „immer an der gleichen Stelle,

---

[43] H. GUNKEL, Genesis, 1966⁷.

meist an der Tonstelle eines Abschnittes oder Unterabschnittes"[44]; und sie stehen häufig in einem Kontext, der noch mehrere Wiederholungen enthält.

Trotzdem läßt sich bei Wiederholungen oft nicht eindeutig feststellen, ob sie störend sind oder nicht. Dafür soll nun ein Beispiel gegeben werden:

β) Gen 12,2f.: (2) Ich will dich zu einem großen Volk machen und will dich segnen und will deinen Namen groß machen, so daß du ein Segen bist. (3) Segnen will ich, die dich segnen; wer dich aber verflucht, den will ich verfluchen. Und mit dir sollen sich segnen alle Geschlechter des Erdbodens.

Während manche Ausleger in v. 3 (besonders v. 3b) eine störende Wiederholung von v. 2 (besonders v. 2b) sehen, betrachten andere v. 1–4a als Texteinheit. H. Gunkel schließlich stellt fest: „2b//3b; aber solche Wiederholung des Gedankens ist in einem so feierlichen Text verständlich."[45] An diesem Beispiel wird deutlich, daß die Anwendung der literarkritischen Kriterien nicht immer zu einem eindeutigen Ergebnis führt. Möglicherweise liefern die folgenden methodischen Schritte neue Gesichtspunkte, die eine Entscheidung zulassen. Ist dies nicht der Fall, so kann der Ausleger nur seinem subjektiven Eindruck folgen. Er sollte sich freilich dabei bewußt sein, daß ein solches Urteil einen geringen Sicherheitsgrad besitzt.

γ) Die Frage nach der Einheitlichkeit stellt sich nicht nur bei einzelnen Texteinheiten, sondern auch bei umfänglicheren Textkomplexen, die uns von der Tradition als zusammengehörig überliefert sind. Darauf soll hier nur kurz mit einem Beispiel hingewiesen werden. Denn die Entscheidung einer solchen Frage ist nicht Aufgabe der Literarkritik, die es nur mit der einzelnen Texteinheit zu tun hat, sondern der Kompositions- und Redaktionskritik (§ 9,B).

Gen 12,10–20 im Vergleich mit Gen 20: Die Erforschung der Bücher Gen – Dtn hat zu dem fast allgemein anerkannten Ergebnis geführt, daß diese fünf Bücher kein einheitliches Werk sind. Der wichtigste Grund, der zu dieser Ansicht nötigte, war die Beobachtung, daß sich ganze Erzählungen doppelt finden. So wird in Gen 12,10–20 und in Gen 20 erzählt, Abraham habe seine Frau Sara als seine Schwester ausgegeben, weil er befürchtete, ihre Schönheit könnte ihn in Lebensgefahr bringen. Doch kann inhaltliche Parallelität noch nicht zureichender

---

[44] W. Richter a.a.O. (Anm. 38) 55.
[45] H. Gunkel a.a.O. (Anm. 43) 163.

Grund für das Urteil sein, zwei Geschichten könnten nicht demselben Werk ursprünglich angehören. Sonst hätte ja auch der letzte Bearbeiter des Pentateuchs eine der beiden Geschichten als störend empfinden müssen[46]. Erst das Hinzutreten weiterer unvereinbarer Spannungen weist eine Wiederholung als störend aus.

d) *Beispiele für das Kriterium „unvereinbare Spannungen"*:

α) Inhaltliche Widersprüche: Ein Beispiel dafür bietet Gen 6,19f. im Verhältnis zu Gen 7,2f. Beide Male erhält Noah den Auftrag, bestimmte Tiere zu sich in die Arche zu nehmen, um sie am Leben zu erhalten. Doch sind die beiden Aufträge inhaltlich verschieden.

β) Unterschiedliche Terminologie: Bei der oben genannten Wiederholung Gen 6,22 // Gen 7,5 heißt es im ersten Fall: „ ... wie Elohim es ihm befohlen hatte, so tat er". In Gen 7,5 heißt es: „ ... wie Jahwe es ihm befohlen hatte". Einmal wird Gott also mit der Gattungsbezeichnung Elohim benannt, das zweite Mal mit dem Eigennamen Jahwe[47].

γ) Syntaktische Spannungen: Ein Beispiel dafür ist Am 3,1–2[48]: (1) Hört dieses Wort, das Jahwe gegen euch geredet hat, ihr Israeliten, gegen die ganze Sippe, die ich aus dem Land Ägypten herausgeführt habe: (2) Nur euch habe ich erkannt aus allen Sippen der Erde, deshalb ahnde ich an euch alle eure Vergehen.

Amos fordert also in v. 1a die Israeliten auf, das Wort zu hören, das Jahwe gegen sie geredet hat. In v. 2 folgt dann dieses Wort. Eine Spannung besteht zwischen v. 1a und v. 1b. In v. 1a redet Amos von Jahwe in der 3. Person, in v. 1b redet Jahwe in der 1. Person. In v. 1a sind die Israeliten im Vokativ angeredet, in v. 1b wird von den Israeliten in der 3. Person geredet. Am 3,1f. ist also nicht einheitlich. V. 1a und 2 sind einheitlich und inhaltlich abgerundet, stellen also eine einfache Einheit dar. Dagegen gibt v. 1b für sich genommen keinen Sinn. Dieser Halbvers kann nicht für sich allein existiert haben, sondern stellt einen erweiternden Zusatz zu Am 3,1a.2 dar. Solche erweiternden Zusätze heißen *Erweiterungen*. Am 3,1f. besteht demnach aus einer einfachen Einheit und einer Erweiterung. Beides zusammen ist als *erweiterte Einheit* zu bezeichnen.

δ) Weitere Spannungen können sich bei den folgenden methodi-

---

46 Ein analoger Fall im Neuen Testament liegt in den beiden Erzählungen von Speisungswundern bei Markus (6,30–44 und 8,1–10) vor.

47 Weitere Beispiele bei W. Richter a.a.O. (Anm. 38) 56.

48 Vgl. H. W. Wolff, Dodekapropheton 2. Joel und Amos (BK), 1969, 213, und H. W. Wolff, Die Stunde des Amos, 1969, 85–88.

schen Schritten ergeben. So kann z. B. bei der sprachlichen Analyse (§ 6) die Untersuchung von Metrum und Rhythmus Teile einer Texteinheit als störend erweisen, die bei der literarkritischen Analyse noch nicht als störend empfunden wurden. Das im Rahmen der Literarkritik gefällte Urteil über den Umfang einer Texteinheit muß also für eine Korrektur durch die folgenden methodischen Schritte offenbleiben.

III. Ergebnisse

1. Klassifizierung eines Textes und seiner literarkritisch herausgelösten Bestandteile

Die literarkritische Untersuchung hat ergeben, daß ein Text entweder eine einfache Einheit oder eine aus mehreren Teilen zusammengesetzte Einheit sein kann. Dementsprechend lassen sich ein Text und – falls er aus mehreren ursprünglich nicht zusammengehörigen Teilen zusammengesetzt ist – die ursprünglich selbständigen Bestandteile eines Textes klassifizieren. Jede Texteinheit und jeder literarkritisch herausgelöste Teil derselben müßte sich einer der folgenden literarkritischen Klassen zuweisen lassen:

a) einfache Einheit
b) Fragment
c) Erweiterung
d) erweiterte Einheit/erweitertes Fragment
e) zusammengesetzte Einheit.

Diese literarkritischen Klassen sollen im folgenden einzeln besprochen werden.

a) *Die einfache Einheit.* Eine einfache Einheit ist ein Text, der keine störenden Wiederholungen und/oder unvereinbaren Spannungen enthält und der inhaltlich abgerundet ist. Eine einfache Einheit würde auch für sich genommen, ohne ihren jetzigen Kontext, ein sinnvolles Ganzes darstellen.

Wann ein Text „inhaltlich abgerundet“ ist, läßt sich schwer genauer festlegen. Man könnte vielleicht formulieren[49]: Inhaltliche Abrundung liegt dann vor, wenn sich ein Geschehen oder Thema folgerichtig entfaltet und zu dem angestrebten Abschluß gebracht wird. Auch wenn ein Text über sich hinausweist (etwa dadurch, daß früher eingeführte Personen auftreten oder daß auf früher oder später Erzähltes Bezug ge-

[49] In Anschluß an E. ZENGER a. a. O. (Anm. 38) 108.

nommen wird), kann er inhaltlich abgerundet sein. Dies zeigt der oben genannte Text Gen 12,10–20, in dem die handelnden Personen als schon bekannt vorausgesetzt werden.

Von den beiden Versionen der Sintflutgeschichte, die jetzt miteinander verbunden sind, ist die eine inhaltlich abgerundet. Von der anderen scheinen bei der Verknüpfung mit der zweiten Erzählung einige Passagen weggelassen worden zu sein. Sie liegt also jetzt nur fragmentarisch vor und ist demnach keine einfache Einheit. Ein Beispiel für eine einfache Einheit ist ferner Am 3,1a.2, während v. 1b eine Erweiterung darstellt.

Die Länge einer einfachen Einheit läßt sich nicht theoretisch bestimmen. Ein Roman, in dem kein Teil ohne den andern existieren kann, hätte die Eigenschaften einer einfachen Einheit. Doch findet sich ein solcher im Alten Testament nicht. Dagegen bilden häufig mehrere einfache Einheiten, die aufeinander bezogen und miteinander verknüpft sind, ein größeres Werk (z. B. Josepherzählung). Hier liegen also Kompositionen mehrerer einfacher Einheiten vor. Die Besprechung solcher Kompositionen ist Sache der Kompositionskritik (§ 9,B).

b) *Das Fragment.* Ein Fragment ist ein Text, der nicht inhaltlich abgerundet ist, bei dem man aber erkennen kann, daß sein fragmentarischer Zustand erst durch sekundäre Eingriffe entstanden ist. Es handelt sich also um das Bruchstück eines größeren Textzusammenhanges, über dessen Beschaffenheit sich freilich nur dann etwas sagen läßt, wenn die übrigen Bruchstücke an anderen Stellen erhalten sind. Ein Fragment liegt in der Version der Sintflutgeschichte vor, die keine einfache Einheit ist. Der Schluß, daß es sich bei diesem Fragment ursprünglich um eine inhaltlich abgerundete Erzählung handelte, wird dadurch möglich, daß das erhaltene Fragment an einigen Stellen deutlich den Bericht von Geschehnissen voraussetzt, die jedoch nicht erzählt worden sind. So sagt diese Sintflutversion in Gen 7,1: „Dann sprach Jahwe zu Noah: Geh du mit deinem ganzen Hause in die Arche, denn ich habe dich als gerecht vor mir befunden in diesem Geschlecht.“ Hier wird von „der Arche“ geredet, als wüßte der Leser schon, daß Noah eine solche gebaut hat. Davon muß also im Vorhergehenden schon die Rede gewesen sein. Doch ebendies ist nicht mehr erhalten, und man kann vermuten, daß es bei der Verbindung mit der anderen Sintflutgeschichte weggefallen ist.

c) *Die Erweiterung.* Eine Erweiterung ist ein Text, der für sich genommen keinen Sinn ergibt, der also auch nicht für sich existiert haben kann, bei dem aber auch nicht zu erkennen ist, daß er ursprünglich in einem größeren Zusammenhang stand, der nur nicht erhalten ist.

Ein Beispiel für eine Erweiterung stellt Am 3,1b dar: „ ... gegen die ganze Sippe, die ich aus Ägypten heraufgeführt habe". Daß der Satzteil ursprünglich nicht zu seinem jetzigen Kontext gehört hat, wurde oben gezeigt. Er enthält aber auch keinen Hinweis darauf, daß er früher einmal in anderem Zusammenhang stand. Anscheinend handelt es sich um eine Erweiterung, die sekundär zu Am 3,1a.2 hinzugesetzt wurde.

Manchmal bestehen Erweiterungen nur aus einem oder einigen wenigen Wörtern. Solche Erweiterungen nennt man „Glossen" (s. § 9, B, II, 1d). So ist z. B. in Ez 11,15 das Wort „deine Brüder" ohne ersichtlichen Grund wiederholt[50].

d) *Die erweiterte Einheit / das erweiterte Fragment.* Eine erweiterte Einheit / ein erweitertes Fragment ist ein Text, der aus einer einfachen Einheit / einem Fragment und einer Erweiterung besteht. Ein Beispiel für eine erweiterte Einheit ist Am 3,1 f. Davon ist sorgfältig zu unterscheiden:

e) *Die zusammengesetzte Einheit.* Eine zusammengesetzte Einheit ist ein Text, bei dem mindestens zwei ursprünglich selbständige Stücke miteinander verbunden sind, wobei die selbständigen Stücke durchaus erweitert sein können. Ein Beispiel für eine zusammengesetzte Einheit liegt in der Sintflutgeschichte in ihrer jetzigen Gestalt vor.

Kurz zusammengefaßt kann man den Vorgang der Klassifikation eines Textes nach den literarkritischen Klassen folgendermaßen beschreiben: Ein seinem Umfang nach traditionell vorgegebener Text wird anhand der literarkritischen Kriterien daraufhin befragt, ob er

a) eine einfache Einheit ist bzw. aus mehreren einfachen Einheiten besteht,

b) Fragmente enthält,

c) Erweiterungen enthält.

Der Text wird also entweder als ursprünglich zusammengehöriges Ganzes erkannt oder in seine Bestandteile zerlegt. Je nachdem, welche Bestandteile er enthält, läßt sich der gesamte Text dann einer der drei Kategorien

a) einfache Einheit,

---

[50] Eine Sammlung der Glossen im Buch Ezechiel und eine Erklärung ihrer Entstehung bietet G. Fohrer, Die Glossen im Buch Ezechiel, in: Studien zur alttestamentlichen Prophetie (1949–1965), 1967, 204–221.

b) erweiterte Einheit / erweitertes Fragment,
c) zusammengesetzte Einheit
zuweisen.

2. *Literargeschichte*

Die bisher dargelegte literarkritische Untersuchung wurde unabhängig davon durchgeführt, in welchem zeitlichen Nacheinander die Teile einer Texteinheit entstanden sind. Man spricht in diesem Fall von einer „synchronen Betrachtungsweise". Dabei wird davon abgesehen, daß der Text eine Geschichte hat.

Im Gegensatz zur synchronen Betrachtungsweise berücksichtigt die „diachrone Betrachtungsweise" das chronologische Verhältnis, in dem die Bestandteile eines Textes zueinander stehen. Wurde die Scheidung der Bestandteile eines Textes und ihre Klassifizierung als Literarkritik bezeichnet, so könnte man bei der diachronen Betrachtungsweise von Literargeschichte sprechen.

Eine zeitliche Fixierung kann auf der literarkritischen Ebene allerdings nur in sehr eingeschränktem Maße geschehen. Es läßt sich nur feststellen, ob ein Bestandteil einer Einheit von einem anderen Bestandteil derselben Einheit abhängig, also wohl auch jünger als dieser ist. Ein Beispiel hierfür liegt in dem schon mehrfach erwähnten Text Am 3,1 f. vor: „Hört dieses Wort, das Jahwe gegen euch geredet hat, ihr Israeliten, gegen die ganze Sippe, die ich aus dem Land Ägypten herausgeführt habe: Nur euch habe ich erkannt aus allen Sippen der Erde, deshalb ahnde ich an euch alle eure Vergehen." Die Erweiterung „gegen die ganze Sippe, die ich aus dem Land Ägypten herausgeführt habe" ist ohne die einfache Einheit, in der sie jetzt steht, sinnlos, also jünger als diese.

3. *Grenzen*

Die literarkritische Analyse eines Textes ist die Voraussetzung für alle folgenden methodischen Schritte. Daß die Ergebnisse der Literarkritik für eine Korrektur durch die weiteren Methoden offengehalten werden müssen, wurde schon erwähnt (z. B. in Fragen des Rhythmus und des Metrums).

Die Grenze der Literarkritik ist damit gegeben, daß sie sich streng auf *eine* Texteinheit beschränkt. Alle Fragen, die einen Vergleich mehrerer Texteinheiten voraussetzen, liegen deshalb außerhalb der Literarkritik. Auch darauf wurde anläßlich der Fragen nach Quellenzugehörigkeit und Verfasser schon hingewiesen. Diese Fragen werden in den folgenden methodischen Schritten besprochen.

§ 6 Sprachliche Analyse

I. Fragestellung und Aufgabe

Die mit Hilfe der Literarkritik abgegrenzte einfache, erweiterte oder zusammengesetzte Einheit ist Gegenstand der weiteren Untersuchung. Dabei ist es erforderlich, zunächst jeweils die kleinsten Einheiten, also einfache Einheit, Fragment und Erweiterung, je für sich zu analysieren, um nicht von vornherein mögliche Erkenntnisse bezüglich der sprachlichen und strukturellen Eigenart auch kleinster Einheiten zu verbauen. Solche Erkenntnisse liefern unter Umständen weitere Argumente, die die literarkritische Scheidung stützen können.

Nachdem die Text- und Literarkritik erste Grundlagen zur Untersuchung eines Textes gelegt haben, muß an dieser Stelle mit der sprachlichen Analyse begonnen werden. In den beiden genannten exegetischen Schritten ist zunächst stillschweigend vorausgesetzt worden, daß es sich bei Texten um *sprachliche* Gegenstände handelt. Dieser Tatsache muß nun ausdrücklich Rechnung getragen werden, indem der Text als sprachlicher Gegenstand zum Thema der Untersuchung gemacht wird. Denn alle folgenden exegetischen Schritte gehen von Beobachtungen aus, die sich aus der sprachlichen Analyse des Textes ergeben.

Gerade weil man aber in der Lage ist, mit Sprache und Texten umzugehen, und weil dies eine der selbstverständlichsten menschlichen Handlungen ist, erscheint die Gefahr einer oberflächlichen Vorgangsweise besonders groß. Um sie zu vermeiden, ist es notwendig, einige grundlegende Überlegungen zum Phänomen der Sprache vorauszuschicken.

Diese *sprachtheoretischen Vorüberlegungen* leisten folgendes: 1. Sie schaffen die Grundlagen für die später zu beschreibenden Einzelschritte der sprachlichen Analyse und für die auf ihr aufbauenden weiteren exegetischen Methoden. – 2. Sie legen eine der Voraussetzungen offen, von denen aus in diesem Buch die Exegese biblischer Texte verstanden und beschrieben wird, und gestatten so dem Leser eine Überprüfung seines eigenen und des dargelegten Vorverständnisses. – 3. Sie nehmen den Text als sprachlichen Gegenstand ernst, was häufig nicht geschieht.

Die der sprachlichen Untersuchung zugrunde gelegte Einheit begegnet dem Ausleger als *Text.* Texte können als erstarrte „äußere" oder „innere" Rede (z.B. Denken, Überlegen), d.h. als eine mit Hilfe von Schriftzeichen (Buchstaben = Grapheme) fixierte sprachliche Handlung aufgefaßt werden, welche durch ihre Verschriftung über die aktuelle Realisierung hinaus Bestand hat[51]. Die mit der sprachlichen Handlung beabsichtigte Kommunikation kann also beliebig oft in Gang gesetzt werden, da Mitteilung und Empfang durch die Verschriftung räumlich und zeitlich voneinander getrennt werden. Das hat erhebliche Konsequenzen für die Interpretation von Texten[52]; die mit der Verschriftung sprachlicher Handlungen verbundenen Probleme und Möglichkeiten der Untersuchung sollen später noch einmal aufgegriffen werden, soweit sie zunächst die sprachliche Analyse betreffen[53].

Texte sind also erstarrte *sprachliche Handlungen,* die dem Zweck der Verständigung dienen. Als solche werden sie erst durch die *Sprache* ermöglicht. Man kann darum auch sagen, Sprache selbst dient der Verständigung. Sie stellt Handlungsschemata zur Verfügung. Das sind geprägte potentielle Handlungen, die ein Sprecher aufgrund seiner Sprachkompetenz immer wieder aktualisieren kann, z.B. die Wörter und Wendungen einer Sprache, deren Gebrauch bekannt ist und die man darum immer wieder neu anwenden kann.

Allerdings muß an dieser Stelle differenziert werden, da die sprachlichen Handlungsschemata in vereinbarte und nicht-vereinbarte Handlungsschemata zerfallen. Das soll an einem Beispiel deutlich gemacht werden. Es beruht z.B. auf Vereinbarung, daß eine Sprache aus der Fülle möglicher, durch die Sprechorgane erzeugbarer Laute (= Phone)

---

51 Abweichend von der in der Textlinguistik getroffenen Unterscheidung zwischen mündlichen und schriftlichen Texten wird hier nur der schriftliche Text als Text bezeichnet, da die alttestamentliche Exegese es eben nur mit solchen zu tun hat. Vgl. W. DRESSLER a.a.O. (Anm. 39) 12.71.80.

52 Hier ist neben anderem vor allem auf die Probleme zu verweisen, die die Verschriftung im Zusammenhang mit der Formen- und Gattungskritik (§ 7), der Überlieferungs- und Redaktionskritik (§ 9) und der theologischen Kritik (§ 11) mit sich bringt. Sie ergeben sich wesentlich aus der zeitlichen Differenz zwischen Mitteilung und Empfang.

53 S.u. Abschnitt II, 2. – Zu erwähnen ist am Rande die Möglichkeit der Datierung von handschriftlich überlieferten Texten aufgrund paläographischer Untersuchungen. Die Paläographie beschäftigt sich mit den Veränderungen alter Schriftsysteme im Verlaufe ihres Gebrauchs, wie sie vor allem an Schriftduktus und Eigenarten der Schreibweise zu erkennen sind. Aufgrund eines Schriftvergleichs von undatierten Texten mit datierten Texten erlaubt sie gelegentlich, jene ungefähr zeitlich einzuordnen.

eine für sie charakteristische Auswahl von Lauten trifft, die allein zur Differenzierung lautlicher Strukturen dienen (= Phoneme), wobei den phonetischen Merkmalen in verschiedenen Sprachen eine unterschiedliche Relevanz zukommt. So haben im Deutschen die verschiedenen s-Laute zur Ausbildung nur eines Phonems s, im Hebräischen hingegen zur Ausbildung von drei Phonemen *z*, *s*, *ś* geführt[54]. Im Gegensatz zu den Phonemen einer Sprache sind Texte einer Sprache meist das Resultat freier Kombination und daher nicht als vereinbarte Handlungsschemata zu bezeichnen.

Da sprachliche Handlungen Verständigung beabsichtigen, etwas zu verstehen geben sollen, müssen sie sich sprachlicher *Zeichen* bedienen. Zeichen stellen eine besondere Klasse der eben besprochenen vereinbarten Handlungsschemata dar. Sie sind vereinbarte Zeigehandlungsschemata. Sie sollen, indem sie aktualisiert werden, etwas zu verstehen geben, auf etwas hinweisen. Das, was sie zu verstehen geben sollen oder können, beruht natürlich auch wieder auf einer stillschweigend anerkannten oder ausdrücklich ausgesprochenen Vereinbarung.

Solche sprachlichen Zeichen begegnen in ihrer Aktualisierung als geprägte Lautstrukturen (z. B. im Deutschen die festgelegte Phonemfolge [k-i-n-d]), denen eine vereinbarte Anwendungsmöglichkeit entspricht; d. h. einem sprachlichen Zeichen wohnt eine *Bedeutung* inne, wobei unter Bedeutung im folgenden immer die vereinbarte Anwendungsmöglichkeit, dasjenige, was ein sprachliches Zeichen zu verstehen geben *kann*, gemeint ist. Man muß also bei einem sprachlichen Zeichen zwei Seiten unterscheiden: die Ausdrucksseite und die Bedeutungsseite[55].

Zu beachten ist in diesem Zusammenhang, daß die Bedeutung eines sprachlichen Zeichens nur selten eindeutig festgelegt ist. Das ist darin begründet, daß die Bedeutung eines Zeichens sich aus einer Fülle einzelner syntaktischer und semantischer Merkmale[56] zusammensetzt, die

---

[54] Es spielt dabei in diesem Zusammenhang keine Rolle, ob es sich um eine stillschweigende oder ausdrückliche Vereinbarung handelt; wichtig ist vielmehr, daß sich eine Sprachgemeinschaft an diesen Vereinbarungen orientiert.

[55] Diese terminologische Festlegung ist absichtlich gewählt, um den Schwierigkeiten und Implikationen des beliebten Oppositionspaares „Form-Inhalt" zu begegnen. S. u. Abschnitt II (Einführung).

[56] Die Semantik beschäftigt sich mit den den sprachlichen Zeichen zugeordneten Bedeutungen. Sie sucht die Bedeutung eines Zeichens mit Hilfe von charakteristischen Merkmalen zu beschreiben; z. B. beim Wort „Baum": Pflanze mit Stamm, Zweigen, Blättern oder Nadeln ... Zu diesen sogenannten semantischen Merkmalen kommen in der Regel die syntaktischen Merkmale hinzu, also diejenigen Merkmale, die für die Kombinierbarkeit eines Zeichens mit einem

je nach ihrer Betonung in der Aktualisierung innerhalb der Rede unterschiedliche Relevanz erhalten. Anders ausgedrückt: Die Bedeutungsseite eines sprachlichen Zeichens ist ein Spektrum solcher Merkmale, aus dem der Intention des Redenden entsprechend jeweils ein bestimmter Ausschnitt gewählt wird, der vom Hörer aufgrund des syntaktischen Zusammenhangs und der Redesituation mehr oder weniger genau identifiziert werden kann.

Des weiteren ist festzuhalten, daß Sprachen sog. Homonyme kennen, d.h. phonemisch nicht differenzierte Zeichen, denen unterschiedliche Bedeutungsspektren zukommen (z.B. „Schloß" im Deutschen; *ʿnh* im Hebräischen). Diese Tatsache nennt man lexikalische Mehrdeutigkeit.

Die Sprachwissenschaft nennt kleinste unteilbare sprachliche Einheiten, die Bedeutung tragen, „Morpheme" und unterscheidet zwischen „lexikalischen und grammatischen bzw. syntaktischen Morphemen". Lexikalische Morpheme werden dabei Gegenständen, Handlungen und Sachverhalten zugesprochen, d.h. sie haben Prädikationsbedeutung. Grammatische Morpheme regeln die Beziehungen zwischen Morphemen, d.h. sie haben Relationsbedeutung[57]. Zu den grammatischen Morphemen gehören z.B. Konjugations-, Deklinationsmorpheme,

---

anderen von Bedeutung sind; z.B. beim Wort „Baum" das Merkmal „männlich". Zu beachten ist, daß diese Unterscheidung von semantischen und syntaktischen Merkmalen das Ergebnis verschiedener Betrachtungsweisen ist: Einmal stehen die Zeigefunktionen des Zeichens (das, worauf das Zeichen hinweist), im Vordergrund, das andere Mal seine Kombinierbarkeitsmöglichkeiten. So ist es durchaus häufig, daß z.B. ein Merkmal eines Wortes gleichzeitig semantisch und syntaktisch relevant ist. Beispiel: Beim Wort „Baum" hat das Merkmal „männlich" ausschließlich syntaktische Relevanz (im Lateinischen käme dem entsprechenden Wort „arbor" z.B. das Merkmal „weiblich" zu!), während beim Wort „Vater" das gleiche Merkmal „männlich" auch semantisch relevant ist. Der Unterschied ist deutlich: Das Merkmal „männlich" gibt bei „Baum" lediglich an, daß das Wort z.B. mit dem Artikel „der" kombiniert werden muß, sagt aber nichts darüber aus, daß es sich bei einem Baum etwa um einen maskulinen Gegenstand handle; beim Wort „Vater" ist mit dem Merkmal „männlich" hingegen beides zum Ausdruck gebracht.

[57] Die linguistische Terminologie ist nicht einheitlich. Ein Beispiel für viele: A. Martinet, Grundzüge der allgemeinen Sprachwissenschaft, 1963:

Monem (Morphem)

Lexem (lexikalisches Morphem) Morphem (grammatisches Morphem)

Ableitungsmorpheme[58], Präpositionen, Pronomina, Präfixe und Suffixe.

Bislang war nur von sprachlichen Zeichen als den bedeutungstragenden Elementen der Sprache die Rede. Elementare sprachliche Handlung ist jedoch nicht einfach die lautliche Aktualisierung der Zeichen, sondern der *Satz* als Kombination von Zeichen. Wie das Morphem eine Kombination von Phonemen, eine Lautstruktur, darstellt, so der Satz eine Morphemstruktur. Allerdings besteht zwischen beiden ein wesentlicher Unterschied. Die Elemente des Morphems, also die Phoneme, sind für sich genommen keine Bedeutungsträger, sondern dienen nur der Unterscheidung der einzelnen Zeichen. Die Elemente des Satzes hingegen sind Bedeutungsträger. Aus diesem Grunde kommt auch dem Satz eine Bedeutung zu. Die Bedeutung eines Satzes ist jedoch nicht einfach die Summe der Bedeutungen der Elemente, sondern ergibt sich erst aus den Bezügen der Elemente zueinander, deren Kombination durch die syntaktischen Regeln erzeugt wird. Unter Bedeutung des Satzes soll im folgenden dasjenige verstanden werden, was ein Satz zu verstehen geben *kann.* Denn wie bei den Morphemen, so haben wir auch bei Sätzen zu berücksichtigen, daß sie mehrdeutig sein können.

Die Mehrdeutigkeit von Sätzen ist natürlich zunächst bedingt durch die mögliche Mehrdeutigkeit eines oder mehrerer seiner Elemente (lexikalische Mehrdeutigkeit, z.B. „Das Haus ist bedeutend“: Haus kann hier z.B. für „Dynastie“ oder „Firma“ stehen). Mehrdeutigkeit von Sätzen entsteht darüber hinaus aber auch aufgrund der Anordnung der Elemente, die unter Umständen mehrfache Bezüge der Elemente untereinander zulassen; diesen Tatbestand nennt man strukturelle Mehrdeutigkeit (z. B. „Ich ging mit den Kindern der Lehrerin, die ich unlängst kennengelernt habe, spazieren“: Der Relativsatz kann sich sowohl auf „Lehrerin“ als auch auf „Kinder der Lehrerin“ beziehen).

Es ist notwendig, wie bei den Morphemen, so auch bei den Sätzen Ausdrucks- und Bedeutungsseite zu unterscheiden, so daß der einen Seite die Anordnung der Morpheme und ihre Bezüge, der anderen Seite das, was diese Morphemstruktur zu verstehen geben kann, entspricht.

Diese Vorüberlegungen erlauben es nun, die oben gegebene Definition von Sprache als System sprachlicher Handlungsschemata noch etwas zu differenzieren: Sprache ist ein System von sprachlichen Zeichen;

[58] Z.B. für das Hebräische die für die Ableitung eines Nomens häufigen Morpheme *m-* (z.B. in *mizbe^{a}ḥ*), *t-* (z.B. in *tôšab*), *-n* (z.B. in *zikkarôn*), *-î* (z.B. in *raglî*), *-ût* (z.B. in *malkût*) u.a.

sie wird beschrieben durch die Zusammenstellung des Zeichenbestandes (Lexikon) und die Darstellung der Regeln, die die Kombination der Zeichen ermöglichen (Grammatik)[59].

Texte sind oben als erstarrte sprachliche Handlungen beschrieben worden. Als solche wollen sie wie jede andere sprachliche Handlung etwas aussagen, das *Inhalt* genannt werden soll. Inhalt meint also im Gegensatz zur Bedeutung das, was durch eine sprachliche Handlung ausgesagt *wird* bzw. *werden soll.* Dieser Inhalt ist zunächst nur zugänglich über das, was Sprache aussagen *kann,* zugänglich also über die Bedeutung der Morpheme, Sätze und Texte. Die Anwendungsmöglichkeit der Zeichen und die Kombinationsregeln implizieren, wie oben schon ausgeführt worden ist, lexikalische bzw. strukturelle Mehrdeutigkeit. Dazu kommt, daß durch die Verschriftung der sprachlichen Handlung eine Trennung der Kommunikationspartner möglich wird, so daß dem Leser oder Hörer eines Textes die Redesituation des Redenden bzw. Schreibenden nicht mehr bekannt ist – ein Phänomen, das bei Texten der Vergangenheit als Selbstverständlichkeit erscheint, jedoch meist nicht ausreichend gewürdigt wird.

Will der Exeget also einen Text verstehen, so muß er bestrebt sein, Unverständliches und Mehrdeutiges auf Eindeutigkeit hin einzuengen. Das ist bei Texten der Vergangenheit und Texten fremder Sprache und Umwelt ein hinreichend schwieriges Unterfangen. Es ist darum unter allen Umständen nötig, alle Möglichkeiten auszuschöpfen, die dieser Absicht dienen. Eindeutigkeit wäre erreicht, wenn der *Kontext* einer sprachlichen Handlung dem Hörer bekannt ist. Dazu gehören der sprachliche Kontext (Kenntnis der Sprache, in der ein Text abgefaßt ist), der literarische Kontext (z.B. größere Textzusammenhänge, in die eine Texteinheit eingebettet ist) und der Umweltkontext (historische, soziale, religiöse, psychische Gegebenheiten), um nur die wichtigsten

---

59 Einführende Literatur in die Sprachtheorie und Linguistik: W. Kamlah–P. Lorenzen, Logische Propädeutik, 1967; H. Seiffert, Einführung in die Wissenschaftstheorie 1, 1970²; J. J. Katz Philosophie der Sprache, 1969; L. Hjelmslev, Die Sprache. Eine Einführung, 1968; A. Martinet, Grundzüge der allgemeinen Sprachwissenschaft, 1963; M. Bierwisch, Strukturalismus. Geschichte, Problem und Methoden, Kursbuch 5 (1966), 77–157; J. Lyons, Einführung in die moderne Linguistik, 1972²; J. Bechert, D. Clément u.a., Einführung in die generative Transformationsgrammatik, 1973³; W. Dressler, Einführung in die Textlinguistik, 1972. Die aufgeführte Literatur ist keineswegs ein repräsentativer Querschnitt, gibt aber einen guten Einblick in die Problematik der sprachwissenschaftlichen Methoden und Theorien sowie die weiterführende Literatur. Einen guten Überblick über neuere vor allem auch das Alte Testa-

Faktoren zu nennen, die eine sprachliche Handlung beeinflussen. Ist dies alles geklärt, dann könnte man mit Einschränkung sagen, der Inhalt einer sprachlichen Äußerung sei bekannt. Ein Schritt unter vielen, aber notwendigerweise einer der ersten und entscheidenden Schritte auf die Erhellung des Inhalts hin, ist die sprachliche Analyse eines Textes. Sie erarbeitet diejenigen sprachlichen Elemente und Strukturen, die ein Sprecher zur Aktualisierung seiner Kommunikationsabsicht bewußt oder unbewußt ausgewählt hat, und zwar wie sie sich in den auszulegenden Texten niedergeschlagen haben[60].

II. Methodik

Aus den Darlegungen in Abschnitt I über die Sprache ergibt sich, daß die sprachliche Analyse zweckmäßig auf mehreren Ebenen und unter verschiedenen Aspekten durchgeführt wird. Diese methodische Trennung in Ebenen und Aspekte gestattet eine sauberere Durchführung der Analyse und eine bessere Überprüfung ihrer Ergebnisse. Das folgende Schaubild zeigt, wie die gewählten Ebenen und Aspekte der Analyse jeweils aufeinander bezogen sind:

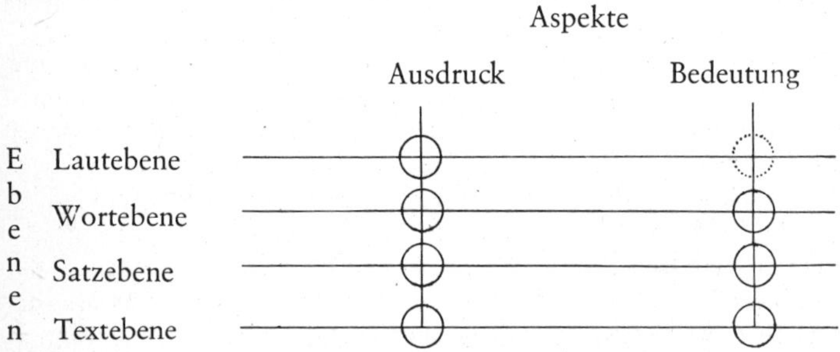

ment betreffende einschlägige Literatur bietet neuerdings H. D. Preuss, Linguistik – Literaturwissenschaft – Altes Testament, VF 27 (1982), 2–28.

[60] Die allgemeine Sprachwissenschaft, deren ungeheurer Aufschwung in den letzten Jahrzehnten von einer unübersehbaren Fülle von Literatur begleitet wurde, stellt in ihren verschiedenen Sparten (Phonetik, Phonologie, strukturelle und generative Grammatik, Stilistik, Poetik u. a.) Methoden der Untersuchung sprachlicher Handlungen zur Verfügung, die heute nicht mehr umgangen werden dürfen. Ihre Anwendung auf das Alte Testament steckt allerdings noch in den Anfängen. Trotz einer Reihe von Einzeluntersuchungen, die sich der Forderung stellen, Erkenntnisse der Sprach- und Literaturwissenschaft zu be-

Wichtig bei dieser methodischen Gliederung der sprachlichen Analyse ist vor allem, daß die Aspekte „Ausdruck" und „Bedeutung" auf den verschiedenen Ebenen der Analyse eine unterschiedliche Relevanz haben. So leuchtet es unmittelbar ein, daß auf der Lautebene (Phoneme und Phonemverbindungen als Silben) der Ausdruck das entscheidende Übergewicht hat; ob eine bestimmte Lautverteilung etwa Stimmungen wie Trauer und Freude vermitteln soll, wird man hingegen nur mit äußerster Vorsicht zu behaupten wagen. Auf der Wort- und Satzebene ist schon aufgrund des Zeichencharakters der einzelnen Elemente der Bedeutung ein gewichtiger Platz einzuräumen.

Bevor die einzelnen praktischen Arbeitsgänge der sprachlichen Analyse behandelt und vorgeführt werden, sind noch einige Bemerkungen zur Art des methodischen Vorgehens zu machen. Das ist nötig, weil üblicherweise dieser Arbeitsgang der Exegese „formale Analyse" oder auch „Formkritik" genannt wird[61] und gleichzeitig das Oppositionspaar „Form-Inhalt" zur methodischen Trennung der Aspekte benutzt wird. Daraus entsteht der Eindruck, als könne formale Analyse unter völliger Absehung vom Aspekt der Bedeutung vorgenommen werden; in Wirklichkeit geschieht dies jedoch nicht. Dennoch ist es richtig, die sprachliche Analyse formale Analyse zu nennen. Man darf nur nicht den Ausdruck „formal" mit dem Oppositionspaar „Form-Inhalt" in Zusammenhang bringen, sondern muß ihn auf die Art und Weise des methodischen Vorgehens beziehen. Dazu die folgenden Erläuterungen:

Sprache war als System von Zeichen beschrieben worden, die in ihrer Realisierung als Rede oder Text immer als eine Kombination von Zeichen begegnet. Das, was die sprachliche Handlung zu verstehen geben will, also der Inhalt, ist entscheidend von der Anordnung der verwendeten Elemente abhängig. Anders ausgedrückt: Die Struktur eines Textes oder Satzes ist für deren Bedeutung relevant. Sprachliche Analyse hat sich also nicht nur der Analyse der Elemente von Rede oder Text,

---

rücksichtigen, hat erst ein Alttestamentler den Versuch unternommen, eine alttestamentliche Literaturtheorie und Methodologie zu entwerfen: W. Richter, Exegese als Literaturwissenschaft. Entwurf einer alttestamentlichen Literaturtheorie und Methodologie, 1971. Auf dieses Buch sei nachdrücklich hingewiesen; es enthält auch die wichtigsten Literaturhinweise sowohl bezüglich der Sprach- und Literaturwissenschaft als auch bezüglich ihrer Anwendung in der alttestamentlichen Forschung. Für den folgenden methodischen Abschnitt II ist dieses Buch mehrfach herangezogen worden, ohne daß in jedem Fall darauf in Anmerkungen verwiesen werden wird. Aus praktischen Gründen darf das hier pauschal vorweggenommen werden.

[61] Z. B. W. Richter a. a. O. (Anm. 60); E. Zenger a. a. O. (Anm. 38) 118ff.

sondern auch der Analyse ihrer Anordnung, ihrer Struktur, zuzuwenden.

Beide Analysen, sowohl die Analyse der Elemente als auch die Analyse der Strukturen, sind in erheblichem Maße Vorgänge der Vereinfachung auf dem Wege der Abstraktion bzw. setzen einen Abstraktionsvorgang voraus. Einen solchen stellt z. B. die Klassifikation sprachlicher Elemente dar: Eine Menge von Elementen wird aufgrund eines bestimmten Gesichtspunktes und unter Ausblendung anderer Gesichtspunkte klassifiziert (Beispiele: Gesichtspunkt „Lautgestalt": Verba primae gutturalis, primae *nûn* u. a.; Gesichtspunkt „syntaktische Funktion": Subjekt, Objekt, Prädikat u. a.; Gesichtspunkt „Kombinierbarkeit aufgrund semantischer Merkmale"[62]: abstrakt/konkret, belebt/unbelebt, menschlich/nichtmenschlich, zählbar/nichtzählbar). Die auf diesem Wege gewonnenen Klassen sprachlicher Elemente werden mit Termini bezeichnet, die für die einzelnen Elemente der Klasse zu stehen kommen. Benützt man solche Termini in Aussagen über Texte, dann werden sie gleichsam als Variable angewendet. Immer dann aber, wenn Variable für eine Menge von Elementen gebraucht werden, kann von Formalisierung gesprochen werden. Bezieht man also den Ausdruck „formal" auf diese Art und Weise des methodischen Vorgehens der sprachlichen Analyse, so kann diese durchaus auch „formale Analyse" genannt werden. Dabei sollte deutlich geworden sein, daß eine solche formale Analyse sowohl auf die Ausdrucks- wie auf die Bedeutungsseite der Sprache bezogen werden kann. Allerdings ist es dann unzweckmäßig und daher auch nicht mehr angebracht, das Oppositionspaar „Form-Inhalt" in die Diskussion der sprachlichen Analyse einzuführen, weil zu leicht eine Identifizierung von Ausdrucksseite und Form bzw. eine Identifizierung von Analyse der Ausdrucksseite mit formaler Analyse nahegelegt würde, was nur zu einer Verwirrung führt[63].

Die sprachliche Analyse eines Textes setzt natürlich die Kenntnis der jeweiligen Sprache voraus, in der ein Text abgefaßt ist. Das heißt, die Elemente der Sprache und die Regeln der Sprache, die das Erzeugen von sprachlichen Strukturen ermöglichen, müßten zumindest einigermaßen zuverlässig in Wörterbüchern und Grammatiken erfaßt sein, um eine ähnlich zuverlässige Analyse von Texten zu ermöglichen. Daß

---

62 S. u. Abschnitt II, 1a.

63 Zur Anwendung der Ausdrücke „Inhalt" und „Form", allerdings nicht als Oppositionspaar, s. o. Seite 63 bzw. u. § 7.

gerade in diesem Punkt bezüglich des Hebräischen vieles nachzuholen ist, soll hier wenigstens am Rande vermerkt sein. Es ergibt sich daraus von selbst, daß die Zuverlässigkeit der sprachlichen Analyse eines alttestamentlichen Textes von der Zuverlässigkeit sprachwissenschaftlicher Erkenntnisse bezüglich des Hebräischen und Aramäischen entscheidend abhängig ist. Fehler in der Interpretation sprachlicher Handlungsschemata gehen automatisch in die Textinterpretation mit ein. Daß sie bei toten Sprachen nie ganz auszuschalten sind, darf nicht dazu verleiten, sie als unerheblich beiseite zu schieben.

Die im folgenden vorgeschlagenen einzelnen Schritte der sprachlichen Analyse weichen in ihrer Anordnung und Gliederung von dem oben vorgeführten Schema der Aspekte und Ebenen etwas ab. Diese Abweichung entspringt jedoch dem praktischen Bedürfnis, eine möglichst ökonomische Arbeitsweise in der sprachlichen Analyse einzuschlagen. Grundsätzlich wird aber in den folgenden Arbeitsgängen das oben vorgeführte methodentheoretische Schema nie aus den Augen gelassen. Es bildet als theoretische Grundlage gleichsam den kritischen Hintergrund für die einzelnen Arbeitsgänge.

1. *Syntaktisch-stilistische Analyse*

a) *Syntaktische Analyse. Satzebene:* Der erste Schritt der sprachlichen Analyse vollzieht sich auf der Satzebene, da der Satz in der aktuellen sprachlichen Handlung die Elementarhandlung darstellt. Der Text wird also zunächst in die einzelnen Sätze zerlegt. Dabei leisten das *waw*-consecutivum und die Einleitung direkter Rede, z. B. durch *le'mor*, Hilfestellung. Die isolierten Sätze werden auf folgende Satzarten hin beschrieben: Nominalsatz, Verbalsatz und invertierter Verbalsatz[64] und deren Sonderformen (Infinitiv- und Partizipialkonstruktionen). Sodann werden die Bezüge der Sätze untereinander untersucht und dargestellt. Bei diesem Schritt spielen die grammatischen Morpheme und ihre Relationsbedeutung sowie die mehreren Sätzen gemeinsamen Subjekte und Objekte oder die Aufnahme von Subjekten als Objekte und

[64] Unter invertiertem Verbalsatz wird jeder Verbalsatz verstanden, bei welchem – unter Absehen von Konjunktionen – eine Abweichung von der gewöhnlichen Wortfolge „Verbum – x" festzustellen ist. Diese Abweichung dient einer Hervorhebung eines in der sprachlichen Analyse näher zu bestimmenden Aspektes. Invertierte Verbalsätze umfassen ein größeres Spektrum von Sätzen als die sog. „zusammengesetzten Nominalsätze" (s. hierzu z. B. W. SCHNEIDER, Grammatik des biblischen Hebräisch, 1974, 159ff.).

umgekehrt eine signalisierende Rolle. Ihre Beschreibung dient der Feststellung von Satzreihen, die innerhalb eines Textes enger zusammengehören und über die syntaktische Gliederung des Textes informieren. Als Satzverbinder können hier die enklitischen Personalpronomina (Suffixe), Imperative, Fragesätze, Subjekt- oder Objektaufnahme fungieren, als Satztrenner ist allgemein das Aufhören von Rückverweisen anzusehen. Vor allem in erzählenden Texten ist die Einführung direkter Rede besonders zu vermerken, da sie zur Gliederung des Textes wesentlich beiträgt.

Nach der vorwiegend an der Ausdrucksseite orientierten syntaktischen Beschreibung der Sätze und Satzreihen ist die Stellung und Funktion der Sätze innerhalb der einzelnen Textabschnitte darzustellen. Es ist festzuhalten, mit welchen Satzarten ein Abschnitt eingeleitet wird (z.B. mit Nominalsatz oder Verbalsatz) und in welchem Verhältnis die Satzarten zueinander stehen. Zu beachten ist in diesem Zusammenhang die Unterscheidung von Haupt- und Nebensätzen, ihr Verhältnis zueinander als Neben- oder Unterordnung und die Funktion der Nebensätze (Relativsätze, Konzessivsätze, Finalsätze u.a.).

Gelegentlich ist schon bei der syntaktischen Analyse auf der Satzebene festzustellen, daß Bezüge einzelner Sätze über den zu analysierenden Text hinausweisen, der Text also in einen größeren literarischen Zusammenhang gehört.

Wortebene: Auf der Wortebene ist die syntaktische Funktion der Wörter und Wortgruppen zu untersuchen. Die Analyse orientiert sich dabei zunächst an der Unterscheidung von Verbum, Nomen und selbständigen grammatischen Morphemen und beschreibt ihren Gebrauch. Beim Verbum sind zu beschreiben: 1. die Tempuswahl, z.B. Perfekt, Imperfekt, Narrativ, (Punktual), (Durativ)[65]; 2. der Modus, z. B. Indikativ, Jussiv, Imperativ. Beim Nomen sind die für einen Text charakteristischen Verbindungen (z.B. in Status-constructus-Verbindungen), seine Stellung als Subjekt oder Objekt im direkten Gebrauch und seine Verwendung in Appositionen, als Adjektiv oder im Relativsatz im indirekten Gebrauch der Beschreibung von Nebenumständen darzustellen. Die Funktion der selbständigen grammatischen Mor-

[65] Durativ und Punktual bezeichnen morphologisch nicht ausgeprägte Aspekte der hebräischen Tempora. Diese dienen der Unterscheidung von Handlungen, die sich entweder über einen gewissen Zeitraum erstrecken oder aber als punktuelle, momentane Handlungen aufzufassen sind. Der Durativ wird im Hebräischen vorwiegend durch das Imperfekt, der Punktual vorwiegend durch das Perfekt zum Ausdruck gebracht.

pheme (Präpositionen, Pronomina, Konjunktionen u.a.) ist im wesentlichen auf der Satzebene schon berücksichtigt, ebenso die Wiederholung von Wörtern oder Wortgruppen im Text, da sie ja die Verbindung von Sätzen zu Satzreihen anzeigen. Daraus ergibt sich weiter, daß die Beobachtungen der syntaktischen Funktionen der Wörter und Wortgruppen in die Satzebene zu integrieren sind.

Schließlich sind auf der Wortebene semantische Merkmale zu beschreiben, die syntaktisch von Bedeutung sein können. Solche syntaktisch relevanten semantischen Merkmale begegnen beim Substantiv im wesentlichen in vier Oppositionsklassen: menschlich/nichtmenschlich, abstrakt/konkret, zählbar/nichtzählbar, belebt/unbelebt. Jedes Substantiv weist ein Merkmal jeder Klasse auf und die Merkmalskombinationen sind entscheidend für die Verbindbarkeit von bestimmten Substantiven mit bestimmten Verben. Jedes Verbum geht als Prädikat eines Satzes normalerweise nur mit Substantiven bestimmter Klassen Verbindungen ein. Dazu einige Beispiele: Das Verbum „reden" hat in der Regel als Subjekt immer ein Substantiv der Klasse „menschlich" oder ein es vertretendes Pronomen bei sich; oder das Substantiv „Tisch" als Subjekt eines Satzes wird in der Regel nicht mit einem Verbum verbunden, das menschliche Handlungen beschreibt, z.B. „reden". Kommen solche Verbindungen dennoch vor, dann handelt es sich um übertragenen Gebrauch, bildhafte Rede und ähnliches, das gesondert vermerkt werden muß.

Für einen Text kann es weiter charakteristisch sein, welche Substantivklassen oder Verbklassen (Zustandsverb, Handlungsverb, Modalverb[66]) in ihm gehäuft verwendet werden. Das ist in der syntaktischen Analyse statistisch festzuhalten, um über die besondere Funktion des

---

[66] *Zustandsverben* drücken Eigenschaften und Zustände (durative Funktion: z.B. „König sein", „stark sein") bzw. das Eintreten in einen Zustand oder den Erwerb einer Eigenschaft aus (ingressive Funktion: z.B. „König werden", „stark werden"). *Handlungsverben* bezeichnen Handlungen und Vorgänge. Zum Problem der Unterscheidung zwischen Zustands- und Handlungsverben s. J.H. Ulrichsen, *JHWH MĀLĀḴ*: Einige sprachliche Beobachtungen, VT 27 (1977), 361–374. – *Modalverben* sind solche, die die Modalitäten der Möglichkeit oder Notwendigkeit zum Ausdruck bringen oder bringen können (z.B. *jadă'* c. inf., *jakol* „können"; *'abā* „wollen"; *natăn* „lassen"). Von diesen sind die gelegentlich ebenfalls Modalverben genannten *Formverben* zu unterscheiden, welche in enger Verbindung mit einem Verb der Modifizierung einer durch dieses zweite Verb ausgedrückten Handlung dienen und welche meist adverbiell übersetzt werden (z.B. *šwb* q. „nochmals/wieder"; *škm* hi. „früh/eifrig"; *klh* pi. „zu Ende/ganz").

Textes Aussagen machen zu können. Eine Häufung von Zustandsverben läßt z. B. auf die Beschreibung von Zuständen schließen, eine Häufung von Abstrakta auf einen theoretisierenden oder wertenden Text.

b) *Stilistische Analyse*[67]. *Satzebene:* Die stilistische Untersuchung des Textes achtet zunächst grundsätzlich auf bevorzugte und für den Text eigenartige sprachliche Ausdrucksformen. Auf der Satzebene ist dabei die charakteristische Verteilung der Satzarten zu beachten, die Stellung der Satzarten und die Eigenart der Satzkonstruktion. Gedrängter Stil ist an kurzen Sätzen, weitläufiger Stil an kompliziert gebauten Sätzen zu erkennen. Die häufige oder seltene Verwendung von Relativsätzen und Infinitivkonstruktionen kann Stilunterschiede markieren, ebenso die Bevorzugung bestimmter Satzarten für die Einleitung eines Textabschnitts.

Wortebene: Als erster Schritt auf der Wortebene ist die Verteilung der Wörter auf die wichtigsten Wortklassen und ihre Häufigkeit im Text zu überprüfen. Diese erste Sichtung des Wortbestandes nach Nomina, Verba und grammatischen Morphemen, vor allem Präpositionen, kann erste Hinweise auf stilistische Eigentümlichkeiten des Textes liefern. In diesem Zusammenhang wird je nach Häufigkeit der gebrauchten Wörter einer der genannten Klassen von verbalem oder nominalem Stil gesprochen. Ähnlich markiert die auffallend häufige bzw. seltene Verwendung von Präpositionen wichtige Stileigentümlichkeiten.

Auf der Wortebene sind darüber hinaus eine Fülle von weiteren stilistischen Merkmalen zu beobachten, die an dieser Stelle nicht umfassend beschrieben werden können. Es genügt auch zunächst, auf die wichtigsten stilistischen Eigentümlichkeiten hinzuweisen.

In der syntaktischen Analyse ist bereits auf die ungewöhnliche Verwendung von Wörtern hingewiesen worden. An ihr sind der *übertragene Gebrauch von Ausdrücken*, Verfremdungen, Metaphern, Bilder u.a.m. zu erkennen (z. B. Ez 24, 15; Cant 4, 13).

Eigentümliche *Wortverbindungen* wie Wortspiel und figura etymologica sind als Stilfiguren zu beschreiben, ihre Verwendung und Funktion zu klären.

Die häufige *Wiederholung eines Wortes* in einem Text kann auf Leitwortfunktion hinweisen, kann aber auch einfach aus der Kommunikationsabsicht resultieren.

---

[67] L. ALONSO-SCHÖKEL, Das Alte Testament als literarisches Kunstwerk, 1971, behandelt ausführlich die Probleme der Stilistik. Weitere Literatur s. dort.

Charakteristische Stilmerkmale können auch aus der Beobachtung von *Wortbezügen* erhoben werden. Hierher gehören die *Wortpaare*, die wiederum in verschiedene Arten zerfallen: synonyme Wortpaare (Berg/Hügel); polare Ausdrücke, die durch die Nennung von zwei Polen eine Ganzheit darstellen wollen (Himmel und Erde; Tag und Nacht); antithetische Wortpaare, die einen Gegensatz herausstellen sollen und darum leicht mit dem polaren Ausdruck verwechselt werden können (Himmel und Erde; Tag und Nacht)[68]; daneben sind Wortpaare festzustellen, die das Ganze nicht durch die Angabe der äußersten Pole, sondern durch das Herausgreifen zweier wichtiger Glieder des Ganzen oder beider Hälften des Ganzen charakterisieren. Eine Reihe von solchen Wortpaaren mag im Hebräischen bereits zu festen Wortverbindungen geworden sein und ist darum für die Eigenart des Stils eines Textes nur begrenzt heranzuziehen. Auch hier wird man also auf die Häufung der Verwendung solcher Paare oder ihre Originalität besonders achten müssen.

Diese stilistische Eigentümlichkeit hat sich vor allem in der Poesie bei Ausdehnung auf Satzteile oder ganze Sätze zum sog. *Parallelismus* weiterentwickelt. Dem parallelisierenden Stil kommt auch die im Vergleich zu anderen Sprachen bescheidene Ausstattung des Hebräischen mit Adjektiven und Adverbien zustatten, die den Sprecher des Hebräischen zwingt, komplizierte Ausdrücke in zwei oder mehrere Sätze zu zerlegen.

Gewöhnlich werden drei Formen des Parallelismus unterschieden[69]:
1. der synonyme Parallelismus, bei welchem das zweite Glied das erste Glied mit anderen Worten wiederholt, z.B. Ps 119, 105:

Dein Wort ist eine Leuchte für meinen Fuß
und ein Licht für meinen Pfad.

---

[68] Ob ein polares oder ein antithetisches Wortpaar vorliegt, kann nur aufgrund des Kontextes entschieden werden; für „Himmel und Erde" vgl. z.B. Gen 1,1; 2,4b mit Koh 5,1; für „Tag und Nacht" vgl. z.B. Ps 1,2 mit Gen 8,22. Ein besonders eindrückliches Beispiel ist Ps 115, wo „Himmel und Erde" einmal als polares, das andere Mal als antithetisches Wortpaar Verwendung gefunden hat (vgl. v. 15 mit v. 16).

[69] Als Sonderformen der Wortpaare bzw. des Parallelismus sind noch die Dreigliederung bzw. die Aufzählung in Reihen zu erwähnen, die wegen ihres selteneren Vorkommens schon ein sehr auffälliges Stilmerkmal darstellen können. Dreigliederung findet sich z.B. in Thr 1–3; Ps 45 und Ps 93, Aufzählung in Reihen, z.B. Jes 2,12–16; 3,16–24; Ps 136; 150. – Zum Problem der Strophe s.u. Abschnitt II, 2. – Einen instruktiven Überblick über diese und andere stilistische Besonderheiten alttestamentlicher Texte bieten W. BÜHLMANN–K. SCHERER, Stilfiguren der Bibel (BB 10), 1973.

2. der antithetische Parallelismus, bei welchem das erste Glied durch einen gegenläufigen Ausdruck im zweiten Glied kontrastiert wird, z.B. Ps 119, 96:

An aller Vollkommenheit sehe ich eine Grenze,
aber dein Gebot reicht sehr viel weiter.

3. der sog. synthetische Parallelismus, ein uneigentlicher Parallelismus, da das zweite Glied eine Äußerung des ersten Gliedes fortführt, und zwar meist in Form eines zusammengesetzten Satzes, z.B. Ps 119, 88:

Nach deiner Verbundenheit belebe mich,
daß ich das Zeugnis deines Mundes bewahre.

Eine etwas kompliziertere Form von Wortbezügen liegt im sog. *Chiasmus* vor. Damit bezeichnet man die Kreuzstellung von wenigstens vier Wörtern, Wortgruppen oder Sätzen, z.B. Gen 9,6:

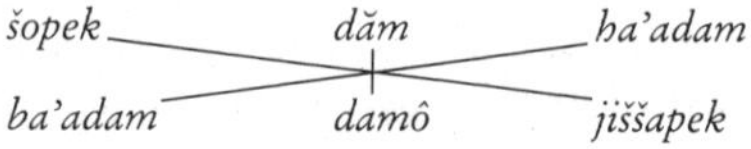

Die in der stilistischen Analyse erhobenen sprachlichen Eigentümlichkeiten sind zunächst auf ihre Funktion im Text hin zu untersuchen. Erst die weiteren Schritte der Exegese können dann zeigen, ob es sich bei bestimmten Stilmerkmalen um die Eigentümlichkeit der Sprache des Verfassers eines Textes, um Eigentümlichkeiten der sprachlichen Umwelt, in welcher der Text entstanden ist, oder um Eigentümlichkeiten einer literarischen Gattung handelt[70]. Es werden also erarbeitete Stilmerkmale auch in den folgenden Schritten der Untersuchung heranzuziehen sein. Denn innerhalb der sprachlichen Analyse eines einzigen Textes kann zunächst nur registriert werden. Über den Text hinausgehende Folgerungen können erst gezogen werden, wenn eine vergleichende Betrachtung mit verwandten Texten auf synchroner und diachroner Ebene stattgefunden hat.

Manche Beobachtungen können überhaupt erst im Zusammenhang einer vergleichenden Betrachtung angestellt werden. Im Rahmen der sprachlichen Analyse hat sie ihren Platz bei der Erarbeitung von *Wendungen,* die für einen bestimmten Sprachkontext eigentümlich sind. Hilfestellung leisten dabei in ganz erheblichem Maß die Konkordanzen, in eingeschränktem Maß die eigene Kenntnis der alttestamentlichen Literatur. Es sind drei Arten von Wendungen zu unterscheiden:

a) *stehende Ausdrücke* sind Wortverbindungen, die in einer Sprache häufig vorkommen, für die aber im Rahmen dieser Sprache ein eingegrenzter Kontext nicht festgestellt werden kann (z. B. *b^{e}nê jiśra'el*);

---

[70] S. § 7, II.

b) *typische Wendungen* sind Wortverbindungen, Kurzsätze, Sätze und Satzverbindungen, die sich für einen größeren literarischen Zusammenhang als charakteristisch erweisen (z. B. Jdc 3,7; 4,1 u.ö.);

c) *Formeln* sind Kurzsätze, Sätze und zusammengesetzte Sätze, die sich in mehreren voneinander unabhängigen literarischen Zusammenhängen finden und bestimmten eingrenzbaren Handlungs- und Sozialkontexten, wie geprägten Handlungsschemata, Institutionen oder Traditionen, zugeordnet werden können (z. B. I Sam 25,6: Grußformel; Jer 19,1: Botenformel; Ex 3,6: Vätergottformel).

2. *Phonemisch-phonetische Analyse (Klang, Laut, Rhythmus)*

Die phonemisch-phonetische Analyse, im folgenden der Einfachheit halber Lautanalyse genannt, ist derjenige Untersuchungsbereich, der sich am konsequentesten einem der beiden Hauptaspekte der Sprache unter Ausblendung des anderen zuwendet. Die Lautanalyse ist fast ausschließlich mit der Ausdrucksseite der Sprache befaßt und setzt eine weitgehende Segmentierung des sprachlichen Ausdrucks bis hin zu den einzelnen Phonemen voraus.

Ziel der Lautanalyse ist die Erarbeitung des Klangbildes einer sprachlichen Äußerung. Einer bis ins einzelne vordringenden Analyse des Klangbildes müßten allerdings sämtliche Faktoren und Regeln der Aussprache sprachlicher Elemente bekannt sein. Und hier begegnet für die alttestamentliche Literatur schon eine Fülle von Schwierigkeiten, die einer solchen Analyse und der Zuverlässigkeit ihrer Ergebnisse im Wege stehen.

Im folgenden sollen nur einige davon kurz aufgeführt werden:

1. Das hebräische Alphabet umfaßt nur Konsonanten und Halbvokale, so daß ein wesentlicher Faktor der lautlichen Aktualisierung von Rede nicht einmal über die Schrift zugänglich ist. Die masoretische Vokalisation kann für eine Vokalanalyse nicht herangezogen werden, da sie erst Jahrhunderte nach der Verschriftung des Alten Testaments dem Konsonantentext beigefügt wurde. Auch die sprachvergleichenden Untersuchungen semitischer Sprachen, die den hebräischen Vokalbestand zu rekonstruieren suchen, stellen keine ausreichende Basis für eine phonetische Analyse dar. – 2. Das Hebräische als eine tote Sprache gestattet keine phonetische Analyse mehr, da diese auf den ausgesprochenen Laut (Phon) zurückgreifen können muß, wie das bei einer lebendigen Sprache möglich ist. Man weiß z. B., daß in bestimmten deutschen Dialekten die Phonemverbindungen „-ig“ und „-ich“ gleich ausgesprochen werden. Im Hebräischen ist dagegen nur mehr eine phonemische Analyse möglich, d. h. eine Analyse, die sich auf die Lautzeichen beschränken muß, ohne ihre jeweilige

lautliche Aktualisierung zu kennen. – 3. Aufgrund der aufgeführten Schwierigkeiten sind natürlich auch der Erhebung des Silbenbaus, der Beurteilung der Akzentuierung und der Quantität der Silben sehr enge Grenzen gesetzt. – 4. Das Fehlen von Satzzeichen (? und !), die in anderen Sprachen klangliche Erscheinungen mit Bedeutungsaspekt markieren (z. B. Anheben der Stimme am Ende eines Satzes für die „Frage" im Deutschen), bringt zusätzliche Schwierigkeiten.

Alle diese Tatsachen sind bei einer Lautanalyse stets zu berücksichtigen, um voreilige Schlüsse zu vermeiden. Dennoch ist in eingegrenztem Umfang eine Lautanalyse in alttestamentlichen Texten möglich. Sie gestattet gelegentlich auch Schlüsse auf den Bau einer Einheit, vor allem in der poetischen Literatur. Die Auswertung des Klangbildes für die Bedeutungsseite eines Textes ist hingegen mit äußerster Zurückhaltung vorzunehmen und wohl auch nur in ganz seltenen Fällen möglich (Stimmungen, „Atmosphäre").

Auf der Phonemebene kann zunächst die *Verteilung* der einzelnen *Konsonanten*, ihre *Häufung* im Text bzw. in bestimmten Abschnitten erhoben werden. Die Häufung von gleichen Konsonanten oder Konsonantengruppen an einer bestimmten Stelle könnte auf eine Tonstelle hinweisen, die besonders hervorgehoben werden soll.

Weitere Erscheinungen auf der Lautebene sind die *Alliteration*[71] (Gleichklang und Anklang von Konsonanten und Konsonantengruppen) und die *Assonanz*[71] (vokalischer Gleichklang), wobei letztere mit der Unsicherheit der Vokalkenntnis belastet ist.

Auf der Silbenebene sind zunächst zwei Erscheinungen zu beobachten: der *Reim*[71] (Gleichklang von Schlußsilben) und die *Paronomasie*[72] (lautlicher Gleichklang und Anklang von Wörtern). Auch ihre Funktion innerhalb eines Textes wird am deutlichsten, wenn man ihre Stellung und Anwendung innerhalb der Textstruktur beachtet.

Für die Beurteilung von *Rhythmus* und *Metrum*, die vor allem in der hebräischen Poesie und Spruchliteratur eine wichtige Rolle spielen, wäre eine genaue Kenntnis des Silbenbaus und der Betonungsverhältnisse vonnöten. Hier besteht eine Fülle von Kontroversen unter den

---

71 Ein Beispiel für Alliteration, Assonanz und Reim ist Jes 1,25–26:

w'šjbā jdj ʿlăjik	
w'ṣrp kbr sjgăjik	Alliteration der Lautgruppen
w'sjrā kl bdjlăjik	š-
w'šjbā šptăjik kbr'šnā	*w's-* und *kb-*, Assonanz des
wjʿsăjik kbtḥllā	ṣ-
'ḥrj kn jqqr' lk	Vokals *-ā*, Reim der Lautgruppe
ʿjr hṣṣdq qrjā n'mnā	*-ăjik*

72 Beispiel in Jes 1,19–20:
'im to'bû ûš^{e}maʿtäm ṭûb ha'aräṣ tokelû
w^{e}'im t^{e}ma'^{a}nû ûm^{e}rîtäm ḥäräb t^{e}'ukk^{e}lû.

Fachgelehrten[73]. Sie beziehen sich auf die Festlegung der poetischen Einheiten (Langvers / Kurzvers) und auf diejenigen Faktoren, die den Wohlklang eines dichterischen Ausdrucks bestimmen, wie er sich im Metrum niederschlägt (Betonung/Quantität der Silben wie im Lateinischen; Zählung der relevanten Faktoren).

Auszugehen ist bei allen Untersuchungen vom stilistischen Phänomen des Parallelismus, das zur Abgrenzung von *Versen* führt, die wiederum aus metrischen Grundeinheiten, den *Versfüßen*, zusammengesetzt sind. Nach der von den meisten Alttestamentlern anerkannten Theorie des akzentuierenden Systems besteht der Versfuß aus einer betonten und ein bis drei unbetonten Silben, wobei nach der masoretischen Akzentuierung der Ton auf der letzten Silbe des Versfußes liegt. Für das Metrum eines ganzen Verses sind nach diesem System die betonten Silben relevant, deren Zählung nach Versen das Metrum eines poetischen Textes ergibt.

Schließlich ist zu fragen, ob die poetische Literatur des Alten Testaments über den Vers hinaus noch übergeordnete metrische Einheiten, also *Strophen* kennt. Strophen lägen dann vor, wenn in einer poetischen Einheit mindestens zwei nicht nur gleich lange, sondern auch gleich gebaute Verskomplexe festzustellen sind. Bislang ist es allerdings nicht gelungen, eine strophische Gliederung von poetischen Texten im Alten Testament zweifelsfrei nachzuweisen, wenngleich *Kehrverse* (z.B. Ps 42/43) und alphabetische Gedichte (z.B. Thr 3) eine solche nahelegen. Was bislang beobachtet werden konnte, sind zwar gleich lange, aber nicht gleich gebaute Abschnitte, die eine übergeordnete stilistische Gliederung eines Textes erkennen lassen. Gewöhnlich nennt man diese stilistischen Einheiten ebenfalls „Strophe"; sie muß jedoch sorgfältig von der metrischen Einheit „Strophe" unterschieden werden. Vielleicht ist es darum zweckmäßig, terminologisch „metrische" und „stilistische Strophe" zu unterscheiden. Wie über das stilistische Phänomen des Parallelismus der Vers als metrisches Phänomen erkannt werden konnte, so wäre bei der Ermittlung übergeordneter metrischer Einheiten entsprechend vorzugehen. Ausgangspunkt wäre die Feststellung von „stilistischen Strophen", wobei die Strukturanalyse neben den schon behandelten klanglichen und stilistischen Einzelbeobachtungen wertvolle Dienste leisten kann. Die stilistischen Einheiten sind dann

---

[73] Eine ausführliche Diskussion dieser Probleme wie der Probleme der phonemisch-phonetischen Analyse überhaupt bietet das in Anm. 67 genannte Werk von L. ALONSO-SCHÖKEL.

auf ihre eventuelle metrische Eigenart und Besonderheit hin zu überprüfen.

Für die Unterscheidung von *Poesie* und *Prosa* spielen Rhythmus und Metrum eine entscheidende Rolle. Daneben müssen aber auch syntaktische und stilistische Besonderheiten beachtet werden (z.B. Häufung von asyndetischen Relativsätzen in der Poesie; abweichende Wortstellungen u.a.).

3. Semantische Analyse

In der semantischen Analyse wendet sich der Exeget vorwiegend der Bedeutungsseite der lexikalischen Morpheme zu. Die Analyse vollzieht sich also vorwiegend auf der Wortebene. Dennoch darf die Satzebene, d.h. die syntaktische Bindung der einzelnen Lexeme, ebensowenig außer acht gelassen werden wie die Stellung der Lexeme nach der Struktur der Texteinheit.

Nachdem die syntaktisch relevanten Merkmale der Lexeme schon in der syntaktisch-stilistischen Analyse berücksichtigt wurden, ist bei diesem Auslegungsschritt das Bedeutungsspektrum der jeweiligen Lexeme zu erarbeiten. Das geschieht zunächst mit Hilfe der Lexika, die einen ersten Überblick darüber verschaffen. In einem weiteren Schritt muß unter Berücksichtigung vorerst des engeren sprachlichen Kontextes (Wortgruppen, Sätze) derjenige Ausschnitt aus dem Bedeutungsspektrum ermittelt werden, der diesem am ehesten entspricht.

Eine weitere Eingrenzung des Bedeutungsspektrums der Lexeme im konkreten Text wird durch die Heranziehung der Konkordanzen ermöglicht. Mit ihrer Hilfe sucht man verwandte Satzstrukturen in einem anderen Kontext auf, die übereinstimmende oder abweichende Verwendungen eines Lexems erkennen lassen. Besonders wertvoll sind hier natürlich Texte desselben Verfassers, dann solche derselben Periode (synchrone Betrachtung), während Texte verschiedener Perioden (diachrone Betrachtung) mit Zurückhaltung heranzuziehen sind. Ein solcher Vergleich setzt auch eine erhebliche Vorkenntnis bzw. ein erhebliches Vorverständnis der herangezogenen Literatur voraus, was sehr häufig zu vorschnellen Urteilen führen kann. Um solche möglichst zu vermeiden, ist gerade an dieser Stelle der Analyse die Ausdrucksseite vor allem in ihrer syntaktischen Ausprägung zu beachten. An ihr lassen sich die Ergebnisse noch am zuverlässigsten überprüfen.

Die Verwendung der Konkordanz hat schon in der syntaktisch-stilistischen Analyse zur Feststellung von typischen Wendungen und Formeln geführt, die nunmehr auch auf ihre Bedeutung hin befragt werden müssen. Hier wird in besonderer Weise der Vergleich mit dem Gebrauch der Wendungen und Formeln in anderen Kontexten relevant, wobei wiederum die oben gemachte Einschränkung bezüglich der Vorkenntnis nicht aus dem Auge verloren werden darf.

Für die folgende Strukturanalyse wichtig ist eine Klassifizierung der verwendeten Substantive (Adjektive) und Verben. Bei den Substantiven ist neben der Klassifizierung, die in der syntaktischen Analyse durchgeführt worden ist, eine weitere vorzunehmen, die nach anderen Merkmalen als denen der Kombinierbarkeit erfolgt: z.B. Eigennamen (für Menschen: Individuen, Kollektive wie Stämme, Völker; für konkrete Gegenstände: Orte, Flüsse, Berge, Länder), konkrete Gegenstände (z.B. Tiere, Pflanzen, Werkzeuge), abstrakte Gegenstände (ethische, religiöse, soziale) u.a.m. Bei den Verben dürfte die in der syntaktischen Analyse schon behandelte Einteilung in Handlungs-, Zustands- und Modalverben ausreichen[74].

Im Zusammenhang mit der semantischen Analyse können auch diejenigen Fragen aufgenommen werden, die gewöhnlich unter dem Stichwort „Realien" begegnen. Es handelt sich um Gegenstände der materiellen Kultur, historische Kennzeichnungen und Eigennamen, geographische Tatbestände, Tiere und Pflanzen, sofern sie im Text *ausdrücklich* erwähnt sind[75].

Bei alledem handelt es sich in der semantischen Analyse um einen vorläufigen methodischen Schritt, der durch die folgenden exegetischen Schritte in seinen einzelnen Ergebnissen immer wieder überprüft und aufgrund der Überprüfung bestätigt, korrigiert oder gar umgestoßen werden muß. Dennoch ist es korrekt, die semantische Analyse an dieser Stelle zu behandeln und nicht wie in den meisten „Einführungen in die Exegese"[76] erst am Schluß der Auslegung, wo sie häufig mit der

---

[74] Für eine sehr viel weitergehende Differenzierung bei der semantischen Analyse vor allem von Verben sei nachdrücklich auf H. SCHWEIZER, Elischa in den Kriegen, 1974, 181–210.267–308, verwiesen, auch wenn seine methodischen Vorschläge wohl nur von Fachwissenschaftlern realisiert werden können.

[75] Hier geben die Hilfswissenschaften, vor allem die historische Wissenschaft in ihren Verzweigungen (politische Geschichte, Sozial- und Kulturgeschichte, Religionsgeschichte), die Archäologie und die historische Geographie und Topographie Hilfestellung. Hierzu siehe auch § 10, II, 1b.

[76] Um nur die wichtigsten zu nennen: O. KAISER u.a., Einführung in die exegetischen Methoden, 1975[5]; H. BARTH-O.H. STECK, Exegese des Alten Testaments. Leitfaden der Methodik, 1980[9]; E. ZENGER a.a.O. (Anm. 38).

sog. „Zusammenhangsexegese" verbunden wird. Es könnte sonst leicht der Eindruck entstehen, als spiele der Aspekt Bedeutung im Zusammenhang mit der sprachlichen Analyse, der Formen- und Gattungskritik und den anderen Auslegungsschritten keine Rolle. Tatsächlich wird jedoch unausgesprochen die Bedeutung oder eine gewisse vorläufige Kenntnis der Bedeutungsseite eines Textes immer schon bei allen exegetischen Schritten vorausgesetzt. Vorläufige Kenntnis des Inhalts, d. h. der Gegenstände, von denen der Text redet, ist außerdem erforderlich, um das Verhältnis von Inhalt und Gestalt des Textes zueinander besser beschreiben zu können (s. II, 5).

4. Strukturanalyse

Die Strukturanalyse wendet sich wieder dem Text als ganzem zu, da er als höchste sprachliche Kommunikationseinheit Grundlage und Ziel der Interpretationsbemühung sein muß[77]. Die Strukturanalyse setzt alle bisherigen Schritte der sprachlichen Analyse voraus und greift auf ihre Ergebnisse zurück. Sind in der syntaktisch-stilistischen, in der phonemisch-phonetischen und in der semantischen Analyse zunächst die Einzelelemente des Textes erarbeitet worden, so sucht die Strukturanalyse die Zusammenordnung und Stellung der Elemente im Text zu erheben. Aus dieser Untersuchung gewinnt man schließlich die Struktur der Einheit, die möglichst übersichtlich dargestellt werden soll, am besten mit Hilfe eines graphischen Schaubildes oder einer gut gegliederten und stark formalisierten Übersicht.

Auch bei der Strukturanalyse ist es zweckmäßig, einmal den Aspekt des Ausdrucks, das andere Mal den Aspekt der Bedeutung stärker in den Vordergrund zu rücken, wobei von der Ausdrucksseite ausgehend zur Bedeutungsseite voranzuschreiten ist. Allerdings wäre es eine Täuschung, wenn man meinte, man könnte beide völlig unabhängig voneinander betrachten, denn schon bei der syntaktisch-stilistischen Analyse ist deutlich geworden, daß man ohne die Kenntnis der Bedeutung der

---

[77] Vgl. hierzu Fragestellung und Aufgabe der Literarkritik § 5, I sowie der zusammenfassenden Exegese § 10, I, die im Bemühen um das Ganze des Textes die übrigen Einzelschritte der Exegese gleichsam einrahmen. – Zu verweisen ist in diesem Zusammenhang auch noch auf den innerhalb der modernen Sprachwissenschaft verhältnismäßig jungen Zweig der Textlinguistik, die sich um die Probleme von Texten als abgeschlossenen sprachlichen Äußerungen bemüht. Einen guten Überblick über ihre Fragestellungen bietet W. DRESSLER a.a.O. (Anm. 59).

grammatischen Morpheme nicht auskommt. Nur gestattet die Berücksichtigung der grammatischen Morpheme eine viel stärkere Formalisierung als die Berücksichtigung der lexikalischen Morpheme, da jene in ihrer Anwendungsmöglichkeit sehr viel stärker normiert sind als diese.

Je nach Betonung des Aspektes spricht man von „äußerer Struktur“ (Ausdruck) oder von „innerer Struktur“ (Bedeutung).

a) *Die äußere Struktur.* Die äußere Struktur eines Textes ergibt sich aus den in der syntaktischen Analyse erhobenen Bezügen von Wortgruppen, Sätzen und Satzreihen. Sie führen zu einer mehr oder weniger starken Gliederung des Textes in Abschnitte und Unterabschnitte bzw. lassen erkennen, daß ein Text nicht gegliedert ist.

In die Beschreibung der äußeren Struktur sind alle diejenigen sprachlichen Ausdrucksformen zu integrieren, die Hinweise für die Gliederung der Einheit geliefert haben[78]: z. B. die als Trenner oder Verbinder fungierenden grammatischen Morpheme, die Wiederaufnahme von Wörtern in verschiedener syntaktischer Funktion (Subjekt, Objekt), Satzarten mit vorweisender Funktion, wie Befehls- oder Fragesätze, und Satzarten, die durch ihre besondere Stellung als Einleitungs- oder Schlußsätze von Abschnitten und Unterabschnitten ebenfalls eine gliedernde Funktion im Text haben.

Schließlich ist nach Erstellung der äußeren Struktur diese mit den in der stilistischen Analyse erhobenen Stilmerkmalen zu vergleichen. Einzelne Stilelemente sind nämlich nicht nur in ihrer häufigen oder seltenen Verwendung für den Stil eines Textes charakteristisch, sondern auch ihre Stellung innerhalb eines Textes kann wertvolle Aufschlüsse über Stil und Aufbau der Einheit liefern.

b) *Die innere Struktur.* Die Analyse der inneren Struktur wendet sich unter Heranziehung der syntaktisch-stilistischen Analyse und der Analyse der äußeren Struktur nunmehr der Funktion der einzelnen Glieder des Textes (Wortebene und Satzebene) und der Funktion zu, die sich aus ihrer Anordnung im Text ergibt. Dabei kommt die Bedeutungsseite der Elemente etwas stärker in den Blick.

Auf der Wortebene sind die in der semantischen Analyse erarbeiteten Substantivklassen auf ihre Verwendung innerhalb der Texteinheit hin zu untersuchen. Der häufige Gebrauch oder die hervorgehobene Stellung von Substantiven bestimmter Klassen liefern wertvolle Aufschlüsse für die Funktion des Textes[79].

---

[78] S. hierzu W. Dressler a. a. O. (Anm. 59) 55–91.

[79] S. u. Abschnitt II, 5.

Ähnlich ist bei den Verben zu verfahren. Auf das meiste hier Wesentliche ist oben schon hingewiesen worden (Zustandsverben, Handlungsverben). Nachzutragen ist eine wichtige Unterklasse der Handlungsverben, die für die innere Struktur eines Textes vor allem im Alten Testament von größter Wichtigkeit ist: die Lexeme (= lexikalische Morpheme) des Redens. Sie gestatten nämlich im Zusammenspiel mit den übrigen Handlungsverben sehr häufig die Gliederung eines Textes in Rede und Handlung, die Feststellung der Funktion beider innerhalb eines Textes, woraus sich schließlich die Gewichtigkeit beider erkennen läßt.

Im Zusammenhang mit den Verben ist auch auf die Verwendung der Tempora und Modi zu achten. Die Tempora liefern wichtige Hinweise auf das Verhältnis des Textes zur Zeit (vergangenes Geschehen, gegenwärtige Zustände, Voraussagen für die Zukunft), die Modi wichtige Hinweise auf die Funktion des Textes (Beschreibung, Mitteilung, Befehle, Wünsche u.a.).

Auf der Satzebene können gelegentlich besondere Formen von Nebensätzen eine wichtige Rolle spielen, z.B. Begründungssätze, Absichtssätze, Bedingungssätze, Fragesätze u.a.

Alle diese Beobachtungen sind auf dem Hintergrund der äußeren Struktur des Textes so darzustellen, daß das Zusammenspiel der einzelnen Elemente, ihr Gewicht im Textzusammenhang (Hauptelemente, Nebenelemente), der Verlauf der im Text ausgedrückten oder beschriebenen Handlungen oder Äußerungen (einschichtig, mehrschichtig) sowie ihre Gliederung (Exposition, Hauptteil, Schluß) deutlich werden. Auch hier ist eine schematische Darstellung zur Verdeutlichung der Zusammenhänge sehr hilfreich. Bei alledem wird deutlich, wie stark das formalisierende Vorgehen die einzelnen Arbeitsschritte, sowohl auf der Ausdrucks- als auch auf der Bedeutungsseite, bestimmt. So wird auch die Feststellung der Funktion eines Textes aufgrund der bislang durchgeführten Analysen zunächst nur auf einer allgemeineren Abstraktionsebene möglich sein. Ihre Konkretisierung erfordert eine Reihe weiterer Schritte, die z.T. noch innerhalb der sprachlichen Analyse, verstärkt jedoch in den folgenden exegetischen Schritten behandelt werden[80].

[80] Die Frage nach Struktur und Funktion von Texten wird u. a. in der theologischen Kritik unter einer etwas anderen Fragehinsicht noch einmal aufgegriffen. Vielleicht können die dort (§ 11, I, 3 und II, 3) vorgeführten methodischen Vorschläge, die in einem engen Zusammenhang mit der sprachlichen Analyse

5. *Die Funktion der Texteinheit*[81]

Die bislang behandelten Schritte der sprachlichen Analyse gestatten nun erstmals die Frage nach der Funktion der Texteinheit. Darunter ist hier die unmittelbare Leistungsfähigkeit einer Texteinheit (später entsprechend die Leistungsfähigkeit einer bestimmten literarischen Gattung § 7, II, 2e) gemeint, von der die Intention des Verfassers oder auch Benutzers einer Texteinheit zu unterscheiden ist, ein Aspekt, der erst gegen Ende der Auslegung eines Textes behandelt werden kann (§ 10, II, 2b).

Im Rahmen der sprachlichen Analyse geht es vorerst darum, den möglichen Wirkungen einer gewählten Textstruktur nachzugehen. Es soll erhoben werden, welche Bedeutung der Tatsache zukommt, daß ein bestimmter Inhalt in einer ganz bestimmten Gestalt begegnet; und zwar in zweierlei Hinsicht: 1. im Blick auf den Hörer oder Leser des Textes (Information, Unterhaltung, Belehrung, Wecken von Anteilnahme, Provokation u. a. m.), und 2. im Blick auf den Inhalt (welche Inhaltsaspekte werden durch die gewählte Gestalt besonders hervorgehoben). Dabei ist streng darauf zu achten, daß sich auf dieser Ebene der Untersuchung die Auswertung auch wirklich am Text, vor allem aber an seiner äußeren Gestalt orientiert.

Erste Hinweise für die Beantwortung dieser Fragen liefert die Strukturanalyse. Hier sind es vor allem die ermittelten Schwer- und Höhepunkte, die bestimmte Inhaltsaspekte in den Vordergrund, andere in den Hintergrund treten lassen. Die Wahl der sprachlichen Ausdrucksmittel, ihre Anordnung und Gewichtigkeit im Text und die kunstvolle oder weniger kunstvolle Durchformung der Struktur lassen etwas von den Wirkungen deutlich werden, welche die Texteinheit erwarten läßt. Je nach der beabsichtigten Wirkung werden syntaktische und stilistische Mittel in unterschiedlicher Weise eingesetzt. Wird z. B. „objektive" Information beabsichtigt, überwiegen naturgemäß beschreibende und mitteilende Elemente (Narrative, unpersönliche Rede u. a.); beabsichtigt ein Text zu unterhalten, ist eine Textstruktur zu erwarten, die

---

eines Textes zu sehen sind, die vielfach geäußerte Skepsis gegenüber dem Sinn eines solchen sprachkritisch orientierten Umgangs mit biblischen Texten etwas abbauen.

[81] Siehe hierzu die in Auseinandersetzung mit der 1. Auflage dieses Buches an diesem Abschnitt geäußerte weiterführende Kritik von H. SCHWEIZER, Form und Inhalt, BN 3 (1977), 35–47 (bes. S. 39 mit Anm. 9), dessen Vorschläge hier aufgenommen wurden.

sich durch kunstvolle Gliederung und spannungsreiche Anordnung der Einzelelemente auszeichnet; belehrende oder Anteilnahme heischende Texte bedienen sich wieder je anderer Ausdrucksmittel. Die Beispiele ließen sich beliebig vermehren. Doch schon die wenigen genannten machen deutlich, wie wichtig eine sorgfältige Analyse der sprachlichen Gestalt bzw. der Ausdrucksseite eines Textes für seine Interpretation ist.

Im Zusammenhang der sprachlichen Analyse kann die Frage nach der Funktion der Texteinheit allerdings nur vorläufig beantwortet werden. Die folgenden Auslegungsschritte, die sich unter besonderer Fragestellung noch einmal mit Ausdrucks- und Bedeutungsseite des Textes befassen, werden weitere Hinweise auf die Funktion der Einheit liefern. Alle Beobachtungen sind in der zusammenfassenden Exegese zu bündeln und abschließend auf ihre Bedeutung für Inhalt, Funktion und Intention des Textes zu befragen (§ 10).

6. *Der Horizont der Texteinheit*[82]

Unter dem Horizont einer Einheit ist derjenige Bereich zu verstehen, in welchen die Einheit eingebettet und durch den sie sichtbar geprägt ist. Der Bereich kann literarischer oder aber auch sozio-kultureller Natur sein. Auf den literarischen Bereich, in den eine Einheit einzuordnen und aus dem heraus sie zu verstehen ist, weisen syntaktische Bezüge hin, die aus der Einheit hinausführen, die für ein literarisches Werk typischen Wendungen und gegebenenfalls die über eine Einheit hinausweisende Funktion derselben.

Auf den sozio-kulturellen Hintergrund einer Einheit führen Formeln, also Wendungen, die in mehreren literarischen Werken begegnen, literarische Gattungen und geprägte Bedeutungssyndrome, die in § 7 und 8 behandelt werden.

Bei Texteinheiten, die solche geprägten Elemente bzw. Strukturen nicht erkennen lassen, ist der Horizont eines Textes an seiner Funktion abzulesen. Ein solcher Text ist wahrscheinlich eine geschlossene Einheit, die für sich selbst bestanden hat.

---

[82] Vgl. hierzu besonders W. Richter a. a. O. (Anm. 60) und die in Anm. 38 genannte Einführung von E. Zenger.

III. Ergebnisse

Die sprachliche Analyse leistet die Beschreibung der sprachlichen Struktur einer Texteinheit und der in ihr verwendeten Elemente. Sie liefert ferner erste Hinweise auf die Funktion und auf größere Zusammenhänge, in welche der Text einzuordnen ist. Die sprachliche Analyse bildet ferner die Grundlage für alle weiteren exegetischen Schritte, vor allem für die Formen- und Gattungskritik und die Motiv- und Traditionskritik, wobei sich beide in ihrer Frage nach geprägtem Gut (Formen und Gattungen vorwiegend auf der Ausdrucksseite bzw. Motiv und Tradition vorwiegend auf der Bedeutungsseite) auf die Ergebnisse der sprachlichen Analyse stützen.

Auf die Grenzen der sprachlichen Analyse ist an verschiedenen Stellen schon hingewiesen worden (Verschriftung, Hebräisch als tote Sprache, Mehrdeutigkeit der Sprache u.a.m.); besonders betont werden muß nur noch einmal die Tatsache, daß die sprachliche Analyse zwar auf den Inhalt einer Texteinheit hinführt, das, was der Text aussagen will, jedoch noch nicht endgültig aufhellen kann.

§ 7 Formen- und Gattungskritik

I. Fragestellung und Aufgabe

Die durch die sprachliche Analyse festgestellten typischen Wendungen und Formeln innerhalb einer Einheit haben über den Einzeltext hinaus auf andere Einheiten verwiesen. Während typische Wendungen auf einen literarischen Horizont führen, weisen Formeln, d.h. geprägte Wortverbindungen, die sich in mehreren literarischen Werken finden, auf einen sozio-kulturellen Horizont der Einheit und damit auf Zusammenhänge, die dem jeweiligen literarischen Werk vorgegeben sind.

Die Grußformeln in den verschiedenen deutschen Dialekten sollen diese Beziehungen verdeutlichen. So hat jeder Dialektbereich für den Vorgang des Grüßens bestimmte, für ihn charakteristische Wendungen. „Grüß Gott“ ist in Süddeutschland gebräuchlich, „Guten Tag“ dagegen in Norddeutschland; „Grüetzi“ ist die für die deutschsprachige Schweiz charakteristische Grußformel. Die Verwendung einer dieser Formeln läßt also den sozio-kulturellen Kontext erkennen, in dem der Sprecher seine Sprachkompetenz aktualisiert.

Das Beispiel macht noch etwas anderes deutlich. Die Wendung

„Guten Tag" ist als Gruß für einen Ausländer nicht verständlich, kennt er nur die Bedeutung der beiden sprachlichen Zeichen „gut" und „Tag". Er vermag die Wendung erst dann zu verstehen, wenn er von der stillschweigend getroffenen Übereinkunft weiß, daß „Guten Tag" als Gruß dienen soll. Anders gesagt: Formeln, wie z.B. die Grußformel, sind sprachliche Zeigehandlungsschemata[83], deren Bedeutung auf Vereinbarung beruht. Der Sprecher muß solche Wendungen in der aktuellen Situation nicht erst bilden, sondern kann auf sie als vereinbarte, geprägte Handlungsschemata zurückgreifen.

Wer eine Sprache spricht, gebraucht solche Schemata, ob er will oder nicht. Sprache ist als menschliche Institution niemals ganz der Verfügungsgewalt eines einzelnen unterworfen. Sie bedient sich bei gleichem Anlaß und gleicher Abzweckung in der Regel der jeweils gleichen typischen sprachlichen Ausdrucksmittel. Dies gilt nicht nur für kurze Wortverbindungen, wie sie die Formeln darstellen, sondern auch für umfangreichere sprachliche Handlungen. Ein Beispiel mag diesen Sachverhalt erläutern. In einer Tageszeitung finden sich die auf der folgenden Seite abgedruckten Texte.

Obwohl die beiden Anzeigen verschieden gestaltet sind, weiß der Leser um ihren Anlaß und Zweck, ohne den Text mehr als oberflächlich gelesen zu haben. Wollte er den Tod eines Verwandten oder Bekannten der Öffentlichkeit mitteilen, so bediente er sich ähnlicher Ausdrucksmittel. Traueranzeigen haben neben ihren individuellen Zügen eine typische Gestalt. Sie können – wie Grußformeln – als vereinbarte sprachliche Zeigehandlungsschemata verstanden werden, die auf eine bestimmte Situation, hier also auf einen Todesfall, als Anlaß verweisen.

Die Beispiele solcher Schemata ließen sich beliebig vermehren. Reklamebriefe könnten ebenso wie Liebesbriefe, Predigten ebenso wie politische Reden, Märchenerzählungen ebenso wie Zeugenprotokolle zur Illustration herangezogen werden. In all diesen Fällen schaffen ähnliche Erfahrungen und Absichten im räumlich und zeitlich gleichen Sprachraum ähnliche Sprachformen, die für die jeweilige Situation typisch sind.

Wie läßt sich diese Beobachtung theoretisch deuten? In der Literaturwissenschaft führte dieser Sachverhalt zur Theorie der „Gattung". Während unter *Form* im folgenden die Beschreibung eines Einzeltextes aufgrund der formalen Analyse verstanden wird, bezeichnet *Gattung*

---

[83] Vgl. zu diesem Terminus § 6, I.

Ein tapferes Leben hat seine Vollendung gefunden.

JOHANNA SCHARF

* 19. 4. 1886 † 9. 3. 1972

München 2, Zeppelinstraße 1

**Ihre Freunde und alle,
die sie liebhatten**

Am Dienstag nachmittag ist

FRANZ BACKER

im Alter von 44 Jahren gestorben. Darüber sind wir sehr traurig.

10. 3. 1972 · München 13 · Elisabethstraße 4

**Doris Backer · Maria Backer
sowie Verwandte und Freunde**

die theoretische Größe, die Einzelformen vorausliegt und sie prägt, gewissermaßen die „typische" oder „ideale" Form[84]. „‚Gattung' ist

[84] Vgl. W. RICHTER a. a. O. (Anm. 60) 74.132. Seine terminologischen Festlegungen werden hier im wesentlichen aufgenommen. Als Unterschied ist allerdings zu beachten, daß W. RICHTER „Form" in Opposition zu „Inhalt" (s. W. RICHTER a. a. O. 75 ff.) bestimmt, während die in § 6 entfaltete sprachliche Analyse sich unter den Aspekten „Ausdruck" und „Bedeutung" vollzieht und den Terminus „Form" noch vermeidet. Damit ist nicht nur ein terminologischer, sondern auch ein sachlicher Unterschied angezeigt: „Gattung" ist als abstrahierte sprachliche Zeigehandlung zu verstehen und unter den Aspekten „Ausdruck" und „Bedeutung" zu bestimmen.

also ein theoretisches Ergebnis der Wissenschaft; in der konkreten Literatur existieren nur die Formen"[85].

Während die Form einer Einheit durch die sprachliche Analyse bestimmt werden kann, wird die Gattung als Texttypus durch den Vergleich ähnlicher, literarisch voneinander unabhängiger Formen gewonnen. Unter Absehung von der individuellen Ausprägung der Einheiten werden die ihnen gemeinsamen, typischen Strukturmerkmale in einem Abstraktionsvorgang bestimmt und als Kennzeichen einer Gattung beschrieben.

In diesem Zusammenhang ist zu beachten, daß die Termini „Form" und „Gattung" in der Forschung bisher uneinheitlich verwendet werden. Z.T. werden sie nicht unterschieden, z.T. wechselseitig als Oberbegriffe gebraucht[86]. Die hier vorgeschlagene terminologische Differenzierung ist eindeutig: „Form" wird dem Einzeltext zugeordnet, „Gattung" bezieht sich auf einen Texttypus. Damit soll dem methodischen Fehler gewehrt werden, zwei Größen, die auf verschiedenen Ebenen stehen, unmittelbar zu vergleichen: den Einzeltext als Gegenstand der sprachlichen Analyse und den Texttypus, der als die die Einzelformen prägende Größe durch einen Abstraktionsvorgang gewonnen wird.

Auch die Termini *Formgeschichte* und *Gattungsgeschichte* sind kritisch zu prüfen. Der Verwendung von „Form" und „Gattung" entsprechend werden auch sie bisher uneinheitlich gebraucht. Manche Forscher wollen „Formgeschichte" als „Bezeichnung der Arbeitsmethode" (im Sinne von Formkritik) von „Gattungsgeschichte" als der „Benennung der Geschichte einer bestimmten Gattung" trennen[87]. Andere bestimmen „Formgeschichte" gar als Oberbegriff für alle exegetischen Methoden[88]. Hier wird vorgeschlagen, den Terminus „Gattungsgeschichte" weiterhin in dem eben beschriebenen Sinn zu verwenden und den Terminus „Formgeschichte" – auch zur Bezeichnung einer

---

85 W. RICHTER a.a.O. 132.

86 H.-J. HERMISSON, Studien zur israelitischen Spruchweisheit, 1968, 138 Anm. 1, z.B. will „Form" als Oberbegriff verwendet sehen; ihr seien Gattung sowie sie kennzeichnende und bestimmende Formmerkmale unterzuordnen. F. CRÜSEMANN, Studien zur Formgeschichte von Hymnus und Danklied in Israel, 1969, 13f. Anm. 1, macht einen gegenteiligen Vorschlag. „Gattung" ist für ihn der Oberbegriff, der die „Form" einer sprachlichen Äußerung, ihren Sitz im Leben und ihre Funktion darin umschließt.

87 So H. BARTH-O. H. STECK a.a.O. (Anm. 76) 61.

88 So K. KOCH, Was ist Formgeschichte?, 1967^2, 49.66.72 u.ö.

Methode – fallenzulassen. Statt dessen soll von *Formengeschichte* gesprochen werden, wenn das diachrone Verhältnis der synchron erarbeiteten Formen behandelt wird.

Die bisherigen Überlegungen haben gezeigt, daß Gattungen, obschon Theoreme, als vereinbarte sprachliche Zeigehandlungsschemata aufgefaßt werden können, denen eine bestimmte Anwendungsmöglichkeit entspricht. Die damit festgestellte sozio-kulturelle Vorprägung sprachlicher Äußerungen ist für die alttestamentliche Zeit in gleichem Maße, eher noch verstärkt, anzunehmen. Da damals das gesellschaftliche Leben und damit auch die Sprache als umweltabhängige Größe eher noch stärker als heute von Institutionen, festgeprägten Abläufen und Riten bestimmt waren, ist die Gattungsforschung ein wichtiger Faktor der alttestamentlichen Exegese.

Die *Aufgaben* der formen- und gattungskritischen Methode können nunmehr zusammenfassend beschrieben werden. Zunächst ist die sprachlich analysierte literarische Einheit mit den verschiedenen analysierten Einzeltexten des Alten Testaments zu vergleichen, und zwar mit dem Ziel, die ihr unter Berücksichtigung der Aspekte Ausdruck und Bedeutung strukturell ähnlichen Formen aufzusuchen (Formenkritik). Sodann ist die solcherart in die Vielzahl der Formen eingeordnete Einheit im Vergleich mit ähnlich strukturierten Einheiten, die literarisch voneinander unabhängig sind, auf den sie prägenden Texttypus hin zu befragen, d.h. ihre Gattung zu bestimmen (Gattungskritik). Im Zusammenhang damit fragt die Gattungskritik nach der Funktion der Gattung und somit nach der typischen Situation, auf die die Gattung weist (*Sitz im Leben*)[89]. In bezug auf den Einzeltext vergleicht sie die typische Funktion bzw. typische Situation (Sitz im Leben) der prägenden Gattung mit der Funktion der Einheit im literarischen Kontext bzw. der in ihm vorausgesetzten konkreten Situation (*Funktion in der Literatur* bzw. *Funktion in der Rede*)[90]. Schließlich ist das diachrone

[89] Der Ausdruck „Sitz im Leben" ist zwar unscharf, auch mißverständlich; doch ist er in der Wissenschaftssprache als terminus technicus eingeführt, und daher ist es zweckmäßig, ihn um der allgemeinen Verständigung willen beizubehalten.

[90] Herkömmlicherweise wird hier von „Sitz in der Rede" bzw. „Sitz in der Literatur" gesprochen. Da dieser Sprachgebrauch zu dem Mißverständnis Anlaß gibt, eine neue Funktion der Gattung in der Rede bzw. Literatur würde zugleich einen neuen Sitz im Leben bedingen, wird vorgeschlagen, diese Termini fallen zu lassen.

Verhältnis der synchron erarbeiteten Formen und Gattungen zu berücksichtigen und die formen- und gattungskritisch bestimmte Einheit hier einzuordnen (Formen- und Gattungsgeschichte).

Indem diese Aufgaben formuliert werden, kommt deutlich das Dilemma der gegenwärtigen Forschungssituation zum Ausdruck. Bisher wurde nur in Einzelfällen nach den in § 6 entwickelten sprach- und literaturwissenschaftlichen Gesichtspunkten in der alttestamentlichen Exegese gearbeitet. So kann zwar die Methode der Formen- und Gattungskritik dargestellt werden, wie sie sich aus den Überlegungen des vorausgegangenen Paragraphen ergibt, aber es kann in der Regel nicht auf die Ergebnisse ihrer Anwendung verwiesen werden. Diese noch ausstehenden Ergebnisse dürften in vielen Fällen diejenigen der bisher geübten „Form- und Gattungsgeschichte" modifizieren, in manchen Fällen sogar umstoßen. In der Praxis des wissenschaftlichen Alltags wird man angesichts dieser Forschungssituation notgedrungen auf die in den Einleitungen vorliegende Beschreibung der im Alten Testament verwendeten Gattungen zurückgreifen[91]. Dies sollte allerdings kritisch geschehen, d.h. im Wissen um die Problematik der traditionellen „Form- und Gattungsgeschichte". So kann das im folgenden beschriebene methodische Verfahren nur in Teilbereichen auf Ergebnisse zurückgreifen, die durch ein entsprechendes Vorgehen gewonnen wurden, bzw. die Formen- und Gattungskritik hat vorliegende Ergebnisse daraufhin zu prüfen, ob sie den folgenden methodischen Anforderungen gewachsen und damit durch ein oft implizit richtiges Vorgehen gewonnen sind. Jedenfalls ist die folgende methodische Grundlegung eher ein Programm als eine Beschreibung eines weitgehend geübten Verfahrens[92].

---

91 Vgl. O. Eissfeldt, Einleitung in das Alte Testament, 1964³, § 2–16; (E. Sellin-)G. Fohrer a.a.O. (Anm. 18) § 7–14.38–41.47.53; O. Kaiser, Einleitung in das Alte Testament, 1978⁴, § 5.6.23.27.32; A. Weiser, Einleitung in das Alte Testament, 1966⁶, § 6–9. Zur Sache vgl. Abschnitt II, 1c.

92 Als Beispiel einer formen- und gattungskritischen Untersuchung, die die entwickelten sprach- und literaturwissenschaftlichen Fragestellungen aufgreift, sei genannt: L. Markert, Struktur und Bezeichnung des Scheltworts. Eine gattungskritische Studie anhand des Amosbuches, 1977.

II. Methodik

Voraussetzung der Formen- und Gattungskritik ist, wie die Darlegungen zu Fragestellung und Aufgabe ergeben haben, daß eine Reihe von Texten literarkritisch abgegrenzt und gesondert und sprachlich analysiert ist.

1. Formenkritik[93]

a) *Strukturvergleich.* Die unter den beiden Aspekten Ausdruck und Bedeutung in der sprachlichen Analyse erarbeitete Struktur einer Einheit wird mit der Struktur anderer Einheiten verglichen. Dieser erste methodische Schritt soll durch die folgenden Textbeispiele[94] veranschaulicht werden.

α) I Reg 4,2–6: (2) Und dies waren seine obersten Beamten: Asarja, der Sohn Zadoks, war Priester, (3) und Elihoref und Ahia, die Söhne Sisas, waren Schreiber; Josafat, der Sohn Ahiluds, war der Kanzler; (4) Benaja, der Sohn Jojadas, war über das Heer gesetzt; ... (5) Asarja, der Sohn Natans, war über die Statthalter gesetzt; Sabud, der Sohn Natans, war der Vertraute des Königs; (6) Ahisar war Palastvorsteher und Adoniram, der Sohn Abdas, war oberster Fronvogt.

Die Einheit ist in eine Überschrift und mehrere aneinandergereihte, formal gleiche Daten (Personenname – *bn* – Personenname und Titel) gegliedert. Charakteristisch für diese Form ist das Fehlen von Sätzen, die Beschränkung auf bestimmte Wortklassen und deren gezielte Reihenfolge.

β) I Reg 2,9: Du aber laß ihn nicht ungestraft; denn du bist ein weiser Mann und du wirst wissen, was du ihm tun sollst, um seine grauen Haare blutbefleckt ins Totenreich hinunterkommen zu lassen.

Der Vers findet sich im Zusammenhang der letzten Anweisungen Davids an Salomo, die die Behandlung einiger Vornehmer betreffen. Folgender Aufbau ist erkennbar: Vetitiv[95] mit Begründung (*kî*) im

---

[93] S. Abschnitt II, 2b.

[94] Die folgenden Strukturbeschreibungen sind das kurzgefaßte Ergebnis der sprachlichen Analyse (§ 6). Vgl. zu α: W. Richter a. a. O. (Anm. 60) 110; zu β: W. Richter, Recht und Ethos. Versuch einer Ortung des weisheitlichen Mahnspruches, 1966, 51; zu γ: G. von Rad, Das erste Buch Mose (ATD), 1958[5], 209f.; zu δ: W. Richter, Recht und Ethos, 41ff.; zu ε: H.-J. Kraus, Psalmen (BK), 1978[5], 1111ff.

[95] *'l* mit Jussiv wird als Vetitiv, *l'* mit Imperfekt als Prohibitiv bezeichnet. Vgl. W. Richter, Recht und Ethos (Anm. 94), 71ff.

Nominalsatz; Fortführung durch Verbalsätze mit zwei Suffixkonjugationen (Perfekt). Dem Rat folgt eine strengere Anweisung. Die beiden Pronominalsuffixe der 3. pers. sg. weisen über den Vers hinaus (anaphorische Deixis). Redender (David) und Angeredeter (Salomo) sind nur durch den Kontext zu erschließen.

γ) Gen 22,20–23: (20) Nach diesen Begebenheiten wurde Abraham berichtet: Auch Milka hat deinem Bruder Nahor Söhne geboren: (21) Uz, seinen Erstgeborenen, und dessen Bruder Bus und Kemuel ..., (22) Kesed, Haso, Pildas, Jidlaf und Betuel; (23) ... Diese acht gebar Milka dem Nahor, dem Bruder Abrahams.

Sieht man von der redaktionellen Überleitung v. 20a und dem zusammenfassenden, bestätigenden Schlußsatz v. 23 ab, so besteht die Einheit aus einem einzigen Verbalsatz: Auf v. 20b als in sich verständlichem Erzählsatz folgt in v. 21f. eine Aneinanderreihung von acht Personennamen (zweimal mit Apposition), die syntaktisch als Akkusativobjekte konstruiert sind. Bezeichnend für diese Form ist die Satzbildung, die Beschränkung auf Eigennamen und deren gezielte Reihenfolge.

δ) Prov 23,10f.:

(10) Verrücke nicht die Grenze der Witwe
und dringe nicht ein in die Äcker der Waisen.
(11) Denn ihr Beschützer ist stark;
er wird ihre Sache wider dich führen.

Die Einheit ist gegliedert in zweimal zwei Sätze: v. 10 Vetitiv und Vetitiv, v. 11 Begründung. Ihre Sprache ist gehoben, sie setzt poetische Mittel ein (Parallelismus membrorum, Chiasmus, Metrum, zwei Langverse). Die Vetitive warnen vor einer Handlung in der Zukunft; die syntaktisch untergeordnete Begründung (*kî*) besteht aus einer zeitneutralen Feststellung und einer Ankündigung, die die Aussage mit der Warnung verbindet. Sprecher und Angesprochene sind nicht genannt.

ε) Ps 142:

(1) Maskil Davids, als er sich in der Höhle befand. Ein Gebet.
(2) Laut schreie ich zu Jahwe;
laut flehe ich zu Jahwe.
(3) Ich schütte meine Klage vor ihm aus,
tue kund vor ihm meine Not.
(4) Wenn mein Geist in mir verzagt ist,
du weißt meinen Pfad;
auf dem Weg, den ich wandle,
haben sie mir eine Schlinge gelegt.

(5) Ich blicke zur Rechten und schaue:
Niemand ist, der meiner achtet.
Verloren ist für mich die Zuflucht;
niemand fragt nach mir.
(6) Ich schreie zu dir, Jahwe,
ich spreche: Du bist meine Zuversicht,
mein Teil im Lande der Lebendigen.
(7) O merke auf mein Flehen;
denn ich bin gar schwach.
Errette mich vor meinen Verfolgern;
denn sie sind mir zu mächtig.
(8) Führe mich hinaus aus dem Kerker,
daß ich deinen Namen preise!
Die Gerechten werden sich um mich scharen,
wenn du mir Gutes erweist.

Ohne auf Einzelheiten der Form in diesem Rahmen eingehen zu können, sind folgende Beobachtungen festzuhalten: V. 1 stellt die Überschrift dar, die das in v. 2ff. redende Ich mit David identifiziert und die Situation angibt. Die Einheit ist metrisch geformt: Zehn Doppelzeiler (v. 2–5.7f.) und ein Dreizeiler (v. 6). Als poetische Mittel verwendet sie Parallelismus membrorum, Chiasmus u.a. V. 2ff. beginnt mit der Feststellung lauten Flehens des sprechenden Ich und nennt Jahwe als Angeredeten. Im Fortgang sind Vertrauensäußerung, Schilderung der Not, begründete Bitten um Jahwes Zuwendung und Eingreifen und bedingte Ankündigung als Elemente zu unterscheiden.

Überblickt man die fünf Textabschnitte, die je für sich eine Einheit bilden, so fällt zunächst ihre Verschiedenheit auf: Sie sind von unterschiedlicher Länge; sie sind z. T. prosaisch formuliert (α-γ), z. T. poetisch geformt (δ-ε); sie weisen je für sich stilistische Eigentümlichkeiten auf; sie reden jeweils von etwas anderem usw. Wenn die fünf Einheiten aber hinsichtlich ihrer Strukturmerkmale miteinander verglichen werden, so ergeben sich deutlich zwei Formengruppen mit je zwei strukturverwandten oder -gleichen Einheiten: α und γ stellen beide eine Aufreihung von Daten dar, β und δ verbinden eine Warnung bzw. Mahnung (Vetitiv) mit einer Begründung (*kî*-Satzeinleitung). Die Struktur der fünften Einheit (ε) hebt sich von diesen Strukturmustern deutlich ab und findet unter ihnen keine Parallele.

b) *Formengeschichte.* Zum Abschluß dieses ersten methodischen Schrittes stellt sich für den Exegeten die Frage, ob und wie die geringeren oder größeren Abweichungen der Strukturmuster einer Formengruppe erklärt werden können. Diese Frage, die zugleich den Versuch einschließt, eine vorläufige relative Chronologie der Formen einer Gruppe aufzustellen, ist allerdings nur im Rahmen einer größeren Untersuchung zu beantworten, die eine Vielzahl von literarkritisch bestimmten und sprachlich analysierten strukturähnlichen Einheiten zum Gegenstand hat. In der exegetischen Praxis des Studenten dagegen wird dieser methodische Schritt in der Regel nicht durchführbar sein.

2. *Gattungskritik*[96]

a) *Strukturvergleich.* Gegenstand des weiteren Vergleichs sind strukturgleiche oder -verwandte Einheiten, die literarisch unabhängig voneinander sind. Diese beiden Bedingungen, die Strukturverwandtschaft und die literarische Unabhängigkeit, sind Voraussetzung für die Behauptung einer Gattung. Denn eine den Einzelformen vorausliegende und sie prägende Größe kann nur dann mit Sicherheit angenommen werden, wenn 1. die Formen aufgrund ihrer nur geringfügigen Unterschiede zu einer Formengruppe zusammengefaßt werden können und 2. sie sich nicht als literarisch abhängig erweisen oder als Konstruktion, als Prägung eines Verfassers, erklärt werden können[97].

Ziel dieses Strukturvergleiches ist es, durch den Vorgang der Auswahl das allen diesen Einheiten Gemeinsame und für sie Typische festzustellen. Anders gesagt: Es soll das Strukturschema erkannt werden, das ihnen zugrunde liegt. Der Terminus „Schema" weist darauf hin, daß geprägte Strukturmuster als Zeichen zu verstehen sind, d.h. Gattungen sprachliche Zeigehandlungsschemata darstellen, wie oben ausgeführt wurde.

Der Strukturvergleich vollzieht sich als Auswahl, d.h. es werden die Einheiten einer Formengruppe daraufhin geprüft, welche Merkmale sich so häufig finden, daß sie als typisch bezeichnet werden können. Dabei sind beide Aspekte der sprachlichen Analyse, Ausdruck und Bedeutung, für den Vergleich relevant[98].

---

[96] S. Abschnitt II, 2b.

[97] Die Rahmenstücke im Richterbuch z.B. können zwar aufgrund ihrer Strukturverwandtschaft zu einer Formengruppe zusammengefaßt werden (vgl. [E. SELLIN–]G. FOHRER a. a. O. [Anm. 18] 230f.), solange aber nicht als Ausprägungen einer Gattung verstanden werden, als sich keine strukturverwandten und literarisch unabhängigen Einheiten außerhalb des Richterbuches finden lassen.

[98] Da Gattungen als sprachliche *Zeigehandlungs*schemata definiert worden

Zweckmäßigerweise geht man von der Frage nach der Gliederung der einzelnen Einheiten aus und vergleicht deren Aufbau und die Funktion der Aufbauglieder in der Einheit miteinander („äußere Struktur"). Hier ist besonders auf szenische Einschnitte, auf als Trenner oder Verbinder wirkende Elemente (grammatische Morpheme, Fragesätze usw.), auf Neben- und Unterordnung der Sätze, auf die Funktion der Nebensätze usw. zu achten. Die verwendeten Satzarten und deren Stellung und Funktion innerhalb der gegliederten Einheit, die syntaktische Funktion der Wörter und Wortgruppen (Verba: Klassifizierung, Tempora, Modi; Nomina: Klassifizierung, primärer oder beschreibender Gebrauch; Wendungen usw.) sind wichtige Kriterien für den Vergleich der „inneren Struktur". Für die „Bedeutung" der Gattung ist auch der Vergleich der Wörter und Wortgruppen hinsichtlich semantischer Gesichtspunkte notwendig. Welche Wörter oder Formulierungen fallen auf? Lassen sich geprägte Wendungen, Formeln oder Leitwörter feststellen? Welche Funktion und welche Bedeutung kommen ihnen zu? Die Antworten auf diese Fragen können wichtige Aufschlüsse über die Handlungen geben, auf die die Gattungen verweisen. Der Vergleich der Stile der einzelnen Formen (kurze oder kompliziert gebaute Sätze; Satzarten, Wortarten; übertragener Gebrauch; Stilfiguren, Parallelismus membrorum; Rhythmus usw.) führt oft zur Erkenntnis eines charakteristischen Stils, eines „Gattungsstils", der die Beschreibung des Strukturschemas zu ergänzen vermag.

Wendet man nun die hier dargestellten Gesichtspunkte auf die oben eingeführten Textbeispiele α-ε an, so ist zunächst festzustellen, welche der Textbeispiele den beiden Bedingungen – der Strukturverwandtschaft wie der literarischen Unabhängigkeit – genügen. Die erste Voraussetzung erfüllen, wie die Formenkritik ergeben hat, die Einheiten α und γ bzw. β und δ. Für ε liegt keine strukturverwandte oder -gleiche Einheit vor. Daher kann in diesem Fall eine Gattungsbestimmung aufgrund des hier vorgelegten Textmaterials nicht versucht werden. Die zweite Voraussetzung zur Annahme einer Gattung erfüllen alle Ein-

---

sind, ist nicht nur die Ausdrucks-, sondern auch die Bedeutungsseite in der Gattungsbestimmung von Belang. Dies ist gegenüber Einwänden festzuhalten, hier werde unerlaubterweise ein inhaltlicher Gesichtspunkt eingeführt (so z. B. H. SCHWEIZER a. a. O. [Anm. 81] 38 Anm. 8). Offensichtlich ist dabei nicht genügend die Unterscheidung von Ausdruck, Bedeutung und Inhalt beachtet worden, wie sie in der sprachlichen Analyse (§ 6) getroffen worden ist.

heiten: Sie stammen aus verschiedenen literarischen Werken, die nicht voneinander abhängen[99]. Somit können die beiden Formengruppen α, γ und β, δ auf ihre Gattung hin geprüft werden.

Es sind also jeweils die beiden strukturverwandten Formen nach den in diesem Abschnitt dargestellten Gesichtspunkten zu vergleichen. Trotz mancher Abweichungen lassen sich typische Strukturmerkmale erkennen. Ohne auf Einzelheiten einzugehen, können die Strukturmuster der fraglichen Textbeispiele folgendermaßen beschrieben werden: α und γ zählen unter einem bestimmten und angegebenen Gesichtspunkt Personen auf; auf Satzbau ist fast völlig verzichtet. Die beiden Formen stellen eine Aufreihung von Daten dar, deren Funktion in der Information liegt. β und δ bestehen aus zwei Gliedern. Das erste stellt eine Mahnung oder Warnung (Vetitiv) dar, das zweite gibt einen Grund (*kî*) an.

In einer monographischen Untersuchung müßten diese beiden geprägten Strukturmuster nunmehr jeweils mit Hilfe eines Vergleichs mit weiteren strukturverwandten oder -gleichen Formen kontrolliert, eventuell korrigiert und präzisiert werden. Gleichzeitig wären die Abwandlungen des Strukturschemas zu prüfen und auf ihre Erklärbarkeit zu untersuchen. Der synchrone Aspekt wäre durch den diachronen Aspekt zu ergänzen.

In diesem Zusammenhang ist auf die Erscheinung hinzuweisen, daß sich in manchen Fällen eine Gattung (dann *Gliedgattung* genannt) als Bestandteil einer anderen Gattung (dann als *Rahmengattung* bezeichnet) erweist[100]. So ist die Gattung des Textbeispieles β I Reg 2,9 (ähnlich das Lied Jos 10,12f.) Gliedgattung der Rahmengattung Erzählung.

b) *Zur Gattungsbestimmung in der wissenschaftlichen Praxis.* Im Unterschied zu der hier dargestellten Methodik erfolgt die Gattungsbestimmung in der Praxis des wissenschaftlichen Alltags gewöhnlich so, daß eine vorliegende, literarkritisch bestimmte Einheit zunächst sprachlich analysiert und sodann hinsichtlich ihrer Struktur mit den

[99] Vgl. hierzu die Ergebnisse der Einleitungswissenschaft.

[100] S. K. Koch a. a. O. (Anm. 88) 29ff. – Anders C. Hardmeier, Texttheorie und biblische Exegese. Zur rhetorischen Funktion der Trauermetaphorik in der Prophetie (BEvTh 79), 1977, 290 Anm. 47, der diese Unterscheidung nur im Blick auf größere Textkomplexe (Sammlungen, Geschichtswerke usw.) anwenden möchte, sie aber im Falle der einzelnen Texteinheit ablehnt („Eine Texteinheit kann nur das Exemplar *einer* Gattung sein."). Er übersieht, daß auch die einfache Einheit durchaus so komplexer Art sein kann, daß sich in ihr verschiedene Gattungen ausprägen.

Gattungen verglichen wird, die die alttestamentliche Forschung bisher erarbeitet und in den Einleitungswerken beschrieben hat. Allerdings sind diese Gattungsbestimmungen nicht auf moderner sprachwissenschaftlicher Grundlage entstanden, so daß ihre Übernahme nur kritisch geschehen kann und nur insoweit gerechtfertigt erscheint, als die Gattungsforschung die durch die moderne Sprachwissenschaft sich ergebenden neuen Fragestellungen noch nicht allgemein aufgenommen hat[101].

c) *Gattungsbezeichnung.* Der Vergleich strukturverwandter, literarisch unabhängiger Einheiten hat auf ein Strukturschema geführt, das jeweils durch bestimmte Merkmale definiert ist. Um die Verständigung in der Forschung zu erleichtern, werden für die einzelnen geprägten Strukturmuster, also für die Gattungen, Bezeichnungen eingeführt. Der jeweils gewählte Terminus ist aber nicht die Sache selbst, sondern steht für die Sache. Er bezeichnet das Strukturschema, das einer bestimmten Formengruppe im angegebenen Sinn zugrunde liegt. Der Terminus an sich läßt also keine Schlüsse für die Gattung, ihren Sitz im Leben, ihre Funktion usw. zu. „Gegenstand weiterer Fragen bleibt ... die Formengruppe und deren Strukturmuster, Gegenstand wird nicht die Gattungsbezeichnung."[102]

Da die alttestamentliche Literatur nur in seltenen Fällen eigene Gattungsbezeichnungen vorschlägt (z.B. *t^epillā* „Bitte, Gebet"; *t^ehillā* „Loblied"; *mašal* „Spruch, Gleichnis"), sind neue Bezeichnungen geprägt oder aus der Literaturwissenschaft übernommen worden (z.B. Drohwort, Scheltwort, Sage, Sentenz, Trinklied). Zweckmäßigerweise geht man von diesen bisher gebräuchlichen Bezeichnungen aus und sucht die der Gattung am nächsten kommende aus. So wird z.B. die Gattung der Formengruppe α, γ „Liste" und der Formengruppe β, δ „Mahnspruch" genannt. In manchen Fällen werden sich die bisherigen Bezeichnungen als unzutreffend oder irreführend erweisen. Dann ergibt sich die Notwendigkeit, neue Bezeichnungen zu prägen.

Als Termini der Wissenschaftssprache sind Gattungsbezeichnungen exemplarisch und mit Prädikatorenregeln einzuführen[103]. Folgende Gesichtspunkte sollten dabei berücksichtigt werden:

1. Die umgangssprachliche Verwendung der Bezeichnung, genauer: ihres Lexems, sollte Beachtung finden, damit keine falschen Assoziationen geweckt werden.

---

101 Vgl. Abschnitt I.

102 W. Richter a.a.O. (Anm. 60) 140.

103 S. W. Kamlah–P. Lorenzen a.a.O. (Anm. 59) 70ff.

2. Die Bezeichnung sollte nicht zu allgemein oder blaß gewählt werden, sondern sollte für die wissenschaftliche Diskussion anregend sein. So wäre z. B. „Lied“ zwar als systematisierender Oberbegriff für verschiedene Liedgattungen, wie das Lob-, Dank-, Klagelied usw., geeignet, nicht aber als Gattungsbezeichnung sinnvoll, da durch einen solchen Terminus keine Impulse zur Theoriebildung vermittelt würden.

3. Die Bezeichnung sollte die situationstypische Verwendung der Gattung, ihren Sitz im Leben, erkennen lassen. In diesem Falle käme ihr Aussagegehalt zu.

4. Sie sollte eindeutig und nicht von einer aktuellen Redesituation abhängig sein.

d) *Sitz im Leben*

α) Die Gattungen wurden als sprachliche Zeigehandlungsschemata verstehen gelehrt, denen eine vereinbarte Anwendungsmöglichkeit entspricht. Damit wurde auch zum Ausdruck gebracht, daß Gattungen sich von Lebensvorgängen herleiten, in deren Rahmen sich bestimmte sprachliche Äußerungen herausgebildet haben, d. h. jeweils auf bestimmte Handlungsabläufe verweisen, die sich in typischer Art und Weise wiederholen. Die aktuellen Situationen, auf die diese Handlungen zurückgehen, sind in wesentlichen Punkten vergleichbar und damit gewissermaßen auf eine typische Situation zurückzuführen. Diese Situation, durch einen Abstraktionsvorgang gewonnen, heißt „Sitz im Leben“. Der Gattung als typischer Sprachform entspricht also der Sitz im Leben als typische Situation. Anders gesagt: Der Terminus „Sitz im Leben“ bezeichnet den sozio-kulturellen Situationsbereich, in dem eine Gattung wurzelt und auf den sie zurückverweist (Gattungskritik als Literatursoziologie).

So gehört der Reklamebrief dem modernen Wirtschaftsleben zu, das in der westlichen Welt mehr oder minder von Angebot und Nachfrage geregelt wird. Eine Firma verschickt einen solchen Brief, um Käufer für eine bestimmte Ware zu gewinnen. Der Sitz im Leben eines Reklamebriefs ist also die Marktwerbung eines Unternehmens. Anders die Predigt. Ihr Sitz im Leben ist der christliche Gottesdienst, in dem ihr ein bestimmter Platz zukommt. Ein Kondolenzbrief weist auf einen Todesfall als vorausgesetzte Situation hin und dient dazu, die Anteilnahme des Schreibers an der Trauer über den Tod auszudrücken.

Die Beispiele, die beliebig vermehrt werden könnten, machen deutlich, wie eine Gattung in einem Lebensvorgang so verwurzelt und mit einer gesellschaftlichen Gegebenheit so verbunden ist, daß sie mit deren Wiederholung auch selbst wieder verwendet wird. Doch entspricht einem Sitz im Leben nicht nur jeweils *eine* Gattung. Marktwerbung kann auch durch Radio- oder Fernsehsendungen oder durch Plakate an Litfaßsäulen getrieben werden. Zu einem Gottesdienst gehören nicht nur die Predigt, sondern auch Gebete oder Lieder. Ein Todesfall schließlich kann auch verschiedene Gattungen freisetzen: eine Traueranzeige wie einen Kondolenzbrief, eine Beerdigungsansprache wie einen Nachruf. So ist zwar einer Gattung nur *ein* Sitz im Leben eigentümlich, aber in der Regel nicht umgekehrt einem Sitz im Leben nur *eine* Gattung. Vielmehr stehen in einem bestimmten Situations- bzw. Interaktionsbereich (Sitz im Leben) mehrere Gattungen als Handlungsschemata für typische Handlungen zur Verfügung.

β) Wie kann der Sitz im Leben einer Gattung erkannt werden? Diese Frage, der sich die folgenden Überlegungen zuwenden, soll in einem Doppelschritt beantwortet werden.

1. Zunächst sind alle Formen zu befragen, die als individuelle Ausprägungen einer bestimmten Gattung erkannt sind: „Wer ist es, der redet? Wer sind die Zuhörer? Welche Stimmung beherrscht die Situation? Welche Wirkung wird erstrebt?"[104] Ziel dieses Schrittes ist es, die konkrete Redesituation zu erheben. Um falsche oder zumindest voreilige Schlüsse zu vermeiden, ist dabei der literarische Kontext auszublenden.

Die Antworten auf diese Fragen sind kritisch miteinander zu vergleichen; gemeinsame sich wiederholende Elemente sind festzustellen. Der Unterschied zwischen der Form als Ergebnis der sprachlichen Analyse eines Einzeltextes und der Gattung als Texttypus verbietet zwar, diese Beobachtungen ohne weiteres zu verallgemeinern, doch lassen sich Tendenzen ablesen und erste Hinweise auf den Sitz im Leben der Gattung gewinnen. Nur im Ausnahmefall kann der Vergleich der konkreten Redesituationen allein die typische Situation erschließen.

2. Sodann sind die in den entsprechenden Einheiten vorkommenden typischen Wendungen, Formeln und deren Horizont zu vergleichen. Die Funktion der Texteinheiten und ihr Horizont, damit auch ihre Bedeutung, sind die entscheidenden Kriterien zur Bestimmung des Sitzes im Leben.

Die Kenntnis der sozio-kulturellen Bedingungen und Gegebenheiten in Israel und im Alten Orient, der Religions-, Sozial-, Wirtschafts-, Rechtsgeschichte usw., ist in diesem Zusammenhang besonders notwendig. Doch sollte man dabei die Bindung von Gattungen an bestimmte Institutionen, z. B. rechtlicher und kultischer Art, nicht über-

[104] H. GUNKEL, Reden und Aufsätze, 1913, 33.

schätzen. Statt dessen ist damit zu rechnen, daß man häufig über Vermutungen nicht hinauskommt und damit eine sichere Zuordnung einer Gattung zu ihrem bestimmten Sitz im Leben nicht möglich ist[105].

e) *Funktion und Intention.* Diese Schwierigkeiten hängen z.T. mit der Tatsache zusammen, daß eine Gattung oft nicht ihrem Sitz im Leben gemäß gebraucht wird und somit zwischen dem ursprünglichen „Sitz im Leben" und dem „Sitz in der Rede bzw. Literatur" bzw. zwischen der Gattung und ihrer *Funktion* im Text zu unterscheiden ist. Am 5,1–3 als Beispiel soll diese Beobachtung verdeutlichen[106]:

(1) Hört dieses Wort, das ich als Totenklage über euch
anstimme, Haus Israel:
(2) Gefallen ist, nicht steht mehr auf,
die Jungfrau Israel,
liegt hingestreckt auf ihrem Boden,
niemand hilft ihr auf.
(3) Denn so hat Jahwe gesprochen:
Die Stadt, die als Tausendschaft ausrückt,
behält Hundert übrig,
und die als Hundertschaft ausrückt,
behält Zehn übrig.

In Am 5,2 liegt als Gattung ein Leichenklagelied vor, das seinen Sitz im Leben wohl an der Totenbahre eines Menschen hat. Hier wird es zwar auf den Untergang eines Volkes bezogen, doch weisen der Tod eines Einzelmenschen und ein solcher Untergang typische Gemeinsamkeiten auf, die besonders dort auffallen, wo ein Volk – wie in Am 5,2 – im Bild einer Frau vorgestellt wird. Man spricht in diesem Fall, wo eine Gattung in einem ihrem ursprünglichen Sitz im Leben so eng verwandten Situationsbereich gebraucht wird, nicht von einem Wechsel, sondern von einer Erweiterung oder Verallgemeinerung des ursprünglichen Sitzes im Leben; denn die Gattung wird auch dann noch ihrer typischen Anwendungsmöglichkeit entsprechend verwendet (*funktionstypische* Anwendung).

---

[105] Es ist K. BERGER zuzustimmen, wenn er darauf hinweist, daß 1. statt der wenigen „Sitze im Leben" mit Institutionscharakter eine Vielzahl von möglichen Bereichen sozialer Aktivität anzunehmen ist, 2. diese Bereiche nicht deduktiv festgelegt sind, sondern Hypothesen von begrenzter Allgemeinheit über die sozio-kulturellen Verhältnisse zur Zeit des Alten Testaments darstellen (Exegese des Neuen Testaments, 116f.).

[106] Zur Sache und Terminologie s. H. W. HOFFMANN, Form-Funktion-Intention, ZAW 82 (1970), 341–346.

Wenn aber Am 5,1–3 von Amos stammt, wie allgemein angenommen wird, dann kann von einem tatsächlich geschehenen Untergang Israels keine Rede sein. Im Gegenteil, Israel steht zur Zeit dieses Propheten gerade auf einem Gipfel politischer und wirtschaftlicher Erfolge. Diese Feststellung genügt schon, um zu erkennen, daß die in Am 5,2 vorliegende Gattung des Leichenklageliedes nicht ihrer eigentlichen Funktion entsprechend angewendet ist (*funktionsatypische* Anwendung)[107], da der hier vorausgesetzte Situationshintergrund sich nicht mit dem ursprünglichen Sitz im Leben zur Deckung bringen läßt. Die aus gattungskritischen Überlegungen sich ergebende Frage, ob eine Gattung in einem bestimmten Kontext funktionstypisch oder -atypisch verwendet ist, erweist sich damit als besonders wichtig, da ihre Beantwortung zum Verständnis der Aussage eines Textabschnittes unerläßlich ist.

Von dieser Frage nach der typischen bzw. konkreten Funktion einer Gattung ist die nach der Absicht oder Intention des Sprechers zu unterscheiden. Auf das Beispiel Am 5,1–3 angewendet: Warum oder wozu kündigt Amos Unheil an? Will der Prophet Israel lediglich von dem bevorstehenden Gericht in Kenntnis setzen? Oder will er das Volk vor dem Unheil warnen und zur Umkehr mahnen?

Zwar liefern die sprachliche Analyse und die Formen- und Gattungskritik erste Hinweise für die Absicht, die ein Redender mit einem Wort verfolgt, doch können sie die Frage nach der Intention nicht abschließend beantworten. Erst die zusammenfassende Exegese, die den Ertrag aller methodischen Schritte zu verdichten sucht und den „Inhalt“ der Einheit formuliert, wird eine Antwort wagen können. Doch wird es auch dann in manchen Fällen bei Vermutungen bleiben müssen, da der Kontext im Sinne der aktuellen Redesituation und ihrer Voraussetzungen oft nicht eindeutig rekonstruierbar ist. In diesem Zusammenhang sollte lediglich auf den Sachverhalt und die notwendige Unterscheidung von Funktion und Intention hingewiesen werden[108].

f) *Gattungsgeschichte (und weitere Fragestellungen).* Eine Gattung wird, wie schon festgestellt wurde, literarisch oft nicht ihrem ursprüng-

---

107 Der politisch-religiöse wie der literarische Kontext von Am 5,1–3 machen es wahrscheinlich, daß das Leichenklagelied hier die Funktion der Unheilsankündigung hat.

108 In der Regel werden Funktion und Intention weder sachlich noch terminologisch voneinander abgehoben. Vgl. noch H. Barth-O. H. Steck, Exegese des Alten Testaments, 1972[3], 65.

lichen Sitz im Leben entsprechend verwendet. Vielmehr kann sich die Situation, in der die Gattung gebraucht wird, durch die Literaturwerdung in vielfacher Weise ändern; man redet dann vom „Sitz in der Literatur". Ist eine solche Änderung der sozio-kulturellen Bedingungen bereits im vorliterarischen Stadium zu beobachten, so kann man vom „Sitz in der Rede" sprechen. Solchen und ähnlichen Erscheinungen nachzugehen und die damit verbundenen Änderungen der Funktion der Gattung zu untersuchen, stellt sich als Aufgabe der Gattungsgeschichte.

Damit ist schon das Problem angesprochen, das mit der Verschriftung von mündlicher Rede gegeben ist. Hier ist zwar nicht der Platz, auf die Frage der mündlichen Überlieferung einzugehen – diese Aufgabe stellt sich der Überlieferungskritik –, doch soll auf die Problematik der Verschriftung für die Gattungskritik nachdrücklich hingewiesen werden, da deren Bedeutung bisher nicht genügend gewürdigt wurde.

So ist im Einzelfall jeweils genau zu prüfen, ob bestimmte Stilelemente, die sich nicht als Eigenart des Sprechers erwiesen haben, als charakteristisch für die Gattung anzusehen sind oder sich aufgrund der Verschriftung erklären lassen.

Schließlich ist noch auf die Unterscheidung von *originärer* und *nachgeahmter* Gattung hinzuweisen[109]. Die originäre Gattung kann meist als mündlich vorgegeben angenommen werden. Bei der nachgeahmten Gattung – sie ist in der Regel literarisch verfaßt – wird fiktiv das Strukturschema einer originären Gattung übernommen, d. h. es wird die typische Situation (Sitz im Leben) fingiert, auf die sie verweist.

III. Ergebnisse

1. Das Schaubild soll die in diesem Paragraphen erläuterten methodischen Schritte graphisch darstellen und ihre Zusammenhänge aufweisen.

Je nachdem, wie weit der Abstraktionsvorgang in der Gattungsbe-

---

109 W. Richter (a. a. O. [Anm. 60] 139. 143. 148) spricht in bezug auf den beschriebenen Sachverhalt von „primärer" und „konstruierter" Gattung. Als Beispiele nennt er u. a. Jdc 6,36–40; 7,2–8 („konstruierte prophetische Erzählungen", mit deren Hilfe Gideon in seinem Auftreten als Prophet dargestellt wird).

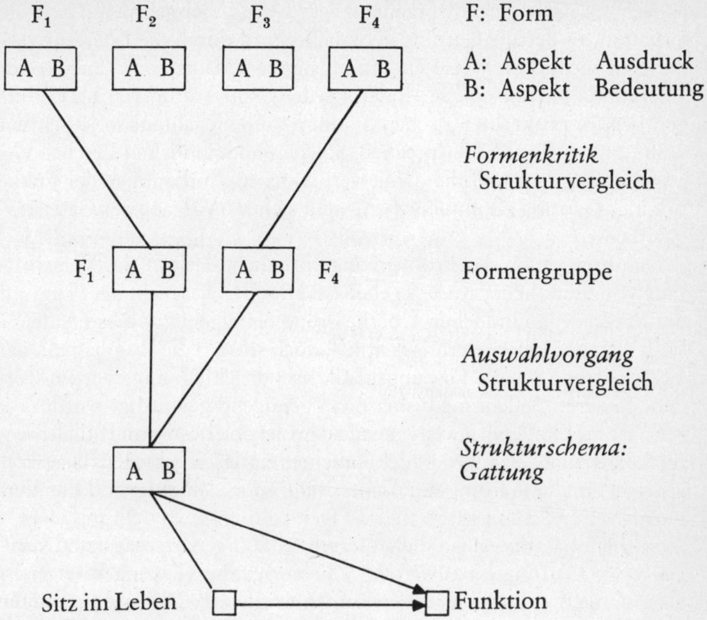

stimmung vorangetrieben wird, kann man als oberste Gattungen mit allgemeinsten Strukturregeln „Prosa" und „Poesie" erhalten. Je mehr Formen eine Gattung umfassen soll, desto allgemeiner und theoretischer wird sie. So kann z.B. folgende Hierarchie aufgestellt werden: Klagelied des einzelnen – Klagelied – Lied – Lyrik – Poesie. Es ist deutlich, wie mit jeder höheren Stufe der Abstraktion die Gattung allgemeiner und blasser wird. Gattungen finden sich also auf verschiedenen Ebenen der Abstraktion, die jeweils anzugeben sind. In der Regel sollte der Abstraktionsvorgang auf ein Minimum beschränkt werden, damit die Gattungen nicht zu platt oder nichtssagend werden.

2. Die Formen- und Gattungsgeschichte weisen auf Differenzierungen und Übergänge zwischen den Formen bzw. Gattungen hin. Sie befassen sich aber nicht mit der Frage, ob eine Form oder die nach den literarischen Quellen älteste Gestalt einer Gattung Vorformen aufgewiesen haben.

Die Gattungsgeschichte läßt die Modifikationen der Gattung und damit entsprechend die verschiedenen Modifikationen des Sitzes im Leben einer Gattung erkennen.

3. Mit der Bestimmung der Gattung, ihres Sitzes im Leben und ihrer Anwendung (Funktion) im Textzusammenhang ist ein weiterer Schritt auf Eindeutigkeit hin getan.

4. Die Formen- und Gattungskritik nehmen kein theologisches Werturteil vorweg. Sie sind nicht das grundlegende noch alleinige Prinzip der alttestamentlichen Exegese, sondern eine Methode unter anderen.

§ 8 Motiv- und Traditionskritik

I. Fragestellung und Aufgabe

Wie § 7 befaßt sich auch § 8 mit dem in einer Einheit enthaltenen geprägten Gut, allerdings nicht mit geprägten Strukturen (so § 7), sondern mit *geprägten Bedeutungssyndromen.* Was ist unter einem Bedeutungssyndrom zu verstehen? Der Terminus „Bedeutung" faßt – so wurde oben dargelegt – alle Gegenstände und Sachverhalte zusammen, die ein Zeichen oder eine Zeichengruppe zu verstehen geben *können* (was sie be-deuten *können*). Jedes einzelne Zeichen deutet auf etwas hin, hat also eine Bedeutung. Häufig allerdings handelt es sich dabei um ein Bedeutungsspektrum (vgl. § 6). So kann das Wort „Schloß" Verschiedenes bedeuten. Daß es sich in einem konkreten Fall um das Schloß als Gebäude und nicht um das Schloß zum Verschließen der Tür handelt, geht aus dem Zusammenhang hervor, in dem das Wort steht. Der Ausschnitt aus dem Bedeutungsspektrum, den ein Zeichen oder eine Zeichenkombination zu verstehen geben *sollen*, wird Inhalt genannt. Die Bestimmung des Inhalts einer Einheit ist eines der Ziele der gesamten Exegese, also erst nach Anwendung aller exegetischen Methoden möglich. Allerdings wurde die Bedeutung der Einheit und der einzelnen Bedeutungsträger, aus denen sie zusammengesetzt ist, in den bisherigen Schritten schon in Richtung auf ihren Inhalt hin eingeengt.

Bedeutungsträger sind die einzelnen Morpheme und die Morphemkombinationen: Wörter, Wendungen, Sätze, Abschnitte, Einheiten usw. Oft haben Morphemkombinationen eine gemeinsame Bedeutung, für die die Bedeutungen der einzelnen Morpheme keine Rolle mehr spielen (vgl. etwa das Wort „Buchstabe"). Bei der Bedeutung anderer

Morphemkombinationen ist die Bedeutung einzelner Morpheme oder kleinerer Morphemkombinationen noch bewußt. Das ist z. B. bei dem Wort „Haustür“ der Fall, oder bei dem Satz: „Gott sprach: Es werde Licht“. Die Bedeutungen der Morpheme „Haus“ und „Tür“ bzw. „Gott“, „sprach“, „Licht“ haben hier noch eigenes Gewicht. Im folgenden wird die Bedeutung einer Morphemkombination, bei der die Bedeutung einzelner Morpheme oder kleinerer Morphemkombinationen noch bewußt ist, als Bedeutungssyndrom bezeichnet. Schematisch läßt sich die Zusammengesetztheit der Bedeutung einer Einheit folgendermaßen darstellen:

Morpheme und kleinere Morphemkombinationen	Bedeutungen	Bedeutungssyndrome			
		Bedeutung einzelner Wörter	Bedeutung von Wendungen	Bedeutung von Abschnitten	usw.

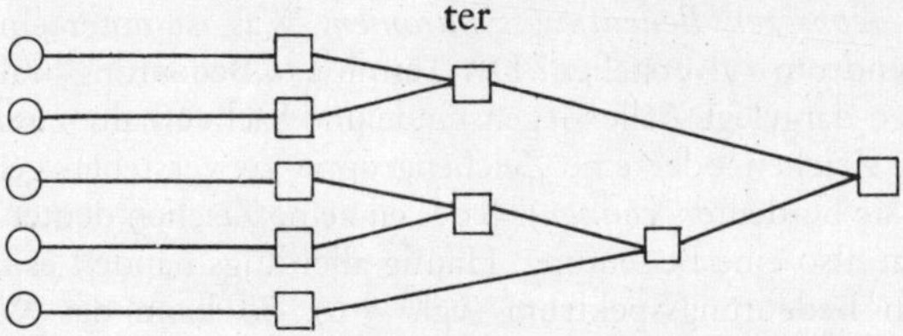

Für viele Situationen hält die Sprache geprägte Bedeutungssyndrome bereit. Dies zeigt sich schon im Bereich des Alltäglichen: Das Gespräch mit jemandem, der aus dem Urlaub zurückgekehrt ist, enthält meist die Frage nach dem Wetter. Einen Krankenbesuch beginnt man häufig mit der Frage: Wie fühlen Sie sich denn? o.ä. Das Kind, das eben in die erste Schulklasse gekommen ist, wird sich von seiten der Erwachsenen öfter mit der Frage konfrontiert sehen, wie es ihm gefalle. Die Beispiele ließen sich vermehren. Für fast alle Sprachsituationen gibt es einen Fundus geprägter Gedanken und Themen: für Verabschiedungen und Begrüßungen, für Gratulationen und Beileidsbezeigungen, für Reden zu den verschiedensten Anlässen, für Urlaubsgrüße und Lebensläufe.

Besonders zu erwähnen ist die Fülle von Bildern, die unsere Sprache zur Verfügung stellt, um einen Sachverhalt treffend auszudrücken. Ein Beispiel sei erwähnt: Will man von jemandem sagen, er habe sich auf eine Tätigkeit eingelassen, die über ihn selbst Gewalt bekommen habe, so daß er sich ihr nicht mehr entziehen kann, so kann dieser ganze Sachverhalt durch das von GOETHES Gedicht her bekannte Bild zum Ausdruck gebracht werden: Er wird die Geister, die er rief, nicht mehr los. Nun könnte man hier freilich einwenden, daß eine Sprache aus lauter geprägten Elementen besteht, so daß jedes Bedeutungssyndrom infolge der in ihm enthaltenen geprägten Elemente (Zeichen) ebenfalls geprägt sei. Diese allgemeine Geprägtheit der gesamten Sprache ist im vorliegenden Zusammenhang nicht gemeint. Bei den geprägten Bedeutungssyndromen, nach denen in der Motiv- und Traditionskritik gefragt wird, handelt es sich vielmehr um Aussagezusammenhänge, deren Geprägtheit unterhalb der Ebene der allgemeinen Geprägtheit einer Sprache liegt. Aus diesem Grund ist also nicht jedes „und er sprach" ein geprägtes Bedeutungssyndrom im hier gemeinten Sinn. Denn wenn im Erzählzusammenhang vom Sprechen einer Person berichtet wird, sind Ausdrücke wie „und er sprach", „und er erzählte" usw. Ausdrucksweisen auf der allgemeinen Ebene sprachlicher Geprägtheit. Anders ist dies z. B., wenn erzählt wird, daß Jahwe im Traum zu einem Menschen geredet habe.

Die geprägten Bedeutungssyndrome, die sich in der alttestamentlichen Literatur finden, lassen sich in zwei große Gruppen einteilen: *Motive* und *Traditionen*.

Der Ausleger des Alten Testaments steht damit vor folgenden Fragen:

1. Anhand welcher Kriterien läßt sich erkennen, ob in einer Texteinheit geprägte Bedeutungssyndrome vorliegen und um welche Art von geprägten Bedeutungssyndromen es sich handelt?
2. Auf welche Weise kann die Geschichte eines geprägten Bedeutungssyndroms erhoben werden (diachroner Aspekt)?
3. Wie läßt sich die Funktion eines geprägten Bedeutungssyndroms in der vorliegenden Einheit bestimmen?

Eine Beantwortung dieser Fragen ist aus zwei Gründen für das Verständnis einer Texteinheit von Wichtigkeit. Erstens erhellt sie den sozio-kulturellen Hintergrund, auf dem die Texteinheit zu sehen ist. Zweitens können in der Verwendung eines geprägten Bedeutungssyndroms die Eigenart einer Texteinheit und die Absicht ihres Verfassers sichtbar werden.

Bevor eine Beantwortung der oben gestellten drei Fragen versucht wird, müssen die Termini „Motiv" und „Tradition" geklärt werden[110].

---

110 Trotz der von H. BARTH–O. H. STECK a. a. O. (Anm. 76) 79 Anm. 129

1. Klärung des Terminus „Motiv"

Unter einem Motiv wird in diesem Buch ein frei umlaufendes, d. h. nicht mit einem bestimmten Personenkreis verbundenes, geprägtes Bedeutungssyndrom verstanden, das ein Verfasser aus verschiedenen Gründen aufgreifen kann. Häufig handelt es sich um *geprägte Bilder.* Sie werden verwendet, wenn ein Verfasser sich poetisch-plastisch ausdrükken will. Andere Motive – wie z. B. das Motiv der feindlichen Brüder (Kain/Abel; Jakob/Esau) lassen sich als *geprägte Themen* bezeichnen. Schließlich finden sich bei der Darstellung größerer Geschehenszusammenhänge Details, deren Geprägtheit sich wahrscheinlich machen läßt (z. B. die anfängliche Weigerung des Menschen in manchen Berufungsgeschichten). In diesem Fall sprechen wir von *geprägten Zügen.* Die verschiedenen Arten von Motiven (geprägte Bilder, geprägte Themen, geprägte Züge) sollen nun noch an einigen Beispielen erläutert werden.

a) Geprägtes Bild

Ein geprägtes Bild ist ein geprägtes Bedeutungssyndrom, das seinerseits auf ein Bildthema[111] hindeutet, im Hörer oder Leser die Assozia-

---

festgestellten terminologischen Übereinstimmung, weicht das hier vorgetragene Verständnis der Aufgabe der Motiv- und Traditionskritik wesentlich von dem ab, was nach H. Barth-O. H. Steck a. a. O. 77–83 Aufgabe der traditionsgeschichtlichen Fragestellung ist. Nach H. Barth–H. O. Steck a. a. O. 81 ist es die Aufgabe der traditionsgeschichtlichen Fragestellung, die „geistige Welt" eines Verfassers zu erhellen, seine „Weltsicht mit ihren einzelnen Denkmustern", seine „religiöse(n) und theologische(n) Überzeugungen", den „Schatz an Wissen und Kenntnissen, der einem Verfasser als Bestandteil seiner Bildung zur Verfügung steht". Es dürfte ein unbestrittenes Fernziel jedes Interpreten des Alten Testamentes sein, eine Ahnung von der „geistigen Welt" zu gewinnen, in der die Verfasser des Alten Testamentes dachten und schrieben. Es fragt sich jedoch, ob es empfehlenswert ist, ein umfassendes Bild der geistigen Welt des Alten Testamentes vorauszusetzen und dann zu fragen, wie sich ein konkreter Text in sie einfügt und sich von ihr her verstehen läßt. Es besteht dabei die große Gefahr, daß pauschale Hypothesen die Begegnung mit dem einzelnen Text verstellen. Der im vorliegenden Buch vorgeschlagene Weg ist deshalb dem von H. Barth–O. H. Steck eingeschlagenen entgegengesetzt: Es wird nicht von einem umfassenden Bild der geistigen Welt her auf den Einzeltext geblickt. Ausgangspunkt ist vielmehr der Einzeltext. Er wird daraufhin befragt, ob er über sich selbst hinaus auf vorgegebene geprägte Bedeutungssyndrome weist. Auf diesem Wege läßt sich dann vielleicht auch ein Einblick in die geistige Welt eines Verfassers gewinnen.

[111] Ein Bildthema ist also ein auf indirekte Weise ausgedrücktes Thema – im Unterschied zu einem Thema, das durch eine Morphemkombination direkt zum Ausdruck gebracht wird.

tionen an dieses Thema weckt und dieses somit signalisiert. Es liegt also ein doppeltes Bedeutungsverhältnis vor: Eine Morphemkombination deutet auf ein Bedeutungssyndrom, und dieses deutet – falls es sich um ein geprägtes Bild handelt – wieder auf ein bestimmtes Bildthema. Einige Beispiele sollen dies verdeutlichen:

α) *Vergleich des Menschen mit der welkenden Blume.* Dieser Vergleich findet sich z. B. in folgenden beiden alttestamentlichen Texten:

Der Mensch: wie Gras ist sein Leben.
Wie die Blumen im Feld, so blüht er.
Doch der Wind geht darüber, schon sind sie nicht mehr
und nicht kennt sie mehr ihre Stätte. (Ps 103,15f.)

Der Mensch: von der Frau geboren,
lebt kurze Zeit, unruhesatt.
Wie eine Blume blüht er auf – und welkt,
flieht wie ein Schatten und hat nicht Bestand. (Hi 14,1f.)

Bildthema ist hier die Vergänglichkeit des menschlichen Lebens. In Hi 14,1f. wird dieses Thema noch durch einen anderen Vergleich ausgedrückt: den Vergleich des Menschen mit dem Schatten. Auch hierbei handelt es sich nicht um eine einmalige Ausdrucksweise des Hiobdichters, sondern um ein geprägtes Bild. Dies zeigt sich daran, daß sich dasselbe Bedeutungssyndrom zur Beschreibung desselben Themas „Vergänglichkeit des menschlichen Lebens" noch in einer anderen Einheit findet:

Der Mensch: dem Windhauch gleicht er.
Seine Tage: ein flüchtiger Schatten. (Ps 144,3)

Dasselbe Thema wird hier also durch die Verwendung von zwei verschiedenen geprägten Bildern dargestellt. Eine Durchsicht der Psalmen würde ergeben, daß es sich auch beim Vergleich des Menschen mit dem Windhauch um ein geprägtes Bild handelt.

β) *Bezeichnung Jahwes als Fels.* Dieses Bild begegnet in mehreren Psalmen[112], z. B. Ps 31,3: „Sei mir ein starker Fels!", Ps 28,1: „Wenn ich zu dir rufe, Jahwe, mein Fels, so schweige doch nicht!"

Thema dieses geprägten Bildes ist das Vertrauen des Beters zu Jahwe. Das geprägte Bild dient zum Ausdruck dieses Themas.

Es kann nun zusammenfassend beschrieben werden, welche Merkmale ein Bedeutungssyndrom als geprägtes Bild kennzeichnen: Ein geprägtes Bild ist ein Bedeutungssyndrom, für das wahrscheinlich ge-

---

112 Vgl. H. Gunkel – J. Begrich, Einleitung in die Psalmen, 1966², 235.

macht werden kann, daß es sich um ein *geprägtes Bedeutungssyndrom* handelt. Dies ist dann anzunehmen, wenn das Bedeutungssyndrom in mindestens zwei literarisch voneinander unabhängigen Einheiten auftritt. Allerdings ist mit der Möglichkeit zu rechnen, daß in der vorliegenden Einheit ein Bedeutungssyndrom erstmals auftaucht, sozusagen geprägt wird. Deshalb kann erst eine Betrachtung der ein geprägtes Bild bildenden Bedeutungssyndrome unter chronologischem Aspekt wahrscheinlich machen, daß ein geprägtes Bild in einer bestimmten Einheit als geprägtes aufgegriffen wurde. In seltenen Fällen läßt sich die Geprägtheit eines Bedeutungssyndroms diesem selbst entnehmen (z. B. Jdc 6,13; vgl. Abschnitt II, 1b).

Ein geprägtes Bild ist ein Bedeutungssyndrom, das *Assoziationen an ein bestimmtes Bildthema* hervorruft. Das geprägte Bild selbst weckt diese Assoziationen, nicht erst die Verwendung des geprägten Bildes in einem bestimmten Kontext. Deshalb ist zu unterscheiden zwischen dem durch ein geprägtes Bild signalisierten Thema und der Funktion dieses Themas in der jeweiligen Einheit.

So haben z. B. die geprägten Bilder von der welkenden Blume und vom Schatten in ihrer Anwendung auf den Menschen das gemeinsame Thema „Vergänglichkeit des menschlichen Lebens". Die Funktionen dieses Themas in einer Einheit sind dagegen sehr unterschiedlich. So wird in Ps 103,15f. die Vergänglichkeit des Menschen als Grund für die väterliche Fürsorge Gottes genannt. Zugleich werden Hinfälligkeit des Menschen und Beständigkeit der göttlichen Zuneigung in Kontrast zueinander gesetzt. In Ps 144,3 soll dagegen durch das Thema „Vergänglichkeit des Menschen" die Erstaunlichkeit dessen veranschaulicht werden, daß Gott sich des Menschen annimmt. Wieder anders ist die Funktion dieses Themas in Hi 14.

Das Thema, auf das ein geprägtes Bild hindeutet, ist also nicht zu verwechseln mit der Funktion dieses Themas in einer Einheit. Das durch ein geprägtes Bild angesprochene Thema muß vielmehr aus dem geprägten Bild selbst hervorgehen, unabhängig von dem Kontext, in den es eingefügt ist. Der Umstand, daß ein geprägtes Bild an sich auf ein bestimmtes Thema hinweist, ist ja der Anlaß dafür, daß ein Verfasser dieses geprägte Bild aufgreift, wenn er Assoziationen an dieses Thema wecken will.

Ebenso wird dadurch, daß ein geprägtes Bild für sich ein bestimmtes Thema asoziiert, die Möglichkeit eröffnet, das geprägte Bild verfremdend zu verwenden. Dies geschieht – um ein Beispiel aus der Gegenwartsliteratur zu bringen –, wenn P. HUCHEL in einem Gedicht Motive aus der biblischen Weihnachtsgeschichte mit der Schilderung der Ereignisse von Stalingrad zusammenstellt[113].

Ein geprägtes Bild ist ein Bedeutungssyndrom, das *meist* in Zusammenhang mit anderen Bedeutungssyndromen auftritt, also *unselbständig* ist. Dies hat seinen Grund im Hinweischarakter des geprägten Bildes. Nicht dieses geprägte Bild ist der Inhalt und Gegenstand der Einheit, sondern höchstens das Thema, für das dieses geprägte Bild geprägter und typischer Ausdruck ist. Meist ist aber dieses Thema selbst nur ein Teilthema der gesamten Einheit.

Es wäre freilich der Grenzfall denkbar, daß das von einem geprägten Bild assoziierte Thema einziges und damit Zentralthema einer Einheit ist. So könnte man sich vorstellen, daß das Zentralthema einer Einheit der Vergleich des Menschen mit der welkenden Blume ist, die ganze Einheit also nur eine Ausführung dieses Vergleiches darstellt. In diesem Fall wäre ein geprägtes Bild zum Zentralthema gemacht worden und – falls nicht weitere Neben- oder Teilthemen in der Einheit vorkommen – selbständig verwendet.

Ein geprägtes Bild ist ein Bedeutungssyndrom schließlich dann, wenn es *nicht die Bedingungen einer Tradition erfüllt.* Diese Bedingungen seien vorwegnehmend und abgekürzt genannt: Ein Bedeutungssyndrom wird dann als Tradition bezeichnet, wenn das Überlieferungsinteresse eines Tradentenkreises erkennbar ist, dem in der Vergangenheit an der Lebendigerhaltung und Weitergabe dieses Bedeutungssyndroms gelegen ist. Eine Tradition kann ihrerseits wieder geprägte Bilder enthalten.

Mit dieser Klärung des Terminus „geprägtes Bild" wurden zugleich die Termini „Bildthema", „Nebenthema", „Zentralthema" eingeführt. Bildthema wird das genannt, worauf das geprägte Bild hinweist. Die Funktion dieses Bildthemas innerhalb einer Einheit wird durch die Termini „Nebenthema, Teilthema, Zentralthema" bezeichnet.

b) Geprägtes Thema und geprägter Zug

Von den kennzeichnenden Merkmalen eines geprägten Bildes unterscheiden sich die eines geprägten Themas in einem Punkt, die eines geprägten Zuges in zwei Punkten.

Ein *geprägtes Thema* weist nicht den für ein geprägtes Bild konstitutiven doppelten Hinweischarakter auf. Wie ein geprägtes Bild ist ein geprägtes Thema meist unselbständig und erfüllt nicht die oben ge-

---

[113] P. HUCHEL, Dezember 1942, abgedruckt in: Siebenstern-Taschenbuch 49, 1965, 31.

nannten Bedingungen einer Tradition (erkennbares Überlieferungsinteresse eines Tradentenkreises).

Daß es sich bei einem Thema um ein geprägtes Bedeutungssyndrom handelt, geht wie beim geprägten Bild meist daraus hervor, daß das Bedeutungssyndrom in mindestens zwei literarisch voneinander unabhängigen Einheiten auftritt. Gelegentlich läßt sich die Geprägtheit eines Bedeutungssyndroms diesem selbst entnehmen, ohne daß mehrfaches Vorkommen erforderlich wäre. Ein Beispiel dafür ist das Thema „Tag Jahwes" in Am 5,18–20:

(18) Wehe denen, die den Tag Jahwes herbeisehnen!
Was soll euch denn der Tag Jahwes?

Daß Amos das Thema „Tag Jahwes" als geprägtes aufgreift, läßt sich der Tatsache entnehmen, daß mehrere seiner Hörer den Tag Jahwes herbeisehnen[114].

Auch ein *geprägter Zug* ist ein Bedeutungssyndrom, das in mindestens zwei voneinander unabhängigen Einheiten auftritt und sich dadurch als geprägt erweist. Mit geprägtem Bild und geprägtem Thema hat der geprägte Zug gemeinsam, daß er nicht die Bedingungen einer Tradition erfüllt. Ebenso in Übereinstimmung mit dem geprägten Thema, jedoch im Unterschied zum geprägten Bild, fehlt dem geprägten Zug der Hinweischarakter. Der Unterschied zwischen geprägtem Thema und geprägtem Zug liegt darin, daß das geprägte Thema mehr Eigengewicht hat, während der geprägte Zug nur zur Ausgestaltung dient und deshalb nie selbständig auftritt.

Die Bestimmungen der Termini „geprägtes Thema" und „geprägter Zug" sollen nun an einigen Beispielen erläutert werden:

α) In Gen 12,10–20; 20 und 26,1–11 wird erzählt, daß die Frau eines Erzvaters (Gen 12 und 20: Abraham, Gen 26: Isaak) dadurch in größte Gefahr gerät, daß ihr Mann sie als seine Schwester ausgibt. Dieses Bedeutungssyndrom wird in der alttestamentlichen Wissenschaft „Gefährdung der Ahnfrau" genannt. Daß es sich um ein geprägtes Bedeutungssyndrom handelt, geht daraus hervor, daß es in mehreren literarisch voneinander nicht abhängigen Einheiten[115] vorkommt. Hinweis-

---

[114] S. dazu G. FOHRER, Geschichte der israelitischen Religion, 1969, 272f.

[115] Es wird hier vorausgesetzt, daß Gen 12,10–20; 20 und 26,1–11 ursprünglich unabhängig voneinander existierten. Sollte sich diese Voraussetzung, die im Augenblick von den meisten Forschern geteilt wird, einmal als falsch erweisen, so trifft für die drei Texte das Kriterium der Unabhängigkeit nicht mehr zu. In diesem Fall wäre für das Thema „Gefährdung der Ahnfrau" die Geprägtheit nicht zu erweisen.

charakter fehlt, ebenso sind die Bedingungen einer Tradition nicht gegeben. Da das Bedeutungssyndrom Zentralthema ganzer Einheiten ist, liegt ein geprägtes Thema vor.

β) Das geprägte Thema „Gefährdung der Ahnfrau“ enthält in sich geprägte Züge. Ein solcher ist z. B. darin zu sehen, daß es in allen drei alttestamentlichen Belegen für dieses Thema zu einem Gespräch zwischen dem Erzvater und dem Getäuschten (Pharao bzw. Abimelech) kommt.

γ) Das Bedeutungssyndrom „Begabung mit der Fähigkeit der Traumdeutung“ begegnet im Alten Testament in einigen zeitlich sehr weit voneinander entfernten Einheiten: in Gen 40 und 41 (Josephgeschichte) und in Dan 2. Es ist also geprägt. Hinweischarakter liegt nicht vor; ebensowenig die Eigenschaften einer Tradition. Wir haben es also mit einem geprägten Thema zu tun.

δ) Auch innerhalb dieses geprägten Themas lassen sich geprägte Züge erkennen, z. B. der Zug, daß die berufsmäßigen Traumdeuter und Magier nicht in der Lage sind, das Rätsel des Traumes zu lösen.

ε) In der prophetischen Literatur trifft man häufig auf die Aufforderung „Kehrt um“ oder „Kehre um“ (z. B. Joel 2,12; Jer 3,1). Auch hier kann man von „geprägtes Thema: Umkehr“ sprechen (in mehreren voneinander unabhängigen Einheiten; kein Hinweischarakter; kein erkennbares Überlieferungsinteresse eines Tradentenkreises).

ζ) Begegnung an der Wasserstelle. In Gen 24 wird erzählt, daß der Knecht Abrahams nach Aram Naharaim kommt und an der Wasserstelle vor der Stadt, „zur Abendzeit, da die Wasserschöpferinnen herauskamen“ (v. 11), der Rebekka begegnet. Gen 29 trifft Jakob an der Wasserstelle die Rahel. Nach Ex 2 begegnet Mose an der Wasserstelle den Töchtern des Priesters von Midian. Nach I Sam 9 kommen Saul und sein Knecht am Abend zur Stadt, in der der Gottesmann (Samuel) wohnt, und Saul erkundigt sich bei den eben herausgekommenen Wasserschöpferinnen nach der Wohnung Samuels.

Dieser geprägte Zug wurde wohl deshalb immer wieder verwendet, weil er einem Geschehen ein besonderes Kolorit gibt. Dies läßt sich an einem Text Goethes veranschaulichen:

„Du gehst einen kleinen Hügel hinunter und findest dich vor einem Gewölbe, da wohl zwanzig Stufen hinabgehen, wo unten das klareste Wasser aus Marmorfelsen quillt . . . Da kommen dann die Mädchen aus der Stadt und holen Wasser, das harmloseste Geschäft und das nötigste, das ehemals die Töchter der Könige selbst verrichteten. Wenn ich dasitze, so lebt die patriarchalische Idee so lebhaft um mich, wie sie alle, die Altväter, am Brunnen Bekanntschaft machen und freien, und wie um die Brunnen und Quellen wohltätige Geister schweben. O, der muß nie nach einer schweren Sommertagswanderung sich an des Brunnens Kühle gelabt haben, der das nicht mitempfinden kann."[116]

2. Klärung des Terminus „Tradition"

Eine Tradition ist ein geprägtes Bedeutungssyndrom, für das sich das Überlieferungsinteresse eines bestimmten Tradentenkreises erkennen läßt. Woran dieses erkannt werden kann, wird im Abschnitt II dargestellt. Traditionen sind selbständige sprachliche Gebilde, die für sich existieren könnten. In der sprachlichen Ausgestaltung sind sie freilich fast immer mit anderen Themen und Zügen verbunden. Ebenso können sie Motive enthalten. So enthält z. B. die Exodustradition die Themen „Herausführung aus Ägypten" und „Rettung am Schilfmeer" und die Züge „Vertreibung durch die Ägypter", „Teilen des Wassers", „Zug der Israeliten durchs Meer", „Ertrinken der Ägypter". Diese Aufzählung erhebt nicht den Anspruch der Vollständigkeit. Die Vätertradition enthält geprägte Themen (Gefährdung der Ahnfrau), geprägte Züge (Gespräch zwischen dem Erzvater und dem Getäuschten im Rahmen des Themas „Gefährdung der Ahnfrau") und natürlich andere Themen und Züge.

Umgekehrt können Traditionen oder Themen und Züge von Traditionen in anderen Einheiten als geprägte Themen und Züge verwendet werden. So wird in der Einleitung zum Dekalog (Ex 20) die Exodustradition als Thema verwendet. Deuterojesaja fügt der Einheit Jes 51,9–10 einen Zug der Exodustradition als geprägten Zug ein:

Bist du es nicht, der das Meer austrocknete,
die Wasser der großen Urflut?
Der die Tiefen des Meeres zum Weg machte,
daß die Erlösten hindurchgingen? (Jes 51,10)

Die Nennung solcher Bedeutungssyndrome kann Assoziationen an die Tradition im ganzen wecken.

Das Verständnis des Terminus „Tradition" soll nun noch durch einige Beispiele verdeutlicht werden.

[116] J. W. von Goethe, Leiden des jungen Werthers, Erstes Buch, am 12. Mai.

a) *Zionstheologie.* In einigen Texteinheiten des Alten Testaments wird die Sicherheit des Zion besungen, die darin ihren Grund hat, daß Jahwe inmitten der auf dem Zion liegenden Gottesstadt wohnt und sie schützt (z. B. Ps 46 und 48). Die Überlieferung dieses Bedeutungssyndroms ist nur denkbar unter der Voraussetzung, daß es eine Gruppe gegeben hat, die ihrerseits am Zion interessiert war. Eine Untersuchung der alttestamentlichen Texte, in denen sich diese Theologie findet, führt zu dem Ergebnis, daß der Tradentenkreis in den Korachiten (einer levitischen Tempelsängergruppe) zu sehen ist[117]. Es läßt sich also ein Personenkreis ermitteln, dem an der Weitergabe dieses Bedeutungssyndroms gelegen war. Die Geprägtheit des Bedeutungssyndroms geht aus dem Vorkommen in mindestens zwei literarisch voneinander unabhängigen Einheiten hervor.

b) *Exodustradition.* Auf dieses Bedeutungssyndrom wurde schon mehrmals hingewiesen; in vielen Texteinheiten des Alten Testaments findet sich die Aussage, daß Jahwe Israel aus Ägypten geführt habe (z. B. Ex 20,2 in der Einleitung des Dekalogs). Es ist undenkbar, wenn es nicht Israel als die Gruppe gegeben hätte, deren grundlegende Erfahrung die Herausführung aus Ägypten war. Eine engere Eingrenzung des Tradentenkreises ist hier nicht möglich. Israel als ganzes war an der Weitergabe dieses Bedeutungssyndroms interessiert. Das bestätigt Dtn 6,20f.: „Wenn dich nun morgen dein Sohn fragt: Was sind das für Zeugnisse, Gesetze und Rechtssätze, die Jahwe, unser Gott, euch befohlen hat, dann sollst du deinem Sohn sagen: Knechte Pharaos waren wir in Ägypten. Aber Jahwe hat uns herausgeführt aus Ägypten mit starker Hand."

3. Schematischer Überblick über die kennzeichnenden Eigenschaften von „geprägtem Bild", „geprägtem Thema", „geprägtem Zug" und „Tradition"

Im folgenden Schema stehen in der linken Spalte die verschiedenen Arten von Bedeutungssyndromen. In den folgenden Spalten ist registriert, ob das Bedeutungssyndrom das über der Spalte stehende Merkmal aufweist (durch + gekennzeichnet) oder nicht (durch – gekennzeichnet).

---

[117] Vgl. G. Wanke, Die Zionstheologie der Korachiten in ihrem traditionsgeschichtlichen Zusammenhang, 1966.

	geprägt	selbständig	Hinweis-charakter	Überlieferungs-interesse eines Tradentenkreises
geprägtes Bild	+	– / +	+	–
geprägtes Thema	+	– / +	–	–
geprägter Zug	+	–	–	–
Tradition	+	+ / –	–	+

II. Methodik

1. Feststellung geprägter Bedeutungssyndrome

Wie sind die in einer Einheit enthaltenen geprägten Bilder, geprägten Themen, geprägten Züge und Traditionen zu erkennen? Da es sich bei allen vier Klassen um geprägte Bedeutungssyndrome handelt, sind zuerst diese ausfindig zu machen. Dabei lassen sich zwei Fälle unterscheiden:

a) Auf die Geprägtheit eines Bedeutungssyndroms kann einmal die Beobachtung hinweisen, daß es sich in mindestens zwei literarisch voneinander unabhängigen Einheiten findet[118]. Ob ein Bedeutungssyndrom zwei- oder mehrmals auftritt, kann auf folgende Weise in Erfahrung gebracht werden:

Es ist möglich aufgrund eigener Kenntnis der alttestamentlichen oder altorientalischen Literatur.

Kommentare und Monographien enthalten häufig Hinweise auf andere Texte, in denen ein in einer bestimmten Einheit auftretendes Bedeutungssyndrom wieder begegnet.

Da geprägte Bedeutungssyndrome häufig gleichen oder ähnlichen Wortbestand aufweisen, kann auch mit Hilfe der Konkordanz mehrmaliges Auftreten eines Bedeutungssyndroms festgestellt werden.

Es ist jedoch auch mit der Möglichkeit zu rechnen, daß geprägte Bedeutungssyndrome keine gleichen Wörter[119], sondern nur gleiche

---

118 Die oben gemachte Einschränkung bezüglich der verschiedenen Ebenen der Geprägtheit einer Sprache ist zu beachten.

119 H. SCHWEIZER, a.a.O. (Anm. 81) 36 Anm. 6 weist zu Recht auf die Schwierigkeit hin, gleiche Motive bei ungleichem Wortlaut zu erkennen. Er

Wortklassen enthalten. So kann in dem geprägten Bedeutungssyndrom „Vernichtung des Kriegsmaterials" einmal vom Zerstören der Kriegswagen, ein anderes Mal vom Zerbrechen der Lanzen und ein drittes Mal vom Umschmieden der Schwerter zu Pflugscharen die Rede sein.

Weil geprägte Bedeutungssyndrome oft gleiches Wortfeld und gleiche sprachliche Struktur aufweisen, ist die Wahrnehmung von Formeln (§ 6) und Formen und Gattungen (§ 7) zugleich ein Hinweis darauf, wo sich möglicherweise Motive und Traditionen finden lassen.

b) Die Geprägtheit eines Bedeutungssyndroms kann aus der Einheit selbst hervorgehen, in der das Bedeutungssyndrom steht. Hierfür einige Beispiele:

α) Wenn dich nun Jahwe, dein Gott, in das Land bringt, von dem er deinen Vätern Abraham, Isaak und Jakob geschworen hat, daß er es dir geben wolle . . . (Dtn 6,10).

Auch wenn die Aussage, daß Jahwe den Erzvätern geschworen habe, er werde ihren Nachkommen das Land der Kanaanäer geben, nur hier vorkäme, ließe sich doch schon diesem Text entnehmen, daß es sich um ein geprägtes Bedeutungssyndrom handelt. Denn der Sprecher kann bei einer Mehrzahl von Hörern das Wissen eines in der Vergangenheit liegenden Geschehens voraussetzen. Der Bericht von diesem Geschehen wird also nicht im Augenblick erst formuliert, sondern er ist schon geprägt, so daß man an ihn erinnern kann.

β) Gideon aber sprach zu ihm (dem Boten Jahwes): Ach mein Herr! Ist Jahwe mit uns, warum ist uns dann all das widerfahren? Und wo sind alle seine Wunder, von denen uns unsere Väter erzählten, indem sie sprachen: „Jahwe hat uns doch aus Ägypten herausgeführt". (Jdc 6,13)

Daß der Bericht von der Herausführung aus Ägypten ein geprägtes Bedeutungssyndrom ist, wird hier explizit ausgesprochen: Die Väter erzählten davon.

γ) Wehe denen, die den Tag Jahwes herbeisehnen!
Was soll euch denn der Tag Jahwes? (Am 5,18)

Daß Amos das Bedeutungssyndrom vom Tag Jahwes als geprägtes aufgreift, läßt sich der Tatsache entnehmen, daß mehrere seiner Hörer den Tag Jahwes herbeisehnen.

c) Schließlich gibt es Bedeutungssyndrome, für die sich erst aufgrund der Überlieferungskritik ergibt, daß sie als Traditionen in eine Einheit übernommen wurden, also schon vor Entstehen der zu analysierenden

übersieht allerdings die im vorliegenden Buch gemachten Vorschläge für eine Lösung des Problems.

Einheit als Tradition existierten. Dies ist dann der Fall, wenn ein Bedeutungssyndrom erstens die Kennzeichen aufweist, die Überlieferungsinteresse eines Tradentenkreises wahrscheinlich machen, und wenn zweitens die Überlieferungskritik zu dem Ergebnis führt, daß dieses Bedeutungssyndrom schon vor Entstehen der vorliegenden Einheit existierte. Da Traditionen immer auch geprägte Bedeutungssyndrome sind, wird in diesem Fall also erst durch die Überlieferungskritik die Geprägtheit eines Bedeutungssyndroms erkannt.

2. *Klassifizierung der festgestellten geprägten Bedeutungssyndrome*

Da die kennzeichnenden Merkmale für geprägte Bilder, geprägte Themen, geprägte Züge und Traditionen oben genannt wurden, sind die festgestellten geprägten Bedeutungssyndrome nun anhand dieser Kennzeichen zu untersuchen. Folgende Reihenfolge wird vorgeschlagen:

a) Wurden geprägte Bedeutungssyndrome gefunden, für die das Überlieferungsinteresse eines Tradentenkreises erkennbar ist? Ist dies der Fall, so liegen *Traditionen* oder *Themen und Züge aus Traditionen* vor. Woraus auf das Überlieferungsinteresse eines Tradentenkreises geschlossen werden kann, wird im Abschnitt 3 dargestellt.

b) Sind unter den restlichen geprägten Bedeutungssyndromen solche mit Hinweischarakter? Bei ihnen handelt es sich um *geprägte Bilder.*

c) Welche der verbleibenden geprägten Bedeutungssyndrome sind unselbständig und nie in dominierender Funktion in einer Einheit? In ihnen sind *geprägte Züge* zu sehen.

d) Die übrigbleibenden geprägten Bedeutungssyndrome sind *geprägte Themen.*

3. *Feststellung von Traditionen*

Ein Bedeutungssyndrom ist dann eine Tradition, wenn sich wahrscheinlich machen läßt, daß an ihm ein Tradentenkreis ein Überlieferungsinteresse hatte. Zu fragen ist also, wie erkannt werden kann, ob an einem Bedeutungssyndrom Überlieferungsinteresse eines Tradentenkreises bestand.

Diese Fragestellung muß jedoch noch eingeengt werden. Die Tatsache, daß das ganze Alte Testament heilige Schrift ist, die weitergegeben wurde und wird, könnte den Gedanken nahelegen, alle im Alten Testament enthaltenen Bedeutungssyndrome seien Traditionen. Dies ist zwar richtig, aber danach ist in diesem Zusammenhang nicht gefragt.

Hier wird nach dem Überlieferungsinteresse eines Tradentenkreises an einer Einheit vielmehr auf einer Überlieferungs- oder Redaktionsstufe[120] gefragt, auf der die Einheit noch nicht deshalb weitergegeben wurde, weil sie zum jüdischen oder christlichen Kanon heiliger Schriften gehörte. An diesem Beispiel zeigt sich, daß die Frage nach Traditionen eine unterschiedliche Antwort findet, je nachdem für welche Überlieferungs- oder Redaktionsstufe nach der Existenz von Traditionen gefragt wird. Die allgemeine Feststellung, ob ein Bedeutungssyndrom Tradition sei oder enthalte, ist also unklar gestellt und ermöglicht keine eindeutige Beantwortung.

So waren z. B. für einen Redaktor des Jesajabuches alle Worte schon Tradition, die im Augenblick ihrer Verkündung durch Jesaja möglicherweise weder Tradition waren noch Tradition enthielten. Die Frage nach übernommenen Traditionen läßt sich sinnvoll nur stellen, wenn man zugleich die Überlieferungs- oder Redaktionsstufe benennt, für die man sie stellt. Was für eine frühere Überlieferungs- oder Redaktionsstufe noch nicht Tradition war, kann für eine spätere zur Tradition geworden sein.

Für welche Überlieferungs- oder Redaktionsstufe wird die traditionskritische Fragestellung in diesem Paragraphen erörtert? Sie wird für die kleinsten in der Literarkritik erarbeiteten Einheiten (einfache Einheit, Fragment, Erweiterung) gesondert gestellt, also für die früheste Textgestalt, die wir literarisch erheben können. Die Gründe dafür, daß Tradition vorliegt, müssen diesen kleinsten Einheiten selbst zu entnehmen sein, nicht größeren Textkomplexen, in die die kleinsten Einheiten später eingefügt wurden. Ebenso ist zu beachten, daß Verfasser und Entstehungszeit im hier zu besprechenden Stadium der Analyse noch nicht bekannt sind.

Die oben gestellte Frage, woraus sich entnehmen lasse, daß für ein Bedeutungssyndrom Überlieferungsinteresse eines Tradentenkreises besteht, ist also folgendermaßen zu präzisieren: Anhand welcher Kriterien läßt sich für ein Bedeutungssyndrom, das in einer der in der Literarkritik abgegrenzten kleinsten Einheiten enthalten ist, wahrscheinlich machen, daß an ihm schon Überlieferungsinteresse eines Tradentenkreises bestand, bevor es in der kleinsten Einheit verwendet wurde?

a) Überlieferungsinteresse eines Tradentenkreises ist dann anzuneh-

[120] Vgl. § 9.

men, wenn ein geprägtes Bedeutungssyndrom der Legitimation dient. Dies dürfte z. B. bei dem Bedeutungssyndrom „Landverheißung an die Erzväter“ (Dtn 6,10) der Fall sein.

b) Überlieferungsinteresse eines Tradentenkreises ist dann anzunehmen, wenn ein Bedeutungssyndrom von Gottes Taten an einer Personengruppe in der Vergangenheit handelt (Jdc 6,13).

c) Überlieferungsinteresse eines Tradentenkreises ist dann anzunehmen, wenn ein Bedeutungssyndrom Bildungsgut und Lebensweisheit enthält, die aus der Vergangenheit übernommen wurden.

d) Überlieferungsinteresse eines Tradentenkreises ist dann anzunehmen, wenn ein Bedeutungssyndrom von den „Großen“ in der Geschichte einer Personengruppe und ihrem Tun und Ergehen handelt.

Es ist zu beachten, daß sich für den größten Teil der geschichtlichen Literatur des Alten Testaments auf dieser Stufe der Exegese ein Vorliegen von Traditionen nicht feststellen läßt. Dies ändert sich in dem Augenblick, wo größere Textkomplexe ins Auge gefaßt werden und sich hinsichtlich der Entstehungszeit ergibt, daß sie lange nach den erzählten Ereignissen liegt.

4. Feststellung der Funktion eines geprägten Bedeutungssyndroms in einer Einheit

Wird ein Bedeutungssyndrom als geprägtes übernommen und in einen neuen Kontext gestellt, so erhält es dadurch auch eine neue Funktion. Damit ist schon gesagt, daß man die Funktion eines Bedeutungssyndroms in einer Einheit dann erfaßt, wenn man seine Stellung im Kontext bestimmt. Vor allem ist zu fragen, in welchem Verhältnis das geprägte Bedeutungssyndrom zur Funktion der Einheit steht. Bei der Beantwortung dieser Frage muß auf die Ergebnisse der Strukturanalyse zurückgegriffen werden. Ein Beispiel soll das Gesagte verdeutlichen:

(9) Reg' dich, reg' dich, kleide dich in Kraft,
du Arm des Herrn!
Rege dich wie in den Tagen der Vorzeit,
der uralten Geschlechter!
Warst du es nicht, der Rahab zerschlug,
den Drachen durchbohrte?
(10) Warst du es nicht, der das Meer austrocknete,
die Wasser der großen Urflut,
der die Tiefen des Meeres zum Weg machte,
daß die Erlösten hindurchziehen konnten? (Jes. 51,9f.)

In v. 10 wird die Exodustradition aufgegriffen. Aber sie steht hier im Zusammenhang eines drängenden Anrufs an Jahwe (v. 9). Von v. 9 her wird auch die Funktion des Bedeutungssyndroms „Exodus" in der Einheit Jes 51,9 bestimmt. Welche Funktion die Exodustradition hier hat, wird deutlich, wenn man die sprachliche Gestalt beachtet, in die sie gefaßt ist: V. 10 ist (wie schon v. 9b) als Frage formuliert. Allerdings handelt es sich nicht um eine Informationsfrage, sondern um eine Aussage, die in Frageform gekleidet ist, um den Angeredeten zu einer zustimmenden Reaktion zu veranlassen („Bist du es nicht?" = „Du bist es doch!"). Der Angeredete (Jahwe) soll also nachdrücklich daran erinnert werden, was er in der Vergangenheit für Israel tat, um dadurch zu einem entsprechenden Handeln in der Gegenwart veranlaßt zu werden. Die Exodustradition ist ganz dem dringenden Anruf an Jahwe untergeordnet. Ihre Funktion innerhalb der Einheit Jes 51,9f. bestimmt sich aus ihrem Verhältnis zum Anruf von v. 9.

Formal könnte man unterscheiden zwischen der Verwendung eines geprägten Bedeutungssyndroms in einer Einheit als Zentralthema, als Neben- oder Füllthema und als Zug.

Ein besonderer Fall ist die Verwendung als Leitthema. Die Bezeichnung „Leitthema" ist im Anschluß an den gebräuchlichen Ausdruck „Leitmotiv" gewählt. Unter einem Leitthema verstehen wir ein Bedeutungssyndrom, das in einer Einheit mehrmals auftaucht und dadurch die Einheit prägt. Ein Beispiel hierfür ist Gen 39. In v. 2 heißt es: „Jahwe war mit Joseph, so daß er ein erfolgreicher Mann war" (wörtlich: ein Mann, dem etwas gelingt). Derselbe Gedanke kehrt im letzten Vers des Kapitels wieder (v. 23): Der Gefängnisaufseher setzte Joseph in eine Vertrauensstellung, „weil Jahwe mit ihm war; und alles was er tat, das ließ Jahwe gelingen". Eine ähnliche Leitthemenfunktion erfüllt der Gedanke des Gelingenlassens durch Jahwe in Gen 24 (vgl. v. 21. 40.56). Ein Leitthema muß selbstverständlich kein geprägtes Bedeutungssyndrom sein, aber ein solches kann als Leitthema verwendet werden.

III. Ergebnisse

1. Die Feststellung geprägter Bedeutungssyndrome dient der Erfassung des sozio-kulturellen Hintergrundes, von dem her eine Einheit zu verstehen ist. Dabei ist sowohl ein positiv-anknüpfender Bezug einer Einheit zu einem sozio-kulturellen Hintergrund denkbar als auch ein kritisch-ablehnender.

2. Die Feststellung geprägter Bedeutungssyndrome und ihrer Ver-

wendung in einer Einheit dient der Erfassung von Eigenart und Funktion dieser Einheit. So wird z. B. die prophetische Ankündigung des Tages Jahwes erst dann voll verständlich, wenn man bedenkt, daß der Prophet mit dieser Vorstellung ein geprägtes Thema aufgreift.

3. Die Geschichte eines geprägten Bedeutungssyndroms (diachroner Aspekt) wird sichtbar, wenn man die verschiedenen Vorkommen des Bedeutungssyndroms miteinander vergleicht. Dabei ist besonders darauf zu achten, welche Funktion ein Bedeutungssyndrom in den verschiedenen Einheiten erfüllt, in denen es auftritt. In der Verwendung eines geprägten Bedeutungssyndroms spiegelt sich oft brennpunktartig der Wandel der Zeiten oder der Standpunkt einer Person (vgl. z. B. die Verwendung des geprägten Bedeutungssyndroms „Tag Jahwes" in Am 5,18–20).

Im einzelnen kann man von Motiv- und Traditionsgeschichte reden. Zu beachten ist, daß der Terminus „Traditionsgeschichte" in diesem Buch von Überlieferungs- und Redaktionsgeschichte abgehoben wird. Traditionsgeschichte meint nicht die Wandlungen, die eine Einheit im Lauf ihrer Geschichte erfahren hat, sondern die geschichtliche Entwicklung und Umformung von Traditionen im oben dargestellten Sinn. Vollständig kann die Geschichte eines Bedeutungssyndroms erst gezeichnet werden, wenn alle Einheiten, in denen es auftritt, analysiert sind. Vor allem ist die Kenntnis ihrer Entstehungszeit von Wichtigkeit. In manchen Fällen sind von der Geschichte eines Bedeutungssyndroms her auch Rückschlüsse auf die Entstehungszeit einer Einheit möglich.

§ 9 Überlieferungskritik, Kompositions- und Redaktionskritik, Zeit- und Verfasserfrage

Vorbemerkung

Anders als die vorhergehenden Paragraphen befaßt sich § 9 nicht mit einem einzigen, wenn auch komplexen methodischen Verfahren, sondern mit mehreren, getrennt zu behandelnden Problemkreisen:

1. Überlieferungskritik,
2. Kompositions- und Redaktionskritik,
3. Zeit- und Verfasserfrage.

Gegenstand der Untersuchung ist weiterhin die mittels der Literarkritik abgegrenzte und gesonderte Einheit, wobei wie in § 6 – nach der Differenzierung der beiden Aspekte in § 7 und 8 – die Ausdrucks- und die Bedeutungsseite des Textes in gleicher Weise zu beachten sind.

Im folgenden ist vom Verfasser einer Einheit die Rede. Unter „Verfasser“ wird der Urheber als Schöpfer einer einfachen Einheit oder eines ursprünglich vollständigen, jedoch nur als Fragment überlieferten Textes verstanden (vgl. § 5), wobei jeweils spätere Erweiterungen außer acht bleiben. Es spielt keine Rolle, ob der „Verfasser“ die schriftliche Fixierung des Textes selbst vorgenommen hat, wie es für die Einheiten der Königsbücher anzunehmen ist, oder ob sie durch andere Hände erfolgt ist, wie es für die Verschriftung der Prophetensprüche die Regel gewesen zu sein scheint. In jedem Fall werden im folgenden diese Verschriftungen als „endgültige schriftliche Niederlegung“ und der sich dabei ergebende Text abzüglich der redaktionellen Veränderungen als „endgültige schriftliche Fassung“ bezeichnet, um beide von möglichen früheren und daher „vorläufigen“ Stadien unterscheiden zu können.

Bevor die genannten Fragestellungen und Methoden im einzelnen dargestellt und erläutert werden, ist zunächst die mögliche Frage nach der Berechtigung der obigen Anordnung und Reihenfolge zu beantworten. Man könnte ja die Zeit- und Verfasserfrage an den Anfang rücken und auf die bislang analysierte Einheit beziehen. Dagegen spricht, daß sie auch die Komposition betreffen kann, da die Urheber einer Einheit und einer Komposition identisch sind, wenn ein Verfasser mehrere seiner Einheiten zu einer Komposition zusammengefaßt hat. Ferner kann sie die Redaktion betreffen, wenn man nach deren Urhebern und ihrer möglichen zeitlichen Ansetzung fragt. Daher ist die Zeit- und Verfasserfrage zweckmäßig an den Schluß zu rücken, weil sie dann die Probleme sowohl der zeitlichen Ansetzung und Urheberschaft der vorläufigen Stadien des Textes (Überlieferungskritik) als auch der Entstehung und Urheberschaft von literarischen Kompositionen und der weiteren Bearbeitung (Kompositions- und Redaktionskritik) einbeziehen kann.

Die beiden anderen Fragestellungen und Methoden – Überlieferungskritik sowie Kompositions- und Redaktionskritik – stehen in dieser Anordnung in einer gewissen zeitlichen Abfolge. Von der jeweils untersuchten Einheit aus gesehen, betrifft die Überlieferungskritik das vorliterarische Stadium oder ein vorläufiges und nicht mehr unmittelbar greifbares Verschriftungsstadium und geht somit vor die vorliegende Einheit zurück. Die Kompositions- und Redaktionskritik dagegen geht gewöhnlich von dieser Einheit aus und fragt nach ihrer weiteren Bearbeitung. Dabei handelt es sich zunächst um die Zu- und Einordnung der Einheit in einen größeren und umfassenderen literarischen Zusammenhang, der entweder auf den Verfasser der Einheit zurückgeht oder im Verlauf der redaktionellen Bearbeitung hergestellt worden ist. Manchmal mag sich jedoch auch herausstellen, daß ein größerer Zusammenhang mehrerer Einheiten schon im vorliterarischen Stadium oder in einem vorläufigen Verschriftungsstadium erzielt worden ist. Trifft die Kompositions- und Redaktionskritik auf diesen Tatbestand, so kann dieser wieder überlieferungskritisch untersucht werden. Sie befaßt sich ferner mit der weiteren literarischen Bearbeitung und Einordnung der Einheit durch spätere Hände als diejenigen ihres Verfassers. Die Überlieferungskritik greift also hinter die Texteinheit zurück, die Kompositions- und Redaktionskritik muß dies manchmal ebenfalls tun, gilt aber meist der vorliegenden verschrifteten Einheit bzw. faßt ihr literarisches Schicksal nach der endgültigen schriftlichen Niederlegung ins Auge.

A. Überlieferungskritik

I. Fragestellung und Aufgabe

Die Überlieferungskritik fragt nach dem vorliterarischen Stadium einer Einheit oder nach einem eventuell vor ihrer überlieferten Gestalt liegenden vorläufigen und nicht mehr unmittelbar greifbaren Verschriftungsstadium. Sie befaßt sich mit dem Werdegang der literarkritisch abgegrenzten und gesonderten Einheit (einfache Einheit; Fragment) im gesamten Bereich der Überlieferung, der der Abfassung und Verschriftung durch den als ihren Verfasser geltenden Urheber der endgültigen schriftlichen Fassung vorangeht.

Der Ausdruck „Überlieferungskritik" wird also auf die Ausgestaltung und Veränderung einer Einheit – sei sie selbständig oder schon mit anderen Einheiten zu einem Komplex zusammengefügt – im vorliterarischen Stadium der mündlichen Überlieferung oder im Stadium einer vorläufigen Verschriftung bezogen. Dies ist nicht überall der Fall. Manchmal wird der Ausdruck „Überlieferungsgeschichte" benutzt und in einem weiteren Sinn verwendet, in den man die Redaktionskritik einbezieht[121]. Manchmal wird der Ausdruck „Traditionsgeschichte" für die gemeinte Fragestellung und Methode gebraucht[122]. Jedoch sollte man einerseits zwischen dem methodischen Verfahren der Überlieferungskritik und

[121] So z.B. M. Noth, Überlieferungsgeschichtliche Studien I, 1943.

[122] So z.B. A. H. J. Gunneweg in: BHH III, 1966, 2018–2020; W. Richter a.a.O. (Anm. 60) 152f.

der Überlieferungsgeschichte als einem Ergebnis, andererseits zwischen der ausgestaltenden Überlieferung und der bearbeitenden Redaktion unterscheiden, wie aus dem Folgenden deutlich werden wird, und den Ausdruck „Tradition" im Sinne von § 8 anwenden.

Daß es Ausgestaltung und Veränderung sowohl bei der mündlichen Weitergabe einer Aussage als auch bei der Verwendung eines schriftlich vorliegenden Textes gibt, ist unbestreitbar. Ein einfaches Beispiel dafür bietet die Wiedergabe eines Märchens durch ein Kind, nachdem die Mutter es ihm zuvor erzählt hat. Zweifellos weicht die Nacherzählung von der Fassung der Mutter in mancherlei Hinsicht ab. Die Handlung kann auf das tragende Gerüst verkürzt werden, interessierende Einzelheiten werden vielleicht ausgemalt, Änderungen durch Mißverständnisse können eintreten und anderes mehr. Ähnlich ist das Ergebnis in dem Fall einer schriftlichen Nacherzählung von vorgelesenen Texten in der Schule. Ebenso ist bekannt, daß die Weitergabe einer Mitteilung, z. B. eines Gerüchts, durch eine Reihe von Personen oder durch mehrere Personenketten zur Aus- oder Umgestaltung vom bloßen Ausschmükken bis zu weitgehender Entstellung führen kann.

Nicht anders verhält es sich bei der bewußten Verwendung von verschrifteten Überlieferungen, z. B. durch einen Schriftsteller oder Dichter. So hat Goethe die Gestalt des Faust nicht erfunden. Geht man der Überlieferung nach[123], so stößt man auf eine geschichtliche Person (wahrscheinlich nicht Johann, sondern Georg Faust, geb. um 1480, gest. zwischen 1536 und 1539), hervorgetreten mit magischen Kunststücken und Horoskopstellen. Schon zu Lebzeiten Fausts setzte die Sagenbildung ein, wobei in bezeichnender Weise Berichte über ihn mit älteren Zaubergeschichten, die man auf ihn übertrug, verbunden wurden. Um 1575 erfolgte eine erste schriftliche Darstellung, aufgrund deren wenig später ein strenger Lutheraner ein neues Buch mit anderer Absicht verfaßte (1587); er wollte vor allem unnützen Forschen und Spekulieren warnen und dessen schlimme Folgen am Schicksal Fausts illustrieren. Bald darauf erschien eine weitere Fassung (G. R. Widmann, 1599), die durch breite Betrachtungen und Gespräche aufgeschwemmt war. Eine spätere Umarbeitung dieses Buches (J. N. Pfizer, 1674) strich überflüssiges und fügte gewinnende Züge hinzu, so die Erzählung von der Liebe Fausts zu einer armen Magd, durch die Goethes Gretchentragödie vorbereitet wurde. In dem Auszug eines Unbekannten aus diesem

[123] Vgl. Brockhaus Enzyklopädie, VI 1968, 94f. mit Literatur.

Werk (1725) erhielt die Faustsage eine volkstümliche Form; sie bildete die Grundlage der Jahrmarktdrucke, aus denen Goethe die Sage kennenlernte.

1. *Überlieferungskritik und Überlieferungsgeschichte*

a) Die angeführten Beispiele verdeutlichen den möglichen Werdegang im Verlauf der Überlieferung. Um ihn zu erkennen, geht die *Überlieferungskritik* hinter die vorliegende endgültige schriftliche Fassung einer Einheit soweit wie möglich zurück, im günstigsten Falle bis zu ihrer Entstehung. Es geht dabei vor allem darum, die Wandlungen zu erfassen, denen der Text während der Überlieferung von seiner Entstehung bis zu seiner endgültigen schriftlichen Niederlegung unterworfen war[124]. Dies soll mittels einiger Ergebnisse einer überlieferungskritischen Analyse der Rahmenerzählung des Buches Hiob (Hi 1,1–2,13; 42,7–17) erläutert werden, wenn es auch aus Raumgründen bei einer Auswahl aus den Beobachtungen sein Bewenden haben muß[125]. Immerhin läßt sich erkennen, daß der Text Eigenheiten aufweist, die auf eine lange Vorgeschichte schließen lassen und die von einer vor- und außerisraelitischen Gestalt über verschiedene israelitische Bearbeitungen bis zum nachexilischen Hiobdichter führen. Der Werdegang der Erzählung läßt sich mit ihrer Hilfe zwar nicht dem Wortlaut, wohl aber dem Aufbau und der Tendenz nach von der nachexilischen Zeit Israels bis nahe an ihre Entstehung im 2. Jt. v. Chr. zurückverfolgen.

So ist der Name Hiob (Hi 1,1) in vorisraelitischer Form vom 20. bis zum 14. Jh. v. Chr. belegt und gehört mit zu den ältesten Elementen der Erzählung. Es handelt sich um einen vor allem in der mittleren Bronzezeit und im nordwestsemitischen Raum verbreiteten Namen Ajja-'abum > Aj-jâbum (Ajjâbu) > hebr. 'Ijjôb.

Hiobs Verhalten wird in 1,1 durch die beiden Wortpaare „recht und redlich" und „gottesfürchtig und fern vom Bösen" beschrieben. Sie entstammen der Weisheitslehre; das erste Wortpaar findet sich Prov 2,21; 29,10; Ps 25,21; 37,37, das zweite Wortpaar Prov 3,7; 14,16; 16,6.

---

124 Natürlich muß man auch mit dem Fall rechnen, daß zwischen Entstehung und Verschriftung nur eine kurze Zeitspanne ohne wesentliche Veränderungen liegt wie bei zahlreichen Prophetensprüchen oder daß die schriftliche Fassung sogar am Anfang steht wie gelegentlich bei Ezechiel.

125 Für die Einzelheiten und weitere Beobachtungen vgl. G. Fohrer, Das Buch Hiob (KAT), 1963; ders., Überlieferung und Wandlung der Hioblegende, in: Studien zum Buche Hiob, 1963, 44–67.

Von 1,2f. an spielen die Drei- und Siebenzahl sowie die sich daraus ergebende Zehnzahl eine bedeutende Rolle (vgl. ferner 1,5; 2,13; 42,8.12f.). Darin begegnet eine alte und verbreitete Symbolik; sie liegt u.a. in den ugaritischen Texten vor, die z.B. jeweils sieben Söhne von El, Baal, Mot und Keret erwähnen.

Nach 1,5 und 42,8 bringt gemäß früher vorexilischer Sitte der Hausvater selbst die Opfer dar, die den Zorn Gottes beschwichtigen; insbesondere entspricht 42,8 den Opfern Bileams (Num 23,1.14.29, Elohist). In Verbindung mit dem zweiten Opfer erscheint die Fürbitte wie in Gen 20,7 (Elohist).

Altorientalisch und auch in den ugaritischen Texten belegt ist die Vorstellung vom Hofstaat der Gottheit und der himmlischen Ratsversammlung (1,6; 2,1). Ebenso geht der Ausdruck *b*^{e}*nê ha*^{ʾä}*lohîm* „Himmelswesen" auf kanaanäische Vorbilder zurück. Dagegen ist die Gestalt des Satans als eines der Himmelswesen (1,6) erst für die frühnachexilische Zeit charakteristisch.

In 1,10 wird die deuteronomische Segensformel verwendet (vgl. Dtn 2,7; 14,29; 15,10; 16,15). Auch die Verbindung von Kleiderzerreißen und Haarscheren als Trauerbrauch (1,20) ist nur einer dreigliedrigen Aufzählung in Jer 41,5 ähnlich. Beides führt in die Zeit um 600 v.Chr.

Der erste Teil des Hiobwortes in 1,21 bringt eine allgemeine Weisheit zum Ausdruck. Der Satz findet sich abgewandelt, aber noch deutlich erkennbar in Koh 5,14, so daß ein derartiger Weisheitssatz im Verlauf der Überlieferung in die Hioblegende aufgenommen worden ist.

Der Ausdruck „das Geschick wenden" in 42,10 wird erst seit der Zeit um 600 v.Chr. in gehäufter Weise verwendet, wenn man einige Psalmen, in denen er vorkommt, ebenfalls in diese oder eine jüngere Zeit datiert (Ps 14,7; 53,7; 85,2; 126,4). Hos 6,11 ist die einzige ältere Stelle. So wird auch Hi 42,10 in der Zeit um oder nach 600 geprägt worden sein.

Von der elohistischen Genesis-Erzählung scheint 42,11 abhängig zu sein, da die Qesita und die goldenen Ringe, die Hiobs Verwandte und Bekannte ihm schenken, in der Sichem-Überlieferung begegnen (Gen 33,19; 35,4). Bei der Qesita handelt es sich um ein altes Zahlungsmittel, das nur noch in Gen 33,19 und Jos 24,32 (Elohist) genannt wird, wie auch der goldene Ring gerade vom Elohisten als Nasenring der Frauen (Gen 24,22.30.47) und als Ohrring (Gen 35,4; Ex 32,2f.) mehrfach erwähnt wird.

Durch die Erzählweise der Priesterschrift scheint 42,16–17 beeinflußt zu sein: „leben nach (diesen Ereignissen)" nach Gen 5,7, Hiobs hohes Alter nach Gen 5, „alt und lebenssatt" nach Gen 25,8; 35,29.

Daß der Hiobdichter selbst die Hioblegende, die durch Züge und Ausdrücke so vieler Jahrhunderte charakterisiert ist, nicht einfach übernommen, sondern selbst in gewissem Maße nochmals umgestaltet hat, zeigt ein Vergleich von 2,11–13 mit 42,11: Die Hioblegende hat ursprünglich im Anschluß an die vergebliche Versuchung Hiobs durch seine Frau in der sechsten Szene des Prologs 2,11–13 nicht vom Besuch der Freunde Hiobs, sondern von demjenigen seiner Verwandten und Bekannten erzählt. Ein Teil der Schilderung ist in 42,11 erhalten: Sie kamen zu Hiob, bekundeten ihm ihre Teilnahme und trösteten ihn wegen all des Unglücks, das Jahwe über ihn gebracht hatte. Sie finden sich also nicht ein, weil es ihm wieder gut geht, nachdem sie sich vorher von dem Unglücklichen zurückgezogen hatten. Vielmehr wollen sie ihr Beileid bezeigen und sogar Hilfe leisten, indem sie einen Geldbetrag mitbringen. Dies steht zu der in 42,10 bereits berichteten Wendung des Geschicks Hiobs und der Wiederherstellung seines früheren Glücks mit dem Doppelten des ehemaligen Besitzes in Widerspruch. Obwohl Besuch und Geschenke der Verwandten und Bekannten nunmehr als erster Teil der Wiederherstellung Hiobs erscheinen sollen, ist doch nicht zu übersehen, daß ihre Stelle ursprünglich im Prolog war. Dort aber kommt, wie die Ähnlichkeit zwischen 42,11 und 2,11 lehrt, nur der jetzt durch 2,11–13 eingenommene Platz in Frage. Der Dichter hat also die Verwandten und Bekannten durch die drei Freunde Hiobs ersetzt, was weitere Änderungen der vorgefundenen Hioblegende nach sich zog.

b) Aufgrund einer derartigen Untersuchung kann man die *Überlieferungsgeschichte* einer Einheit rekonstruieren, indem man anhand der Wandlungen während des Werdegangs der Einheit diesen Werdegang von der ältesten noch erschließbaren mündlichen Form bis zu der endgültigen schriftlichen Fassung in seinem Ablauf nachzeichnet. Dabei kann man aus den eingetretenen Wandlungen oder vorgenommenen Veränderungen im Verlauf des Werdegangs möglicherweise die Absicht des Verfassers der endgültigen schriftlichen Fassung der Einheit klarer als zuvor erkennen. Als Beispiel diene wieder die Rahmenerzählung des Buches Hiob:

Eine Reihe von Ausdrücken und Zügen, die alle Veränderungen überdauert haben, weist auf eine älteste vorisraelitische Fassung der Hioblegende hin. Besonders Parallelen der ugaritischen Texte lassen alte Überlieferungselemente erschließen.

Die zahlreichsten Überlieferungszüge, die weithin die Gestalt der Hioblegende bestimmt haben, stammen aus der älteren vorexilischen Zeit, in der die israelitische Gestalt der Erzählung geprägt worden ist. Der patriarchalische Hintergrund des Inhalts, der Hiob als einen Zeitgenossen der Väter der Genesis erscheinen läßt, geht auf das Vorbild und die Zeit der älteren Erzähler des Pentateuchs/Hexateuchs zurück (9.–8.Jh. v.Chr.). Dem entspricht weithin auch die Erzählweise.

Danach hat die Beschäftigung mit der Hioblegende in der Zeit um 600 v.Chr., auf die die Bezugnahme in Ez 14,12–23 hinweist, einige Spuren im Wortschatz hinterlassen.

In der nachexilischen Zeit wurden die Himmelsszenen durch die Einführung des Satans umgestaltet. Ebenso wirkte die Weisheit ein, die – sieht man von der fragwürdigen Annahme einer alten Sippenweisheit ab[126] – erst damals weitere Kreise erfaßte. Dazu trat die stilistische Beeinflussung durch die Priesterschrift.

Schließlich hat der Hiobdichter selbst die Hioblegende umgestaltet,

[126] Vgl. E. Gerstenberger, Wesen und Herkunft des „apodiktischen Rechts", 1965; H. W. Wolff, Amos' geistige Heimat, 1964.

um sie als Rahmenerzählung für seine Dichtung verwenden zu können. Von dieser Dichtung her, die durch die Auseinandersetzung Hiobs mit seinen Freunden und mit Gott charakterisiert ist, muß nunmehr die vorliegende Fassung der Hioblegende als Rahmenerzählung des Buches verstanden werden.

2. *Ursprüngliche Überlieferungselemente*

Im Zurückgehen auf ältere Stadien der Überlieferung oder auf den Ursprung einer Einheit kann die Überlieferungskritik auf ursprüngliche Überlieferungselemente stoßen, deren Erfassen mehr oder weniger weitreichende Schlüsse ermöglicht. Beispiele dafür lassen sich einer Analyse der Exoduserzählung entnehmen[127].

In Ex 1,1–14 kann man Züge von vier Erzählungssträngen voneinander sondern, die in verschiedener Weise die Vermehrung und die Unterdrückung der Israeliten in Ägypten miteinander verbinden. Während das Element der Verwirklichung der Nachkommenverheißung jedoch der Verknüpfung der Patriarchen- mit der Mosegeschichte dient, handelt es sich bei demjenigen der Unterdrückung um ein ursprüngliches Überlieferungselement, das auf geschichtliche Erinnerungen unter dem Blickwinkel einer halbnomadischen Lebenshaltung hinweist. Ursprüngliche Überlieferungselemente liegen ebenso in den Bemerkungen über die Einheirat Moses in die Familie eines Midianiters (2,11–22) – die für die spätere Zeit, als die Midianiter gefürchtete Feinde der Israeliten waren, unerfindbar und eher anstößig ist – und in der Lokalisierung von Gottesoffenbarung und Berufung Moses vor. Ursprünglich sind die Erwähnung des Gottesberges in 3,1b und die Anspielung auf den Sinai als Offenbarungsort in 3,2 durch das Wortspiel mit dem Ausdruck *s^e^nā̆*. Gleiches gilt für die Landverheißung an die Moseschar in 3,8.17, deren Wortlaut sich von den Verheißungen der Patriarchenüberlieferung deutlich unterscheidet (Land, „das von Milch und Honig fließt") und die letztlich als Kern der Moseüberlieferung eine Landanspruchs- und Landnahmeerzählung einer israelitischen Gruppe um Mose erschließen läßt. Überlieferungskritisch kann man des weiteren erkennen, daß die ersten neun Plagen, die die Ägypter treffen, ein sekundäres Element der Überlieferung bilden, daß nur die zehnte Plage, die Tötung der Erstgeborenen, ein ursprüngliches Über-

[127] Für die Einzelheiten vgl. G. FOHRER, Überlieferung und Geschichte des Exodus, 1964.

lieferungselement darstellt und daß dieser Erzählung ursprünglich weder eine geschichtliche noch eine kultische Beziehung zum Passa als Ausgangspunkt für ihre Entstehung oder ihren Ausbau zugrunde gelegen hat, vielmehr einer der Erzähler zur Erläuterung einen nomadischen Blutritus benötigte und verwendete und dafür denjenigen wählte, der einen Teil des Passa gebildet hat. Schließlich trifft man in 13,17–14,31 auf ein weiteres ursprüngliches Überlieferungselement – die Verfolgung und Rettung der auswandernden Israeliten – , das von den Erzählern sehr unterschiedlich ausgestaltet worden ist. Wahrscheinlich führt es, wie die meisten vorhergehenden ursprünglichen Überlieferungselemente, auf den geschichtlichen Kern der Überlieferung: den Untergang einer die flüchtenden Fronarbeiter verfolgenden Gruppe der Grenzwache.

3. Grundlegende Beobachtungen und Erkenntnisse

Überlieferungskritik in dem geschilderten Sinn fußt auf mehreren Beobachtungen und Erkenntnissen:

a) Zahlreiche, allerdings nicht alle Einheiten sind nicht in einem einmaligen Vorgang entworfen und schriftlich niedergelegt worden, sondern haben eine mehr oder weniger lange Vorgeschichte. Ihre Entstehung und Ausgestaltung reicht (über ein mögliches Stadium vorläufiger Verschriftung) in ein Stadium mündlicher Überlieferung zurück. Dies gilt z.B. für die meisten Sagen und Märchen.

b) Von der Entstehung bis zur endgültigen schriftlichen Niederlegung einer Einheit können mannigfache Wandlungen, Ausgestaltungen, Verkürzungen und sonstige Veränderungen eintreten. Diese mögen unbewußt erfolgen, wie im Falle der mündlichen Weitergabe einer Mitteilung, oder bewußt, wie im Falle der Bearbeitung der Faustsage oder der Änderung der Hioblegende durch den Hiobdichter.

c) Im frühen Stadium der Überlieferung liegen vor allem bei erzählenden Einheiten zwar oft die Abfolge des Geschehens, der Umriß des Überlieferten und wesentliche Einzelzüge fest. Anders aber verhält es sich mit den besonders wandelbaren Einzelformulierungen und der Gesamttendenz, die stärkeren Eingriffen und Veränderungen unterliegen können. Auch dafür bieten die Überlieferungsgeschichte der Faustsage und der Hioblegende genügend Belege.

4. *Die dreifache Aufgabe der Überlieferungskritik*

a) Die Überlieferungskritik soll die Art und Weise der im Verlauf der Überlieferung eingetretenen Veränderungen erfassen. Diese sind bei ursprünglich volkstümlichem Erzählgut am besten zu erkennen, da es zunächst „erst stofflich festgelegt, aber ansonsten noch relativ offen [war] für Neuformulierung, breitere Ausgestaltung, Verbindung und Verschränkung mit anderen Erzählungen und Erzählungsteilen“[128]. In anderen Fällen, in denen überlegte Formulierungen zunächst mündlich weitergegeben worden sind (z.B. Propheten- und Weisheitssprüche), ist kaum mit einer wesentlichen Veränderung im Verlauf des – meist kurzen – Zeitraums der mündlichen Überlieferung zu rechnen. Die Analyse wird nur auf sammelnde Anordnung (sofern nicht auf Komposition oder Redaktion beruhend), interpretierende und aktualisierende Vorschaltungen, Erweiterungen, Verbindungstexte oder Anhänge treffen.

b) Die Überlieferungskritik soll die sachlich-inhaltliche Eigenart der Veränderungen erfassen, die von mannigfacher Art sein kann. Einmal kann es sich um Veränderungen im Zusammenhang mit der in der mündlichen Überlieferung oder einem vorläufigen schriftlichen Überlieferungsstadium erfolgten Verbindung mehrerer Einheiten zu einer Sammlung, einer Komposition oder einem Zyklus handeln. Dann bemerkt man Angleichungen, Verklammerungen usw., wie sie häufig bei der Analyse des Pentateuchs/Hexateuchs festgestellt worden sind. Ferner kann es sich um sachliche Umgestaltungen infolge einer veränderten religiös-theologischen Grundlage handeln. Dies gilt für die Aufnahme von ursprünglich kanaanäischen Erzählungen, für die schon die Patriarchenüberlieferung eine Reihe von geradezu klassischen Beispielen liefert. Des weiteren kann es sich um Veränderungen aufgrund eines Wechsels im Überliefererkreis oder Überliefererbereich handeln. So verhält es sich bei der gesamtisraelitischen Übernahme der ursprünglich gruppengebundenen Patriarchenüberlieferungen und bei der gesamtisraelitischen Interpretation der ursprünglich auf Stammesebene geschilderten Richter. Schließlich kann es sich um neue inhaltliche, aber auch erzählerische Akzente handeln; ein Beispiel dafür bildet die Hioblegende.

c) Die Überlieferungskritik soll, sofern und soweit dies im Einzelfall möglich ist, unter Berücksichtigung der Veränderungen und ihrer

---

[128] H. Barth–O.H. Steck a.a.O. (Anm. 76) 42.

Eigenart die ursprünglichen Überlieferungselemente einer Einheit erfassen, aus denen sich gegebenenfalls wieder übergreifende literarische oder geschichtliche Schlüsse ziehen lassen.

II. Methodik

Wie läßt sich die dreifache Aufgabe der Überlieferungskritik lösen? Welche Ansatzpunkte können dazu führen, auf einen kürzeren oder längeren Werdegang einer Einheit zu schließen und ihn zu verfolgen? Was weist auf Veränderungen hin, die an einer Einheit im Verlauf einer kürzeren oder längeren Zeit vorgenommen worden sind, so daß man unter Berücksichtigung dessen eine ältere Gestalt der Einheit ausfindig machen kann? Folgende Möglichkeiten sind bei der Analyse einer Einheit zu prüfen.

1. Spannungen und Auffälligkeiten

In einer Einheit, die nach der literarkritischen Analyse als ein in sich geschlossenes Ganzes erscheint, können dennoch Spannungen und Auffälligkeiten von unterschiedlicher Art begegnen, die nicht zu einer weiteren literarkritischen Differenzierung ausreichen. Sie legen die Annahme nahe, daß die Einheit nicht in dieser Gestalt verfaßt und niedergeschrieben worden ist, sondern eine gewisse Vorgeschichte aufweist.

a) Auf dergleichen trifft man in der Erzählung von Hagars Flucht und Ismaels Geburt (Gen 16). In der Wüste, in die sie geflohen ist, hört Hagar die Stimme des Jahweboten, der in v. 10 und 13 mit Jahwe praktisch gleichgesetzt wird:

(11) Da sagte der Jahwebote zu ihr: „Siehe, du bist schwanger und wirst einen Sohn gebären. Du sollst ihn Ismael nennen, denn Jahwe hat dein Elend gehört."

Danach müßte das Kind eigentlich Schemaja(hu) oder Jischmaja(hu) heißen. Der tatsächliche Name dagegen geht auf eine El-Tradition zurück. Und da El in der syrisch-palästinischen Götterwelt eine der wichtigsten Gestalten war, werden wir auf außerisraelitische Zusammenhänge hingewiesen. Schwieriger ist die Sachlage in 16,13–14, in denen das Stichwort „sehen" und nicht „hören" lautet:

(13) Da nannte sie den Namen Jahwes, der zu ihr geredet hatte: „Du bist ein Gott des Schauens (wörtlich: El Roï)." Denn sie sagte:

„Habe ich auch hier hinter dem hergeschaut, der mich geschaut hat?" (14) Darum nennt man den Brunnen: „Brunnen des Lebendigen, der mich schaut". Er liegt zwischen Qadesch und Bared.

Hagar benennt also den Jahweboten (den sie nicht geschaut, sondern der zu ihr gesprochen hat!), und andere benennen den Ort des Ereignisses. Der Erzähler hat dies wahrscheinlich schon in der Überlieferung vorgefunden, da die Benennungen in seiner Darstellung keine Rolle spielen, sondern nur ein Anhängsel an sie bilden. So werden wir eine Stufe zurückgeführt: Ursprünglich wurde erzählt, wie die Oase Beerlachajroï zum Heiligtum wurde und daß sie den Namen einer Gottheit, des El Roï, erhielt.

Die beiden Erzählungsteile in 16,11 und 16,13–14 wurden vom Erzähler vorgefunden und übernommen; sie waren schon im mündlichen Überlieferungsstadium miteinander verbunden. Für den Erzähler war nur mehr der erste Teil über Ismael wichtig, der andere (in dem er in v. 13a „Gottheit" durch „Jahwe" ersetzte) trat zurück und erhielt wortspielartigen Charakter. Damit hängt wohl auch der schwierige Textzustand in v. 13b zusammen: „hinter dem, der mich geschaut hat". Setzt man statt dessen den Namen der Gottheit ein, so hat der ursprüngliche Satz gelautet: „Wirklich, ich habe den El Roï geschaut." Daran schließt v. 14 unmittelbar an. All diese Beobachtungen führen weit in die vorisraelitische Vorgeschichte von Gen 16 zurück.

b) In § 2 wurde auf die Auffälligkeiten in Gen 1,1–2,4a hingewiesen: auf den Widerspruch zwischen den acht Schöpfungswerken und den sechs Schöpfungstagen und auf das Nebeneinander von zwei Arten des göttlichen Schaffens durch das „Machen" und das „Sprechen". Auch diese Auffälligkeiten lassen sich durch das Zusammenwachsen von zwei Überlieferungen im vorliterarischen, mündlichen Stadium erklären. Es kann sich um zwei Erzählungen mit zusammen acht Schöpfungswerken gehandelt haben (die erst der jetzige Erzähler auf sechs Tage verteilte), von denen die eine einen Tatbericht und die andere einen Befehlsbericht darstellte.

Ebenso lassen sich die Auffälligkeiten in Gen 11,1–9 verstehen. Die Erzählung nennt zwei Bauwerke: Stadt und Turm, zwei mit ihnen verfolgte Ziele: sich nicht zerstreuen und sich Ruhm verschaffen, zweimaliges Herabfahren Jahwes in v. 5 und 7, zweifaches Handeln Jahwes: Zerstreuung der Menschen und Verwirrung ihrer Sprache. Da es sich in Gen 11,1–9 um eine in sich geschlossene Erzählung handelt, ist zu folgern, daß zwei ursprünglich selbständige Geschichten bestanden haben: Die Menschheit baute eine Stadt, um sich nicht zu zerstreuen –

die Menschheit baute einen riesigen Turm, um sich Ruhm zu verschaffen.

c) Demgegenüber kann – um ein Gegenbeispiel anzuführen – eine Einheit auch Spannungen und Auffälligkeiten aufweisen, die sich nicht überlieferungskritisch erklären lassen, sondern auf Kompositions- und Redaktionsvorgängen beruhen. So verhält es sich in Gen 18–19 mit dem folgenden seltsamen Nebeneinander:

18,1 Da erschien ihm Jahwe bei den großen Bäumen von Mamre ...
18,2 Als er die Augen aufhob, sah er plötzlich drei Männer ...
18,3 Er sprach: „Mein Herr, habe ich Gunst in deinen Augen gefunden ..."
18,4 Man hole doch etwas Wasser, dann wascht eure Füße und legt euch unter den Baum.
18,5b Sie sprachen: „Tu so, wie du gesagt hast."
18,9 Danach fragten sie ihn: „Wo ist deine Frau Sara?"
18,10 Da sagte er:
18,13 Da sagte Jahwe zu Sara ...
18,16 Dann erhoben sich die Männer von dort ...
18,33 Dann ging Jahwe weg, als er das Gespräch mit Abraham beendet hatte ...
19,1 Die zwei Boten kamen abends nach Sodom ...
19,12 Dann sprachen die Männer zu Lot ...
19,17 Während sie sie hinausführten, sprach er: „Rette dich ..."
19,18 Da sagte Lot zu ihnen ...
19,19 Sieh doch, dein Knecht hat Gunst in deinen Augen gefunden ...

Der Wechsel zwischen Jahwe und den drei „Männern" (die in 19,1 wegen des Weggehens Jahwes nach 18,33 nachträglich auf zwei verringert und als „Boten" Jahwes bezeichnet worden sind) weist nicht auf eine Spannung in einer sonst in sich geschlossenen Einheit hin, sondern erfordert eine literarkritische Scheidung in zwei nebeneinander verlaufende Darstellungen, die zu zwei Quellenschichten des Pentateuchs/Hexateuchs gehört haben und redaktionell zusammengearbeitet worden sind. Eine überlieferungskritische Erklärung scheidet für Gen 18–19 wie in zahlreichen anderen Fällen aus.

2. *Hinweise aufgrund des ätiologischen Charakters*

Eine Einheit mit ätiologischem Charakter, die keine überlieferungskritisch relevanten Spannungen aufweist, kann dennoch eine vorliterarische Geschichte haben. Unter Ätiologie versteht man die Erklärung eines Tatbestandes in der Gegenwart der Erzählung aus einem angeblichen Geschehen, das sich meist in ferner Vergangenheit abgespielt haben soll. Insbesondere werden erklärt 1. Naturerscheinungen, z.B. die Öde der Landschaft am Toten Meer (Gen 19), 2. Namen, z.B. der

Name des Ortes Beerseba (Gen 21,22 ff.), 3. Kultstätten, -bräuche oder -gegenstände, z.B. das Bild der ehernen Schlange (Num 21,6ff.), 4. Eigenarten eines Stammes oder Volkes, z.B. der Lebensweise und Wohngegend der Ismaeliten (Gen 16,11f.).

Zwei Arten von Einheiten mit Ätiologien lassen sich unterscheiden: a) Es gibt Einheiten, auf deren ätiologischen Charakter vor allem folgende Merkmale hinweisen: die typische Schlußformel „bis auf diesen Tag" (z.B. Jos 4,9; 6,25; 7,26; 8,28.29; 9,27; 10,27) und die Weitergabeformel „Wenn eure Kinder künftig fragen werden ..., dann sollt ihr ihnen sagen" oder ähnlich (z.B. Jos 4,6f.21f.). b) Doch auch wenn diese Formeln nicht begegnen, kann eine Einheit in der vorliegenden Form einen Stoff mit ätiologischem Charakter enthalten, der ursprünglich selbst eine Einheit mit ätiologischem Charakter gewesen sein kann. Folgende Beobachtungen, die an solchen Einheiten gemacht worden sind, lassen den Schluß auf eine vorliterarische Geschichte einer Einheit zu.

a) In einer Einheit mit ätiologischem Charakter sind die in der jetzigen Überlieferung verwendeten Namen der in der Einheit erwähnten Personen nicht ursprünglich mit dem Stoff der Einheit verbunden, sondern erst im Verlauf der Überlieferung mit ihm verknüpft worden. Zu diesem Ergebnis führen unter anderem folgende Überlegungen: Ätiologische Erzählungen haben sich mit Vorliebe an bereits berühmte Namen geheftet, unter Umständen sogar wahlweise an mehrere. Im Gegensatz zu Erzählungen, die um eine bestimmte, unersetzbare Person kreisen und die man Erzählungen mit personalem Charakter nennen kann (herkömmlich z.B. Heldensage oder Märtyrerlegende), sind derartige Zuweisungen stets nachträglich in der Ausgestaltung der Überlieferung erfolgt. Deutlich ist dies auch, wenn – wie im Falle Josuas und der Erzählungen in Jos 2–10* – der herangezogene Name in einer anderen Menschengruppe und Landschaft als die Erzählung oder Erzählungsreihe verwurzelt war: Josua war Ephraimit, der Erzählungskranz dagegen benjaminitisch.

Aufgrund der oben erwähnten Formeln erweist sich der Hauptteil der Erzählungen in Jos 2–10 als ätiologisch: die Erzählungen vom Jordanübergang, von der Eroberung Jerichos, von der Versündigung und Bestrafung Achans, von der Eroberung Ais, vom Vertrag mit den Gibeoniten und von den Königen in der Höhle bei Makkeda. Die geschilderten Begebenheiten – und wahrscheinlich noch andere in Erzählungen oder Formeln – standen in keiner Beziehung zu Josua und sind ursprünglich unabhängig von ihm erzählt worden. Dies weist auf eine vorliterarische Geschichte der Einheiten hin, zumal schon die Übertragung auf Josua in einem vorliterarischen Stadium erfolgt sein dürfte [129].

b) Es kann aber auch sein, daß die Ätiologie nicht die einzige Funktion der Einheit ist, sondern lediglich eine Neben- oder Teilfunktion darstellt. Dann scheint es so, als seien in der Einheit verschiedenartige Stoffe zusammengearbeitet worden, von denen ein Stoff ätiologischen Charakter aufweist. In diesem Fall läßt sich die sekundäre Zuweisung an eine bestimmte Person und die Beziehung auf ein bestimmtes Ereignis aufgrund der sprachlichen Analyse der Einheit erkennen: Es stellt sich eine Zwei- oder Mehrgipfligkeit der Einheit mit einer Verlagerung des Erzählinteresses bzw. der Überlagerung eines Interesses durch ein anderes heraus. Ergibt sich dies, so sind wahrscheinlich Person und/oder Ereignis erst im Verlauf der Überlieferung eingeführt worden; ursprünglich dagegen hat es sich um eine Erzählung mit ätiologischem Charakter gehandelt.

Ein Beispiel dafür bildet die Erzählung von der Vernichtung Sodoms und Gomorras in Gen 18–19. In ihr lassen sich unschwer mehrere Gipfel und Interessen erkennen: Die Erzählung soll über Abraham und Lot berichten, sie soll religiöse und theologische Aussagen illustrieren, sie soll eine Nachkommenverheißung an Abraham bringen, sie soll aber auch die Entstehung des Toten Meers und der Eigenarten seiner Umgebung erklären. Durch letzteres werden die Oasen am Toten Meer und in der Wüste des unteren Jordangrabens als dürftiger Rest und Zeuge einer vergangenen üppigen Pracht der Landschaft hingestellt. Eine Funktion der Erzählung ist die Schilderung der Gefährdung und Rettung Lots, der sich bei der Trennung von Abraham in eigennütziger Weise jenes reiche Gebiet als Wohnsitz gewählt hatte und eben dadurch anders als der bescheidene Abraham in Gefahr geriet. Eine andere Funktion der Erzählung ist die Begründung und Schilderung der Vernichtung von Sodom und Gomorra. An alledem läßt sich bereits erkennen, daß eine ursprünglich ätiologische Erzählung zur Ausgestaltung des Abraham-Lot-Zyklus herangezogen worden ist. Dabei ist die Vernichtung der Städte nach der verbreiteten Sagenart von der versunkenen Alm geschildert worden [130], die in diesem Fall mit den Namen

---

129 Vgl. die Analyse der Josuaüberlieferung durch A. ALT, Josua, in: Werden und Wesen des Alten Testaments, 1936, 13–24, und M. NOTH, Das Buch Josua (HAT), 1938 (1953²).

130 M. HALLER, Die Blüemlialpsage religionsgeschichtlich gesehen, in: Festschrift A. BERTHOLET, 1950, 208–221.

Abrahams und Lots verknüpft worden ist wie in anderen Fällen mit anderen Namen.

c) Die unter a und b genannten Fälle können auch in einer Einheit zusammentreffen. So enthält die Erzählung von der Herkunft der Moabiter und Ammoniter von Lot und seinen Töchtern in Gen 19,30–38 zwei verschiedenartige Ätiologien: einen ätiologischen Stoff über das Leben einiger einer Katastrophe entronnener Menschen in einer Gebirgshöhle oberhalb von Zoar und eine Ätiologie mit Schlußformel über die Abstammung der ostjordanischen Moabiter und Ammoniter. Im jetzigen Zusammenhang soll die Erzählung Lot und sein Haus wegen Blutschande verurteilen. Doch die Schlußsätze über Moabiter und Ammoniter lassen erkennen, daß man sie schon davor in Israel mit dem Zweck erzählt hat, die beiden ihm meist feindlichen Nachbarvölker mit Schmach und Schande zu belegen. Von hier aus hat sich die weitere Frage gestellt, ob die Schlußsätze nicht auf eine ältere moabitisch-ammonitische Stammessage schließen lassen, die ein positives Urteil über die Abstammungsverhältnisse enthielt: einen Preis auf „den Heroismus ihrer Mutter ... und die Reinheit ihres Blutes: sie sind nicht aus fremdem Samen erzeugt, sondern von Vater und Tochter, reinstes Vollblut!"[131] Daneben führt die Erwähnung der Höhlen oberhalb von Zoar zu der Annahme einer Abstammungssage der Höhlenbewohner, die sich von einer ähnlich heroischen Tat nach einer vernichtenden Katastrophe herleiteten.

3. Hinweise aufgrund von Struktur und Alter einer Einheit

a) Daß im Verlauf der Überlieferung des Textes einer Einheit von seiner ursprünglichen Gestalt bis zur endgültigen schriftlichen Niederlegung Wandlungen eingetreten sind, kann aus der Struktur der zu exegesierenden Einheit hervorgehen. Dies zeigt sich an einer Analyse von Jer 29[132]. Den Ausgangspunkt bildet die Einführung eines Briefes Jeremias in v. 1 und 3 (unterbrochen durch den später zugefügten v. 2), die die ursprünglichen Angaben des Briefes über Absender und Empfänger ersetzt hat. Der in v. 4–7 überlieferte Brief ist also nicht mehr vollständig; sein Text war infolge der neuen Einführung einer Wandlung unterworfen. In einem weiteren Überlieferungsstadium sind Verse mit der Darstellung der brieflichen Auseinandersetzung zwischen Jeremia und

---

[131] H. Gunkel, Genesis, 1964^6, 218.

[132] Vgl. im einzelnen G. Wanke, Untersuchungen zur sogenannten Baruchschrift, 1971, 36–59.

dem Exilspropheten Schemaja in v. 24–32 verbunden worden. Der Schemajabrief bezieht sich nur auf v. 4–7 und nicht auf die Erweiterungen des Jeremiabriefes, die daher nicht berücksichtigt worden sind, und weist in seiner Einleitung eine andere Stilform als die Einführung des Jeremiabriefes auf, so daß er auf einer eigenen Überlieferung beruht und von anderer Hand als derjenigen des Verfassers von v. 1 und 3 mit dem Jeremiabrief verbunden worden ist. Aus der Verbindung ergab sich eine Erzählung von einer Auseinandersetzung zwischen Jeremia und Schemaja (Jer 29,1.3–7.24–32) mit einem auch sonst zu beobachtenden dreigliedrigen Aufbau: Aktion Jeremias – Gegenaktion Schemajas – Verurteilung von und Unheilsankündigung für Schemaja. Abgesehen von späteren Erweiterungen (v. 10–14; v. 15.21–23; v. 16–20) ist die Erzählung in einem eigenen Überlieferungsstadium mit Jer 27–28 (Auseinandersetzung zwischen Jeremia und Chananja) zu einer programmatischen Schrift gegen die falschen Propheten zusammengefügt worden, auf die sich Jer 29,8f. bezieht.

b) In zahlreichen anderen Fällen ist aufgrund des großen zeitlichen Abstandes zwischen der endgültigen schriftlichen Niederlegung einer Einheit und dem in ihr geschilderten Ereignis bzw. der ersten mündlichen Erzählung von dem Ereignis anzunehmen, daß die Überlieferung des Textes im Verlauf des langen Weges mancherlei Wandlungen unterworfen war. Dies gilt beispielsweise für die ganze Patriarchen- und Moseüberlieferung. Ihre endgültige schriftliche Niederlegung ist frühestens im 10. Jh. v. Chr., wahrscheinlich aber noch später erfolgt, so daß zwischen ihr und den Ereignissen bzw. den ältesten Erzählungen mehrere Jahrhunderte liegen. Für diese Zeit ist trotz der großen Beständigkeit der mündlichen Überlieferung im Orient mit einer Umformung und Weiterbildung der Überlieferung zu rechnen, erst recht im Verlauf der endgültigen schriftlichen Niederlegung in den älteren Quellenschichten des Pentateuchs/Hexateuchs mit ihren jeweils eigenen literarischen und theologischen Konzeptionen.

Freilich lassen sich für die Feststellung der anzunehmenden Wandlungen des Textes wahrscheinlich keine allgemeingültigen Maßstäbe niederlegen. Vielmehr wird man von Fall zu Fall nach ihnen suchen müssen. Hinweise können liefern: der nach Ausweis einer Konkordanz ältere oder jüngere Wortschatz, die nach unserer Kenntnis der altorientalischen und israelitischen Kulturgeschichte älteren oder jüngeren Vorstellungen, Bräuche oder Institutionen sowie die religions- und theologiegeschichtlich bestimmbaren älteren oder jüngeren Glaubensformen.

4. Zeitlich differenzierte Schichtung des Textes

In einer Einheit, die als ein in sich geschlossenes Ganzes erscheint, kann eine eingehende Untersuchung der Einzelzüge, des Stils und der Ausdrücke eine gewisse periodische und kultur- oder geistesgeschichtliche Schichtung ergeben. Aufgrund des Vergleichs mit anderer, im großen Rahmen datierbarer Literatur des Alten Orients und des Alten Testaments lassen sich die Einzelzüge und der Stil vielfach verschiedenen Perioden zuordnen, die um Jahrhunderte voneinander getrennt sein können. In ähnlicher Weise kann man aufgrund der sprachgeschichtlichen Sonderung [133], vor allem mit Hilfe einer Konkordanz, die Ausdrücke eines Textes häufig verschiedenen sprachlichen Perioden des Hebräischen zuweisen. Durch die Feststellung der Schichten und deren eventuelles Abtragen zeichnet sich allmählich ein Gesamtbild der Schichtung ab. Das beste Beispiel bildet die Rahmenerzählung des Buches Hiob, für die sich in Abschnitt I,2 folgende Schichtung zeigte: vorisraelitische Fassung, israelitische Fassung der älteren vorexilischen Zeit, Einwirkungen in der Zeit um 600 v. Chr., mehrfache Bearbeitung in der nachexilischen Zeit, Veränderungen durch den Hiobdichter.

5. Schriftliche Vorlage

Manchmal ist eine schriftliche Vorlage bekannt, die – sei sie in Israel nun durch schriftliche oder durch mündliche Überlieferung bekannt gewesen – den Ausgangspunkt für die zu analysierende Einheit des Alten Testaments gebildet hat. In einem solchen Fall sind Anfang und Ende des Werdegangs der Einheit greifbar, während sich die Zwischenstufen gewöhnlich nicht rekonstruieren lassen.

a) Die jetzige Sintfluterzählung Gen 6–8 ist in einem redaktionellen Prozeß aus einer jahwistischen und einer priesterschriftlichen Erzählung zusammengefügt worden. Beide lassen sich auf wesentlich ältere mesopotamische Darstellungen zurückführen, an die sie anknüpfen und deren Einzelzüge teilweise noch in den alttestamentlichen Erzählungen wiederkehren.

b) Prov 22,17–23,11 läßt sich auf die ägyptische Weisheitslehre des Amenemope zurückführen (entstanden zwischen dem 10. und 6. Jh. v. Chr.). Das Einleitungsgedicht 22,17–21 und die behandelten 10

---

[133] Ein sehr gutes Beispiel bietet P. Humbert, Problèmes du livre d'Habacuc, 1944.

Themen 22,22–23,11 entsprechen oft wörtlich dem ägyptischen Text. Vielleicht hat der israelitische Weise sogar dessen Einteilung in 30 Kapitel („Häuser") übernommen, wenn in 22,20 „dreißig" an Stelle von „vorgestern" oder „Adjutanten" zu lesen ist. Es handelt sich jedoch nicht um eine einfache Übersetzung aus dem Ägyptischen. Vielmehr zeigt ein Vergleich, daß der israelitische Weise aus einem Drittel der ägyptischen Lehre eine Anthologie hergestellt, die Themen in anderer Reihenfolge behandelt und in 22,26f. einen eigenen Spruch eingefügt hat. Jedenfalls führt der überlieferungskritische Vergleich sofort auf die ägyptische Quelle zurück.

6. *Hinweise aus dem Vergleich von Einheiten*

Während in den Abschnitten 1.–4. der überlieferungskritische Ansatz in den einzelnen Einheiten selbst lag und sich in Abschnitt 5. durch die anderweitig bekannt gewordenen Textvorlagen ergab, ist in anderen Fällen vom Vergleich mehrerer Einheiten des Alten Testaments miteinander auszugehen. Dabei ist gegebenenfalls auf Ergebnisse der Motiv- und Traditionskritik zurückzugreifen, da selbständige Motive, geprägte Themen und Traditionen auf Vorstufen schließen lassen können.

a) In Gen 28,10–22 sind zwei Erzählungen über Jakobs Traum in Betel miteinander vereinigt: die jahwistische und die elohistische Version des Geschehens. Ungeachtet dessen, daß schon die jahwistische Version infolge ihrer inneren Spannung einen Ansatzpunkt für die überlieferungskritische Untersuchung enthält, führt auch der Vergleich zwischen beiden Versionen zu ähnlichen Überlegungen und Erkenntnissen, die auf eine kanaanäische Erzählung als Ausgangspunkt schließen lassen. Für die Einzelheiten sei auf die Analyse der Einheit in § 12 verwiesen.

b) Dreimal erzählt die Genesis von der Gefährdung der Ahnfrau – zweimal der Sara (Gen 12,10–20; 20,1–18) und einmal der Rebekka (Gen 26,1–17a). Man kann die Frage stellen, ob die Einheiten sich auf ein gemeinsames Schema zurückführen lassen, das wiederum die Grundlage für eine volkstümliche Erzählung von den Erfahrungen eines Nomaden und seiner Frau in einem fremden Land oder einer fremden Stadt gebildet hat – dies um so mehr, als die Patriarchenfrauen in der Genesis keine eigene Rolle spielen, keine selbständige Überlieferung aufweisen und möglicherweise keinen historischen Hintergrund besitzen.

c) Von David, der zweifellos eine historische Gestalt war, wird zweimal erzählt, wie er an den Hof Sauls und in dessen Dienst kommt: nach I Sam 16,14–23 als ein den Höflingen bekannter Saitenspieler, nach I Sam 17 infolge seines Sieges über den Philister Goliat. Dieses unverträgliche Nebeneinander gibt zu der Frage Anlaß, ob sich nicht eine der beiden Darstellungen ursprünglich auf eine andere Person bezogen hat. Einem Vergleich kommt die Notiz II Sam 21,19 zu Hilfe, nach der Elchanan aus Betlehem den Goliat getötet hat. Im Verlauf der Überlieferung ist diese Tat auf David übertragen worden.

III. Ergebnisse

1. Die Überlieferungskritik gewährt Einblick in Ursprung und Wandlungen einer Einheit im Verlauf der Überlieferung, wobei sich in unterschiedlichem Maße einerseits die Art und Weise der Veränderungen, andererseits die sachlich-inhaltliche Eigenart der Veränderungen erkennen lassen. Daraus läßt sich die Überlieferungsgeschichte der Einheit in gewissen Grenzen rekonstruieren.

2. Die Überlieferungskritik gewährt Einblick in das Verhältnis von Tradition und Interpretation, indem sie zeigt, daß ältere Überlieferungen nicht nur aufgenommen und weitergegeben, sondern dabei gemäß neuen Absichten und Zielen in immer neuer Weise interpretiert werden. An Stelle bloßer Wiederholung findet sich die interpretierende Weiterbildung.

3. Die Überlieferungskritik gewährt Einblick in die Geschichte der israelitischen Religion und des alttestamentlichen Glaubens – von der Übernahme und Umwandlung ursprünglich nichtisraelitischer Überlieferungen und ihrer Integration in die Geschichte Israels und den Jahweglauben bis zur einmaligen oder mehrfachen Veränderung und Prägung der Überlieferung in verschiedenen religiösen oder theologischen Überliefererkreisen oder in verschiedenen Phasen der geistigen und religiös-theologischen Geschichte Israels. Dadurch werden Überliefererkreise und geschichtliche Phasen besser erkennbar.

4. Die Überlieferungskritik liefert einen Zugang zu historischen und religionsgeschichtlichen Kenntnissen und Erkenntnissen, die in ursprünglichen Überlieferungselementen in den Stadien vor der endgültigen Verschriftung der Einheiten noch erfaßbar sind oder den Entstehungsort bzw. den Haftpunkt der Überlieferung darstellen, an anderer Stelle oder unmittelbar jedoch nicht überliefert sind.

B. Kompositions- und Redaktionskritik

I. Fragestellung und Aufgabe

1. Fragestellung

Gegenstand der Untersuchung ist weiterhin die mit Hilfe der Literarkritik abgegrenzte und gesonderte Einheit, und zwar die einfache, erweiterte und zusammengesetzte Einheit. Außerdem muß für die Frage nach der Komposition und teilweise für diejenige nach der Redaktion der engere und weitere Kontext herangezogen werden.

Die Untersuchung der Komposition und der Redaktion betrifft in erster Linie alle erkennbaren literarischen Bearbeitungen im Anschluß an die endgültige schriftliche Niederlegung (sofern sich auf überlieferungskritischem Wege frühere Überlieferungsstadien erfassen lassen) oder an die sogleich nach der Abfassung erfolgte Niederschrift der Einheit. Darüber hinaus kann die Frage nach der Komposition schon den Bereich der Überlieferung in Stadien vor der endgültigen schriftlichen Niederlegung betreffen. Im wesentlichen wird danach gefragt, wie die Teile des Textes, die literarkritisch voneinander geschieden werden mußten, zu der jetzt vorliegenden Form der Einheit zusammengefügt worden sind.

a) Einmal handelt es sich um die Frage nach der teils literarischen, teils vorliterarischen Zusammenfügung einzelner Einheiten zu größeren Komplexen, sofern diese Kompositionen darstellen. Eine Komposition liegt vor, wenn ein Bearbeiter aus mindestens zwei Einheiten ein größeres Werk hergestellt hat und wenn er sie sinnvoll und gezielt zusammengefügt, gegebenenfalls in vorliegende Überlieferungen in stärkerem Maße eingegriffen oder eigene Abschnitte an geeigneter Stelle eingefügt hat. Dieser Vorgang ist während dreier Stadien möglich: Er kann sich vor der Tätigkeit des Verfassers in einem mündlichen oder einem vorläufigen schriftlichen Stadium der Überlieferung abgespielt haben. Er kann durch den Verfasser der Einheiten im Zusammenhang mit der endgültigen schriftlichen Niederlegung der Einheiten vorgenommen worden sein. Er kann im Zuge der redaktionellen Bearbeitung nach der endgültigen schriftlichen Niederlegung der Einheiten durch die Hand eines Redaktors erfolgt sein. Der Urheber kann also ein Kompositor oder ein Redaktor sein.

b) Ferner handelt es sich um die Frage nach der – auf die Tätigkeit des Verfassers möglicherweise folgenden – redaktionellen Bearbeitung von Einheiten oder Kompositionen und deren weitere Zusammenfügung zu umfassenden Werken und Büchern. Solche Redaktionen sind literarische Bearbeitungen durch andere und spätere Hände als diejenigen der Verfasser.

Die redaktionskritische Frage stellt sich also entgegen anderen Auffassungen noch nicht bei der ersten Verschriftung von mündlicher Überlieferung[134] – weder bei rein kodifizierender Verschriftung als Frage nach der Funktion einer Einheit im literarischen Zusammenhang, sofern ein solcher besteht;
noch bei einer mehr oder weniger weitreichenden Neuformulierung oder Neufassung durch den verschriftenden Verfasser als Frage nach dem Verhältnis von „Tradition und Redaktion";
noch beim Einbringen von selbständigen und isolierbaren Wissensstoffen durch den Verfasser bei der Formulierung eines Textes;
noch bei der Komposition von Werken durch einen Verfasser mittels Auswahl, Anordnung und Zusammenstellung alter Überlieferungen und deren Neuformulierung und Neufassung.

In all diesen Fällen trifft die Bezeichnung Redaktion nicht zu, sofern es sich um Neuformulierungen und Neufassungen und also um schriftstellerisch-schöpferische Vorgänge handelt.

Ebensowenig darf die Redaktionskritik als führende Grundmethode für die Untersuchung alttestamentlicher Bücher betrieben werden, so daß beispielsweise die redaktionskritische Fragestellung im Gesamtrahmen eines Prophetenbuches institutionsgeschichtlich zu fassen wäre, die Prophetenbücher als „Predigten" der nachexilischen Gemeinde zunächst über das religiöse und gesellschaftlich-politische Selbstverständnis dieser Gemeinde auf der Grundlage bestimmter Institutionen Aufschluß gäben und die alttestamentliche Prophetie überwiegend Ausdruck gottesdienstlicher Auseinandersetzung mit den Problemen der nachexilischen Zeit wäre, während aus vorexilischer Zeit nur wenig Prophetisches – und dies durchweg in Überarbeitungen – vorläge[135]. Eine solch einseitige Übersteigerung der Redaktionskritik und Überbewertung ihrer Reichweite, verbunden mit einer maßlosen Überschätzung der – in gewissen Grenzen durchaus nachweisbaren – redaktionellen Bearbeitung alttestamentlicher Bücher in nachexilischer Zeit, ist nicht akzeptabel.

Gegenüber den genannten Auffassungen umfaßt die Redaktion die literarische Bearbeitung im Anschluß an die Verschriftung von mündlich überliefertem Gut – sei sie vorläufig oder endgültig – oder an die sogleich erfolgte endgültige schriftliche Niederlegung. Dabei reicht die Redaktion bis hin zur kleinsten Glosse. Bei größeren Textabschnitten ist es gleichgültig, ob durch die Redaktion mehrere Einheiten unverbunden nebeneinandergestellt oder zu einem gegliederten und gezielten Ganzen verbunden worden sind. Das bedeutet, daß mittels einer Redaktion auch eine Komposition hergestellt werden kann. Diese Redak-

---

[134] H. Barth-O.H. Steck a.a.O. (Anm. 76) 50f.

[135] H. Schulz, Das Buch Nahum, 1973.

tionskritik sollte wertfrei gesehen werden, d.h. sie sollte absehen von einer negativen Wertung redaktioneller Zusätze und Bearbeitungen und diese nicht einfach als „sekundär" oder „unecht" im abwertenden Sinn bezeichnen. Vielmehr muß sie sich mit der redaktionellen Geschichte einer Einheit und mit den Neuinterpretationen eines Textes, die mittels Zusätzen und Bearbeitungen erfolgt sind, ernsthaft befassen.

2. *Was sind Kompositionen und redaktionelle Bearbeitungen?*

Wann eine Komposition vorliegt und wann es sich um das Ergebnis einer Redaktion handelt, läßt sich aufgrund der bisherigen Untersuchung der alttestamentlichen Bücher wenigstens in großen Zügen darlegen.

a) Als Kompositionen können gelten:
die mehr oder weniger kunstvolle Zusammenstellung oder Verknüpfung von mehreren Einheiten zu Erzählungszyklen (Abraham, Jakob), zu fortlaufenden Großerzählungen (Josefgeschichte) und zu Sammlungen, sofern es sich nicht nur um ein unverbundenes Nebeneinander handelt;
die ähnliche Zusammenstellung oder Verknüpfung von Propheten- und Weisheitssprüchen oder Liedern zu ersten Sammlungskomplexen, sofern es sich nicht nur um ein unverbundenes Nebeneinander handelt (Jesajasammlungen, z.T. Kohelet);
die Verknüpfung von zahlreichen Einheiten zu umfassenden Erzählungsfäden (Jahwist, Elohist, Priesterschrift) und die Zusammenstellung von ersten prophetischen Sammlungskomplexen zu Großsammlungen oder Büchern nach einem zwei- oder dreigliedrigen eschatologischen Schema (Unheil-Heil; Unheil für Israel – Unheil für andere Völker – Heil);
die Komposition eines Buches, sei sie primär erfolgt (Königsbücher) oder überarbeitend (Richterbuch).

b) Zur redaktionellen Bearbeitung gehören insbesondere:
das Ineinanderarbeiten der Quellenschichten des Pentateuchs/Hexateuchs;
die Bearbeitung von schon fertigen Schriften (z.B. deuteronomistische Redaktion);
die Herstellung von ersten Sammlungskomplexen mit Erzählungen, Sprüchen oder Liedern und die Anordnung von solchen ersten Sammlungskomplexen zu Großsammlungen, sofern in beiden Fällen kein kompositorisches Schema zu erkennen ist, vielmehr ein unverbundenes

Nebeneinander der einzelnen Einheiten oder Sammlungskomplexe vorliegt;
Änderungen im Text von Einheiten durch Umstellen, Weglassen, Erweitern (vor allem durch Glossen).

3. *Aufgaben der Kompositions- und Redaktionskritik*

a) Die Kompositionskritik soll die Art und Weise der Zusammenfügung von Einheiten und gegebenenfalls die Art und Weise der von einem Kompositor vorgenommenen Änderungen und eingefügten eigenen Abschnitte erklären. Sie untersucht die Frage, wie z.B. der Abraham- und der Jakobzyklus, die Erzählungsfäden des Pentateuchs/Hexateuchs, die ersten komponierten Sammlungskomplexe von Sprüchen und Liedern oder die Königsbücher zusammengestellt worden sind. Welche Wege haben die Kompositoren dabei beschritten? Welche Funktion hat die zu exegesierende Einheit innerhalb der Komposition?

b) Die Redaktionskritik soll das Ausmaß und die Art und Weise der redaktionellen Bearbeitung erklären. Diese kann bei Änderungen im Text von Einheiten im Hinzufügen von Rand-, Kontext- oder Interlinearglossen oder von größeren Zusätzen (z.B. Hymnenteile im Amosbuch), in bewußten Eingriffen in den Textbestand oder in Textumstellungen bestehen. Die Redaktionskritik soll ferner den Umfang, das Zustandekommen und die mögliche Bearbeitung von nichtkomponierten ersten Sammlungskomplexen und Großsammlungen erläutern, die Verfahrensweisen bei der Bearbeitung fertiger Schriften, z.B. durch die deuteronomistische Redaktion, erfassen und ebenso nach dem Verfahren beim Ineinanderarbeiten der Erzählungsfäden des Pentateuchs/Hexateuchs fragen. Dabei muß sie stets bedenken, ob und welche Folgerungen sich für das Verständnis der zu exegesierenden Einheit ergeben.

c) Die Kompositionskritik soll die religiös-theologische Eigenart der kleineren und größeren Kompositionen erfassen, da diese je nach der theologischen Richtung der Kompositoren und der von ihnen verfolgten Absicht und Tendenz sehr unterschiedlich sein kann, und danach fragen, ob und gegebenenfalls was sich daraus für das Verständnis der zu exegesierenden Einheit ergibt. Entsprechend soll die Redaktionskritik die religiös-theologische Eigenart der jeweiligen redaktionellen Bearbeitung feststellen, soweit dies möglich ist, um ihre Tendenz und Absicht zu erkennen und gegebenenfalls von Tendenz und Absicht der zu exegesierenden Einheit unterscheiden zu können.

II. Methodik

Wie lassen sich die Aufgaben der Kompositions- und Redaktionskritik lösen? Es handelt sich um so viele und unterschiedliche Einzelfragen, die zudem öfters über die zu exegesierende Einheit hinaus in deren engeren oder weiteren Kontext führen, daß es kaum möglich ist, allen Aspekten gerecht zu werden. Im folgenden wird eine Konzentration der mannigfaltigen Gesichtspunkte in wenigen Grundsätzen versucht.

1. Hinweise auf redaktionelle Bearbeitung

Faßt man zunächst weiterhin nur die literarisch abgegrenzte Einheit als Gegenstand der Untersuchung ins Auge, so ist nach ihrer redaktionellen Bearbeitung zu fragen. Dabei sind Erkenntnisse und Ergebnisse der Textkritik (§ 4), der Literarkritik (§ 5: Erweiterung der Einheit, zusammengesetzte Einheit, Fragment), der sprachlichen Analyse (§ 6: insbesondere Erkennen von Textstörungen aufgrund der Untersuchung von Syntax, Metrum und Rhythmus; Horizont) und der Formen- und Gattungskritik (§ 7: Strukturvergleich, der nicht auf eine literarische Gattung führt) aufzunehmen und auszuwerten.

a) Änderungen im Konsonantenbestand und in der Vokalisierung des Textes können auf absichtlichen und bewußten Eingriffen durch spätere Hände als diejenigen des Verfassers der Einheit beruhen. Läßt sich dies aufgrund der Textkritik oder der Entstehungsgeschichte des Textes wahrscheinlich machen, so liegt den Änderungen ein redaktioneller Vorgang zugrunde.

Besonders auffällige Beispiele dafür sind das Ersetzen der anstößigen Gottesbezeichnungen *băʿăl* durch das Wort *bošät* „Schande" wie in dem Namen des Saulsohnes Ischbaal (oder Eschbaal), die Vokalisierung der Konsonanten des Namens Jahwe mit den Vokalen von *ʾ^{a}donaj*, *ʾ^{ä}lohîm* oder *š^{e}maʾ* und der Namen fremder Götter mit den Vokalen des Wortes *šiqqûṣ* „Abscheuliches" wie in Am 5,26. Die Absicht derartiger Änderungen ist klar.

b) Manchmal ist zwar der Text voll erhalten und überliefert, aber man hat Umstellungen von Wörtern, Satzteilen oder Sätzen vorgenommen, wie sich aufgrund von Literarkritik oder sprachlicher Analyse herausstellt. Vielleicht wollte man damit vielfach scheinbare Schwierigkeiten für das Verstehen des Textes beheben, doch können auch religiös-theologische Gründe maßgeblich gewesen sein. Ein Beispiel für die erste Möglichkeit ist in Am 1,3–5 die Umstellung des ursprünglich auf v. 5aγ folgenden Halbverses an seine jetzige Stelle v. 5aα, da er ebenfalls das in v. 3 genannte Damaskus erwähnt, so daß die schwer deutbaren Landschaften von v. 5aα.β erst darauf folgen. Ein Beispiel für die zweite Möglichkeit ist die in Gen 18,22b vorgenommene Umstellung der Namen, die – wie die Textgeschichte zeigt (Tiq soph) – aus „Jahwe blieb noch vor Abraham stehen“ (um ihm die Gelegenheit zum Sprechen mit Jahwe zu bieten) ein „Abraham blieb vor Jahwe stehen“ machte (da doch der Mensch vor Gott steht und nicht umgekehrt).

c) Nach der endgültigen schriftlichen Niederlegung kann der Text durch Weglassen von Wörtern, Satzteilen oder Sätzen verkürzt worden sein, wie die Literarkritik oder die sprachliche Analyse zeigen.

So ist in Am 4,12a nur mehr die Einführung der Unheilsankündigung für Israel erhalten geblieben, während die Ankündigung selbst weggelassen worden ist.

d) Ebenso kann der Text nach der endgültigen schriftlichen Niederlegung durch Zufügungen erweitert worden sein, wie sich gleichfalls aus der literarkritischen Analyse ergibt. Die meisten Erweiterungen einer Einheit lassen sich als Glossen bezeichnen, da sie der Erläuterung eines erklärungsbedürftigen Ausdrucks, Satzteils oder Satzes innerhalb der Einheit dienen. Folgende Arten von Glossen lassen sich unterscheiden[136]:

1) erklärende Glossen (näherbestimmend, erläuternd, deutend, Stichwort, lexikalisch, ätiologisch-etymologisch);
2) ergänzende Glossen (einfach ergänzend, kreuzweise ergänzend, zur Bildung eines neuen Satzes, angleichend; hymnisch-doxologisch);
3) ändernde Glossen (dogmatisch, nichtdogmatisch);
4) redaktionelle Glossen im engeren Sinn (verknüpfend, vervollständigend, Über- oder Unterschrift).

Verwendet man den Begriff in einem weiteren Sinn, so lassen sich hinzurechnen:

5) wiederholende Glossen (dittographisch, wiederholend, variierend, zitierend).

---

[136] Vgl. im einzelnen die Definitionen und Beispiele bei G. FOHRER, Die Glossen im Buche Ezechiel, in: Studien zur alttestamentlichen Prophetie (1949–1965), 1967, 204–221.

2. *Hinweise auf eine Komposition als Kontext der Einheit*

Ferner ist danach zu fragen, ob die Einheit in eine Komposition, d.h. in einen sinnvoll und gezielt zusammengefügten Komplex mehrerer Einheiten, eingefügt ist oder war. Eine solche Komposition kann in der vorliegenden Überlieferung des Alten Testaments noch bestehen, sie kann durch redaktionelle Eingriffe auseinandergerissen worden sein oder sie kann sich für Überlieferungsstadien vor der endgültigen schriftlichen Niederlegung wahrscheinlich machen lassen. Um sie zu erkennen, muß man über die bisher untersuchte, literarkritisch abgegrenzte Einheit hinausgehen und den Kontext heranziehen, in den die Einheit eingebettet ist.

Einen Hinweis auf Kompositionen (aber auch auf bloße redaktionelle Sammlungen) können Über- oder Unterschriften bilden, sofern sie sich nicht auf eine einzelne Einheit (z.B. Ez 8,1), sondern auf einen größeren Zusammenhang beziehen (z.B. Jer 46,1), ferner Hinweise im Text, die auf größere Zusammenhänge schließen lassen (z.B. auf Erzählungszyklen, vgl. Horizont in der sprachlichen Analyse § 6,II,6). Wichtiger sind Strukturvergleiche zwischen mehreren Sammlungen, in denen man Kompositionen vermutet und bei denen sich tatsächlich der gleiche Aufbau ergeben kann (vgl. die unter a genannten Jesaja-Sammlungen). Auch formale und inhaltlich-sprachliche Eigenarten, die in den eine Komposition bildenden Einheiten immer wiederkehren, können eine Rolle spielen; darauf kann ein Strukturvergleich der Einheiten führen, die vielleicht zu einer Komposition gehören. Entscheidend ist das sinnvolle und gezielte Gefüge der Sammlung.

a) Noch vorliegende und erkennbare Kompositionen bilden die Sammlungen der Sprüche und Berichte Jesajas. Sie bestehen aus dem Korpus der Sammlung (zusammengestellt nach thematischen oder chronologischen Gesichtspunkten und nach gleichlautenden Stichwörtern), einem angehängten Fragment eines Jesajaspruchs und einer abschließenden jüngeren Verheißung[137].

b) Kompositionen, die redaktionell auseinandergerissen worden sind, waren die Quellenschichten des Pentateuchs / Hexateuchs oder die nach

---

137 Vgl. im einzelnen G. Fohrer, Entstehung, Komposition und Überlieferung von Jesaja 1–39, in: Studien zur alttestamentlichen Prophetie (1949–1965), 1967, 113–147; ders., Jesaja 1 als Zusammenfassung der Verkündigung Jesajas, ebd. 148–166.

Liedarten geordnete Sammlung von Psalmen der Sängergilde der Korachiten[138].

c) Kompositionen, die schon in einem Überlieferungsstadium vor der endgültigen schriftlichen Niederlegung bestanden haben, waren die Erzählungszyklen, die von den Quellenschichten des Pentateuchs/Hexateuchs aufgenommen und verarbeitet worden sind. So lassen sich jetzt noch ohne Schwierigkeiten ein Jakob-Laban- und ein Jakob-Esau-Zyklus erkennen.

d) Es gibt auch nachträglich erweiterte und/oder redaktionell bearbeitete Kompositionen wie die Königsbücher.

3. Hinweise auf eine redaktionelle Sammlung als Kontext der Einheit

Nicht jede Sammlung von Einheiten ist eine Komposition. Weist eine Sammlung keinen sinnvollen und gezielten Aufbau auf, sondern bildet lediglich eine ungegliederte Zusammenstellung, so liegt eine redaktionelle Sammlung vor. Sie diente nur der Zusammenfassung und weiteren Überlieferung der in ihr enthaltenen Einheiten. Sie kann an einer Überschrift erkennbar sein. Beispiele bilden die Spruchsammlungen in Prov 10–22,16 mit der Überschrift „Sprüche Salomos" und Prov 25–29 mit der Überschrift „Auch dies Sprüche Salomos, die die Männer Hiskias, des Königs von Juda, zusammengestellt haben".

4. Hinweise auf redaktionelle Bearbeitung des Buches der Einheit

Schließlich hat es die redaktionelle Bearbeitung von ganzen Büchern oder von ursprünglich selbständigen Schriften gegeben, die diesen ein bestimmtes Gepräge verleihen wollte. Die zu exegesierende Einheit kann zu einem Buch oder einer Schrift dieser Art gehören. In solchen Fällen ist im Blick auf die Einheit zu fragen, ob die redaktionelle Bearbeitung auch ihren Text beeinflußt und zu Änderungen, Kürzungen oder Erweiterungen geführt hat. Insbesondere ist aufgrund der redaktionskritischen Untersuchung des Buches nach der Eigenart der Redaktion und ihrem Vorkommen in der zu exegesierenden Einheit zu fragen.

a) Als Bearbeitung eines Buches ist diejenige des ersten deuteronomistischen Richterbuches zu nennen, die in mehreren Schritten erfolgt ist: 1. jüngere deuteronomistische Einleitung Jdc 2,11–19 und Erweite-

---

[138] Vgl. im einzelnen G. WANKE a.a.O. (Anm. 117) 1–3.

rung 6,2–6a, die vom älteren deuteronomistischen Schema abweichen (kein Hilfeschrei und keine Bekehrung Israels; Jahwes Hilfe reine Gnadentat), Hinzufügung der Simsonerzählungen in 16 mit der Schlußformel 16,31b; 2. Charakteristik der Richterzeit als Probezeit für Israel in 2,6–10 und 2,20–3,6; 3. mehrere Zusätze aus nachexilischer Zeit, die im chronologischen Schema des Buches unberücksichtigt bleiben: 10,1–5 und 12,8–15; 17–18; 19–21.

b) Als Bearbeitung von ursprünglich selbständigen Schriften ist die Zusammenfügung der verschiedenen Quellenschichten des Pentateuchs / Hexateuchs zu nennen. Die bearbeitende Zusammenfügung hat die Eigenarten der ursprünglich selbständigen Schriften weitgehend erhalten, wie an dem Nebeneinander von Jahwe und den Männern in Gen 18–19 zu erkennen ist (vgl. § 9,A,II,1c).

III. Ergebnis

1. Die Kompositions- und Redaktionskritik beleuchtet vor allem die Nachgeschichte der Einheiten nach ihrer endgültigen schriftlichen Niederlegung und ergibt die Redaktionsgeschichte. Manchmal liefert sie auch Erkenntnisse für die Vorgeschichte über die Ergebnisse der Überlieferungskritik hinaus.

2. Die Kompositions- und Redaktionskritik bietet Einsichten in den literarischen Werdegang von Sammlungen und Büchern, in denen eine zu exegesierende Einheit überliefert ist.

3. Die Kompositions- und Redaktionskritik vermittelt Erkenntnisse über theologische Tendenzen späterer Bearbeiter.

C. Zeit- und Verfasserfrage

I. Fragestellung und Aufgabe

Ein Text, wie er in einer literarkritisch abgegrenzten und gesonderten Einheit vorliegt, die exegesiert werden soll, ist zu einem bestimmten Zeitpunkt entstanden und schriftlich niedergelegt worden und war zunächst auch für eine bestimmte Zeit gedacht. Eine bestimmte Person war sein geistiger Urheber und Verfasser. Auch die mögliche Vor- und Nachgeschichte des Textes hat sich in bestimmten Zeiträumen abgespielt und war mit anderen Personen verbunden. So geht es bei dem neuen Schritt der Untersuchung darum, die Entstehungszeit der Einheit und möglichst auch die Person des Verfassers, gegebenenfalls außerdem entsprechende Daten für die Vor- und Nachgeschichte und für die daran beteiligten Personen festzustellen.

Man kann die Fragen nach Zeit und Verfasser nur für die literarkritisch differenzierte und zu exegesierende Einheit stellen, ohne deren Vor- und Nachgeschichte in dieser Hinsicht zu berücksichtigen. Vielfach wird man sich aus praktischen Gründen damit begnügen. Doch lassen sich die Fragen darüber hinaus für alle Stadien von der mündlichen Überlieferung bis zur letzten Redaktion stellen.

II. Methodik

1. Bestimmung der Zeit

Zur Feststellung der Zeit der endgültigen schriftlichen Niederlegung einer Einheit, um die es in erster Linie geht, gibt es mehrere Möglichkeiten. Sie sind freilich nicht alle gleichwertig, sondern besitzen verschiedene Wahrscheinlichkeitsgrade.

a) Recht zuverlässig ist die Datierung in (teilweise späteren) Überschriften von Büchern (z.B. Jer 1,1–3; Hos 1,1; Am 1,1) bzw. Kompositionen oder Sammlungen (z.B. Jes 1,1) und die Datierung von einzelnen Einheiten, die sich öfters bei Ezechiel findet (z.B. Ez 1,1; 8,1; 20,1).

b) Die unter a genannte Datierung kann weiter differenziert werden, wenn sich verschiedene Tätigkeitsperioden eines Propheten erschließen lassen wie für Jesaja, Jeremia und Ezechiel.

c) Es finden sich Erwähnungen von oder Anspielungen auf zeitgenössische oder unmittelbar vorhergegangene Ereignisse, z.B. Deuterojesajas auf das babylonische Exil und auf Kyros. Manchmal lassen sich auch Schlüsse aus der Kenntnis oder Unkenntnis von bestimmten Ereignissen ziehen. So ist der Hauptteil der Königsbücher vor 609 v.Chr. niedergeschrieben worden, da sein Verfasser den in dieses Jahr zu datierenden Schlachtentod des Königs Josia und erst recht das babylonische Exil nicht kennt. Eine andere Hand hat die Darstellung später fortgesetzt, ergänzt und beendet; dieser Ergänzer weiß noch von der Begnadigung des Königs Jojachin, jedoch nichts mehr vom Ende des Exils und hat zwischen diesen Ereignissen an den Büchern gearbeitet.

d) Das hebräische Vokabular des Alten Testaments weist eine gewisse zeitliche Schichtung auf, aus deren Auftreten in einem alttestamentlichen Buch sich manchmal Hinweise auf seine Entstehungszeit ergeben, z.B. für Habakuk[139].

e) Die Abhängigkeit einer Einheit oder eines größeren Textkomplexes von anderer Literatur des Alten Testaments läßt eine relative Datierung in großen Zügen zu. So sind Jes 34–35 und große Teile von Jes 56–66 von Deuterojesaja beeinflußt oder abhängig und also erst im Anschluß an seine Verkündigung nach 540 v.Chr. entstanden.

f) Manchmal ist eine Zuweisung zu einer datierbaren religiös-theologischen Richtung oder Strömung und damit eine ungefähre Datierung der Einheit möglich. Dies gilt insbesondere für die leicht erkennbare deuteronomistische und priesterschriftliche Theologie.

2. *Bestimmung des Verfassers*

Der Verfasser ist nur feststellbar, wenn er namentlich genannt wird (z.B. Prophetenbücher) und wenn keine Gründe gegen diese ausdrücklich erklärte Verfasserschaft sprechen, wie es gegenüber den Angaben in zahlreichen Psalmenüberschriften (Herleitung von Mose, David und Salomo) der Fall ist. Es kann sich auch die Annahme einer Verfassergruppe nahelegen wie bei den Psalmen der Korachiten.

Wird kein Verfasser genannt, so bleibt nur der Versuch einer Zuordnung zu einer religiös-theologischen Richtung oder Strömung, z.B. deuteronomistische Verfasser oder Redaktoren. Tatsächlich bleiben Verfasser und Redaktoren schon in diesen Fällen anonym und lassen sich nur hinsichtlich ihrer Theologie in allgemeiner Weise kennzeichnen. Solche Anonymität findet sich überwiegend; sie besteht auch dort, wo die alttestamentliche Wissenschaft die Verfasser oder Redaktoren mit Kunstnamen bezeichnet hat, z.B. für die Quellenschichten des Pentateuchs/Hexateuchs: Jahwist, Elohist usw.

Schließlich ist ein Sonderproblem zu erwähnen. In alttestamentlichen Büchern, die einem namentlich genannten Verfasser zugeschrieben worden sind, finden sich auch einzelne Einheiten, die nicht von jenem Verfasser stammen können, sondern anonymen Verfassern zugeschrieben werden müssen. Eine solche Feststellung erfordert eine sorgfältige Untersuchung der Einheit und einen umfassenden Vergleich mit den Einheiten des namentlich genannten Verfassers.

---

[139] Vgl. P. Humbert a.a.O. (Anm. 133).

III. Ergebnisse

1. Für die Zeit der endgültigen schriftlichen Niederlegung einer Einheit ergeben sich häufig mannigfache Hinweise und Angaben, die den Situationshintergrund zu erhellen vermögen. Wenn sich die Zeit auch oft nur ungenau durch großräumige Einordnung in ein Jahrhundert oder sogar in einen größeren Zeitraum bestimmen läßt, dann mindert dies den Wert jener Angaben nicht, da für die damalige Zeit nicht mit schnellen Veränderungen im wirtschaftlichen, kulturellen oder religiösen Bereich zu rechnen ist. Phasen der Vor- und Nachgeschichte lassen sich meist schwieriger festlegen als die Zeit der endgültigen schriftlichen Niederlegung.

2. Nur in verhältnismäßig wenigen Fällen läßt sich ein Verfasser namentlich bezeichnen. Überwiegend handelt es sich um anonyme Verfasser, die höchstens einer bestimmten religiös-theologischen Richtung oder Strömung zugeordnet werden können.

3. Kapitel: Interpretation

§10 Einzelauslegung und zusammenfassende Exegese

I. Fragestellungen und Aufgabe

a) Einzelauslegung und zusammenfassende Exegese sind nicht auf einer Linie mit jenen exegetischen Methoden zu sehen, die in § 4–9 dargestellt wurden[140]. Ihr Verhältnis zu ihnen ist vielmehr wie folgt zu beschreiben:

Mit den methodischen Schritten der § 4–9 wurden gewissermaßen parallel zueinander verlaufende Frageebenen durch einen Textabschnitt gelegt, die freilich bereits insoweit miteinander zusammenhängen, als jeweils Ergebnisse vorausgehender methodischer Schritte auf der neuen Frageebene berücksichtigt sind. So ist etwa die literarkritische Scheidung eines Textes bei allen weiteren Schritten vorausgesetzt. Die Einzelauslegung und die zusammenfassende Exegese verbinden nun diese verschiedenen Ebenen derart miteinander, daß sie den Text gleichsam senkrecht zu jenen Ebenen unter bestimmten Gesichtspunkten durchdringen.

Der Text nimmt dabei eine grundsätzlich andere Position zum Exegeten ein. Bislang, d. h. auf den Frageebenen der § 4–9, war er selbst Gegenstand, den es zu durchleuchten und über den es sich mit andern zu verständigen galt. Nun wird der Text zum Dialogpartner; es geht darum, sich – und auch hier wieder für andere einsichtig und nachvollziehbar – mit ihm über die Gegenstände, von denen er redet, zu verständigen. Dabei sind allerdings zwei Dinge zu beachten: Zum einen ist der Dialogpartner Text nicht in der Lage, sich auf sein Gegenüber, den Exegeten, einzustellen; er ist in seiner Aussage fixiert und nur bedingt auskunftsfähig. Zum andern gehören die beiden Dialogpartner verschiedenen Zeiten, verschiedener Sprache, verschiedenem Denken und verschiedener Kultur an. Dem kann nur dadurch Rechnung getragen werden, daß sich der Exeget sein Vorverständnis bewußt macht und es vom Text und seinem Kontext hinterfragen und

[140] Vgl. hierzu W. Dietrich, Wort und Wahrheit. Studien zur Interpretation alttestamentlicher Texte, 1976, 11 f.

evtl. korrigieren zu lassen bereit ist[141]; der Exeget muß gewissermaßen versuchen, sich in die Zeit und Welt des Textes bzw. seines Verfassers zu versetzen und ihn gleichsam als Zeitgenossen zu hören, obgleich dies nur bedingt und lediglich in Graden der Annäherung möglich ist.

b) Aufgabe der Einzelexegese ist es, Einzelheiten des Textes zu erörtern, die für sein Verständnis von Bedeutung sind; im allgemeinen folgt sie versweise dem Textverlauf, wie es aus den Kommentarwerken vertraut ist. Die zusammenfassende Exegese sucht den Inhalt, das was der Text aussagen soll, zu erfassen und darzustellen und fragt daraufhin nach seiner Intention, also danach, was sein Verfasser mit ihm beabsichtigt hat. Die Fragen der Einzelauslegung und der zusammenfassenden Exegese treffen dabei – sozusagen im Schnittpunkt mit den Frageebenen der § 4–9 – auf bereits durch die Schritte der § 4–9 gewonnene Ergebnisse, die es zu berücksichtigen und dem Gesamtbild einzuordnen gilt.

Eine entscheidende Rolle für die Erfassung des Inhalts eines Textes und seiner Intention spielt der Kontext. Jeder Text wurzelt in einer bestimmten Situation samt ihren Voraussetzungen, Vorstellungen und Bezügen; sie redet gleichsam mit, so daß der Text selbst nur ein mehr oder minder großes Bruchstück der Aussage seines Verfassers ist; ohne ausreichende Kenntnis seines Situationshintergrundes kann er darum völlig mißverstanden werden. Zu seiner Erhellung kann der Exeget z. T. auf Beobachtungen zurückgreifen, die sich im Zuge der bisherigen Analyse ergeben haben bzw. vonnöten waren[142].

Dem Ergebnis der Literarkritik zufolge sind Gegenstand der Einzelauslegung und der zusammenfassenden Exegese zunächst die einfache Einheit und das Fragment[143], dann aber auch die Erweiterung, die natürlich erst im Kontext dessen, was sie erweitert hat, verstanden werden kann, wobei im Falle mehrerer Erweiterungen einer Einheit die zeitliche Abfolge genau zu beachten ist.

Neben den exegetischen Kardinalfragen nach dem Inhalt und der

---

[141] Ausführlich zu Text und Exeget als Dialogpartner: § 11, I, 1.

[142] Z. B. ist die Frage nach der funktionstypischen oder funktionsatypischen Verwendung einer Gattung, die sich innerhalb der Gattungskritik stellt, nur von einer zumindest groben Kenntnis des Situationshintergrundes her zu beantworten; vgl. § 7, II, 2e. Genauere Erhebungen zur Situation werden bei der Behandlung der Zeit- und Verfasserfrage angestellt.

[143] Die Bestimmung des Inhalts von Fragmenten ist wegen ihres fragmentarischen Charakters nur bedingt möglich, die ihrer Intention wohl kaum zu wagen.

Intention eines Textes kann das ihm entgegengebrachte Interesse auch lediglich bestimmten Einzelheiten gelten, die der Erhellung einer außerhalb des Textes stehenden Fragestellung dienen sollen. Wer sich z. B. mit dem israelitischen Kult in der vorexilischen Zeit befaßt, wird Jes 1, 10–17 speziell als Zeugnis für die kultischen Verhältnisse in Jerusalem in der zweiten Hälfte des 8. Jh. v. Chr. heranziehen, obwohl der Text nicht über den Kult informieren will, sondern eine andere Stoßrichtung hat. Ähnlich verhält es sich mit der Frage nach dem Reden von Gott, die der Theologe auch an Texte des Alten Testaments heranträgt, deren leitendes Interesse dies nicht ist. Wegen ihrer theologischen Bedeutung soll diese Fragestellung in einem eigenen, ausführlichen Abschnitt (§ 11) behandelt werden. Je nach Interessenlage kommt so den im folgenden dargelegten Fragestellungen ein unterschiedliches Gewicht zu, wobei freilich immer die Gesamtinterpretation des Textes, d. h. die Erfassung seines Inhalts und seiner Intention, angestrebt bleiben muß, weil nur auf dieser Grundlage gesicherte Einzelaussagen zu erwarten sind.

II. Methodische Gesichtspunkte

1. Zur Einzelauslegung

a) *Klärung der Ausdrücke,* und zwar ihrer spezifischen Bedeutung im gegebenen Zusammenhang, die im allgemeinen nur ein Ausschnitt aus dem lexikalisch zu erfassenden Bedeutungsspektrum des Wortes ist. Neben den einzelnen Wörtern sind auch Wortverbindungen bzw. Wendungen dahingehend zu untersuchen. Dabei darf die Frage nach einer anderweitigen Verwendung der Wörter und Wortverbindungen in der speziellen Bedeutung, besonders auch nach ihrer etwaigen Zugehörigkeit zum Wortfeld bestimmter Vorstellungskomplexe[144], sowie nach möglichen Bedeutungsverschiebungen im Laufe der Zeit nicht übergangen werden; dies kann nämlich einerseits zur weiteren Klärung der spezifischen Bedeutung im untersuchten Fall beitragen, andererseits der Erfassung bestimmter Vorstellungen und Tendenzen dienen, denen der Text zuzuordnen ist. Letzteres kann somit den Blick auf einen Kontext lenken, der wichtige Hinweise für die sachgemäße Interpretation des Textes liefert.

---

[144] Ein Spezialfall ist z.B. die Zugehörigkeit zum Wortfeld einer Gattung mit dem dahinterstehenden Sitz im Leben.

Notwendigstes Hilfsmittel ist die Konkordanz. Eine wertvolle Hilfe bieten auch die wissenschaftlichen Wörterbücher, die das Bedeutungsspektrum eines Wortes nach seinem Vorkommen aufzuschlüsseln versuchen. Teilweise hat der Exeget bereits wichtige Ergebnisse zu dieser Fragestellung in den vorausgehenden methodischen Schritten gewonnen, die hier wieder aufzunehmen, miteinander zu verknüpfen und zu ergänzen sind. Dies gilt im übrigen – wie eingangs dargelegt – für alle Fragestellungen des § 10, so daß im folgenden nicht jeweils erneut darauf hingewiesen werden soll.

b) *Erhebung von Personen und Orten,* evtl. samt der Bildung und Bedeutung ihrer Namen[145], *von Gegenständen, Handlungen und Sachverhalten* (z. B. soziale, kulturelle, rechtliche Tatbestände) sowie deren historische, kultur- und religionsgeschichtliche Einordnung, falls bzw. soweit dies nicht schon im Zuge der semantischen Analyse geschah[146]. Durch ein umfassendes Ausloten jener Realien samt ihrer Verwurzelung und Bezüge ist einem unkontrollierten Eintrag eigener, der Sache nicht gerecht werdender Vorstellungen entgegenzuwirken mit dem positiven Ziel, die Aussage eines Textes möglichst genauso zu verstehen, wie sie der damalige Hörer oder Leser verstehen mußte. Der heutige Leser muß sich den Hintergrund erst künstlich schaffen, der damals das Verständnis der Textaussage bestimmt hat.

Wichtige Vorarbeiten hierfür liegen in den Werken der sog. exegetischen Hilfswissenschaften (z. B. Landeskunde und Geschichte Israels, Religionsgeschichte) und entsprechenden Nachschlagewerken[147] vor.

c) *Heranziehung außerbiblischer Quellen.* Obgleich Texte und bildliche wie bauliche Denkmäler aus der Umwelt des Alten Testaments bereits in den unter a und b genannten Schritten zumindest teilweise und indirekt über die verwendete wissenschaftliche Literatur in die Untersuchung einbezogen sind, sei auf die Bedeutung und notwendige Berücksichtigung dieses „weiteren" Kontextes für die alttestamentliche Exegese gesondert hingewiesen. Die Welt des Alten Testaments ist nicht ein judäisch-israelitisches Ghetto, sondern Teil der Welt des Alten Orients und des Mittelmeerraumes, und zwischen den benachbarten Reichen und Kulturen bestanden vielfältige politische, geistige und

---

[145] Für die Erfassung des Inhalts und der Intention eines Textes ist die Bildung und Bedeutung darin enthaltener Namen im allgemeinen wenig oder überhaupt nicht relevant. Zur Fragestellung s. z. B. M. NOTH, Die israelitischen Personennamen im Rahmen der gemeinsemitischen Namengebung, 1928.

[146] S. § 6, II, 3.

[147] Z. B. BHH.

kulturelle Beziehungen. Die alttestamentliche Exegese kann diesen Tatbestand nicht unbeschadet übergehen. Im Vergleich mit den außerbiblischen Quellen lassen sich sowohl Gemeinsamkeiten, Abhängigkeiten als auch Besonderheiten einschließlich tendenziöser Abgrenzungen gegenüber dem Denken und den Vorstellungen der Umwelt erheben, so daß ein alttestamentlicher Text dadurch in einem neuen Licht erscheinen kann.

Eine Reihe von Text- und Bildbänden – z. T. nach sachlichen oder auch speziell bibelexegetischen Gesichtspunkten angelegt sowie mit Darbietung der Texte in modernen Übersetzungen – erleichtert den Zugang zu jenen außerbiblischen Quellen[148].

2. *Zur zusammenfassenden Exegese*

a) *Erfassung des Inhalts eines Textes.* Durch die methodischen Schritte der § 4–9 sowie durch die Einzelauslegung, die in besonderer Weise den Kontext herangezogen hat, wurde der zu untersuchende Text auf Eindeutigkeit hin eingeengt, wobei freilich im allgemeinen nur ein mehr oder minder großer Grad der Annäherung zu erreichen ist. Unter Berücksichtigung aller bisherigen Ergebnisse soll hier nun die Formulierung seines Inhalts versucht werden; sein Duktus und sein Höhepunkt müssen dabei deutlich herausgearbeitet werden[149]. Praktisch geht es um eine straffe Darlegung seiner Gedanken in ihrer Zuordnung und Abfolge, wobei auch die Textstruktur, die für den Inhalt gewählte Gestalt, „ein Wort mitzureden" hat.

Handelt es sich bei dem untersuchten Text um eine Erweiterung, so muß ihr Bezug auf das, was sie erweitert, berücksichtigt werden; die Tatsache freilich, daß sie als Erweiterung erkannt wurde, läßt Spannungen und Ungereimtheiten in der Gedankenführung innerhalb der erweiterten Einheit erwarten.

Demgegenüber ist bei einer einfachen Einheit davon auszugehen, daß alle ihre Einzelaussagen sinnvoll aufeinander bezogen sind und sich harmonisch zu einer Gesamtaussage in einer ihr entsprechenden Gestalt zusammenfügen. Die Formulierung des Inhalts ist somit gleichzeitig ein Prüfstein für die Richtigkeit der bisherigen exegetischen Erhebungen. Denn verbleibt ein nicht sinnvoll in den Gesamt-

---

148 S. § 13, III.

149 Dabei ist besonders auf die Ergebnisse der sprachlichen Analyse (§ 6) zurückzugreifen.

zusammenhang einzuordnender Rest, so ist die Wahrscheinlichkeit einer Fehlinterpretation weitaus größer, als wenn sich *alle* Einzelaussagen glatt zu einem sinnvollen Ganzen fügen, wobei freilich auch hier keine absolute Sicherheit behauptet werden kann. So gilt es also alle Einzelaussagen auf ihren Ort im Gesamttext hin zu prüfen und darzustellen. Dabei ist zu berücksichtigen, daß auch mit der Übernahme geprägten Gutes Aussagen (im weiteren Sinn) gemacht werden, die nicht übersehen werden dürfen. Besonders auffällig und bedeutsam ist dies, wenn ein Verfasser mit der funktionsatypischen Verwendung einer Gattung sich deren Aussagemöglichkeit ganz bewußt und gezielt bedient und so mit ihr ein ihm offensichtlich wichtiges eigenständiges Aussageelement in seine Gedankenführung einbringt.

Am Beispiel Am 5,1–3 sei letzteres verdeutlicht:

Die Gattungskritik ist unter Beachtung der Zeit- und Verfasserfrage sowie des politisch-religiösen und literarischen Kontextes von Am 5,1–3 zur Feststellung gelangt, daß die in Am 5,2 vorliegende Gattung des Leichenklageliedes nicht ihrer eigentlichen Funktion entsprechend angewendet ist, vielmehr die einer Unheilsankündigung hat[150]. Der Grund für die funktionsatypische Verwendung jener Gattung kann nur in der besonderen Aussagemöglichkeit gesehen werden, die sie dem Amos hier bietet: Israel steuert nach Meinung des Propheten so zielgerichtet dem Untergang zu, daß man bereits das Leichenklagelied über es anstimmen kann. Durch diese Antizipation mit Hilfe der funktionsatypischen Anwendung der Gattung des Leichenklageliedes verleiht so der Prophet seiner Unheilsankündigung in Am 5,1–3 eine besondere Schärfe und Eindringlichkeit.

Aus der Zuordnung und Abfolge der einzelnen Gedanken in einer einfachen Einheit können sich auch wichtige Beobachtungen für die Interpretation anderer Texte ergeben, wie das folgende Beispiel Jes 1,10–17 zeigt[151]:

Die gattungskritische Analyse bestimmt das Wort Jes 1,10–17 als prophetische Nachahmung einer kultischen bzw. priesterlichen Tora. Der eigentlichen Belehrung in v. 11–17 geht in v. 10 eine Aufforderung zum Aufmerken und Hören voraus, die eine auffällige Besonderheit aufweist: Die Adressaten werden als „Sodomsführer" und „Gomorravolk" bezeichnet. Dadurch kommt der Einleitung die Funktion einer Unheilsankündigung zu, die die Hörer darauf aufmerksam macht, daß sie wie Sodom und Gomorra einem Vernichtungsgericht entgegengehen.

Die folgende Belehrung in v. 11–17 will zweifellos unter diesem Aspekt verstanden sein, also als Weisung über das Verhalten angesichts der in v. 10 aufge-

---

150 S. § 7, II, 2e.

151 Für Einzelheiten sei auf H. W. HOFFMANN, Die Intention der Verkündigung Jesajas, 1974, 92ff., verwiesen.

zeigten Situation. Sie gipfelt nach kultkritischen Ausführungen in einem Ruf zur Umkehr, dessen Kernsatz lautet:

Hört auf, Böses zu tun,
lernt, Gutes zu tun! (v. 16b.17aα)

Aus dem Zusammenhang mit v. 10 ergibt sich eindeutig, daß der Prophet seinen Hörern die Umkehr als Rettungsmöglichkeit vor dem Sodom-Gomorra-Geschick aufzeigt. Die kultische Passage kann in jenem Zusammenhang nur als Ablehnung des Kultus als Heilsmittel, nicht aber als prinzipielle Kultkritik verstanden werden. Sie hat eine die Umkehrforderung unterstützende oder Brückenfunktion, indem sie eine vermeintliche Alternative zur Umkehr abzubauen sucht.

Höhepunkt des Wortes ist die Umkehrforderung. Ihr ist die kultkritische Passage ebenso zu- und untergeordnet wie der v. 10 in seiner Funktion als Unheilsankündigung. Dies ist nun aber für die Beurteilung anderer jesajanischer Unheilsankündigungen nicht ohne Belang, denn es erhebt sich angesichts dieser Beobachtung die Frage, ob Jesaja nicht auch in anderen Fällen über die unheilvolle Zukunft redet, um auf das gegenwärtige Verhalten seiner Hörer einzuwirken, ohne es jeweils ausdrücklich in eine Forderung zu kleiden.

Damit ist bereits das Problem der Intention berührt, dem im folgenden nachgegangen werden soll.

b) *Erhebung der Intention eines Textes.* Für die überwiegende Mehrzahl alttestamentlicher Texte kann die Feststellung getroffen werden, daß sie in Sicht auf bestimmte Hörer oder Leser geschaffen wurden, wobei auch Gott der Adressat einer sprachlichen Handlung sein kann, so etwa bei Psalmen. Als Ausnahmen kommen z.B. Notizen in Frage, die lediglich für den eigenen Gebrauch ihres Verfassers entstanden und niedergeschrieben worden sind. Die Tatsache allerdings, daß sie Eingang in das Alte Testament gefunden haben, läßt zumindest eine nachträgliche und wohl kaum unmotivierte Übergabe an einen Hörer- bzw. Leserkreis annehmen.

Es ist also im allgemeinen davon auszugehen, daß der Verfasser eines Textes mit ihm eine bestimmte Absicht bezüglich der ins Auge gefaßten Hörer oder Leser verfolgt hat. Diese Absicht muß dabei aber keineswegs expressis verbis dargelegt sein; sie kann sich vielmehr für den Hörer oder Leser aus der Situation heraus klar ergeben, so daß der Verfasser auf ihre ausdrückliche Formulierung verzichten kann.

So kann etwa ein Lehrer damit rechnen, daß ein im Unterricht sich ungebührlich benehmender Schüler die Intention folgender Ankündigung erfaßt: „Du wirst gleich eine Strafarbeit bekommen!“ Ohne explizite Ausführung ist aus der Situation heraus diese Unheilsankündigung intentional als Aufforderung an den Schüler zur Besserung seines Verhaltens zu verstehen.

Eine möglichst genaue Kenntnis der Situation, in die der zu untersuchende Text von seinem Verfasser gestellt bzw. aus der heraus er formuliert wurde, ist somit entscheidend für die Erhebung der Intention. Zwar kann die Zeit- und Verfasserfrage für alttestamentliche Texte häufig nur ungenau beantwortet werden, doch finden sich in ihnen eine Menge von Angaben, die den Situationshintergrund zu erhellen vermögen. Der Exeget kann hier auf Beobachtungen im Rahmen der Zeit- und Verfasserfrage sowie der Einzelauslegung zurückgreifen, die ihrerseits z.T. auf Erträgen vorausgehender methodischer Schritte beruhen.

Vor dem erarbeiteten Situationshintergrund ist der Text auf seine Intention hin zu befragen, wobei zunächst durchaus mehrere Möglichkeiten zur Debatte stehen können, deren Wahrscheinlichkeit durch weitere Untersuchungen abzuwägen ist; denn nicht immer ist die Intention so klar zu erheben wie z. B. in Jes 1,10–17, wo der Prophet deutlich auf die Umkehr seiner Hörer abzielt. Häufig fördert aber eine genaue Analyse des Textes versteckte Hinweise zutage, die für eine bestimmte Absicht sprechen. So ist z.B. die bisherige Exegese bezüglich Am 5,1–3 zur Feststellung gelangt, daß Amos offensichtlich ganz bewußt seine hier vorliegende Unheilsankündigung durch die funktionsatypische Verwendung der Gattung des Leichenklageliedes in v. 2 zu verschärfen sucht[152]. Warum? Als Antwort legt sich nahe, daß der Prophet der Unheilsankündigung darum eine besondere Schärfe und Eindringlichkeit verleihen will, um seine Hörer aufzurütteln und erschrecken zu machen über die Konsequenzen ihres derzeitigen sündigen Verhaltens mit dem Ziel, sie zur Umkehr zu bewegen. Auf ähnliche Überlegungen kommt man z.B. auch im Anschluß an die drastische Schilderung des angekündigten Unheils in Jes 3,1–9.

Natürlich bedürfen solche ersten Vermutungen einer weiteren Prüfung bzw. Erhärtung. Hierfür sind dann besonders andere Texte desselben Verfassers heranzuziehen, vor allem wenn sie derselben Gruppe gelten und einen ähnlichen Situationshintergrund aufweisen, weil ja von einer gewissen Kontinuität in der Absicht ein und desselben Menschen ausgegangen werden kann, falls nicht Hinweise auf Umbrüche und Wandlungen zu konstatieren sind, die die Intention betreffen. Sind solche Umbrüche und Wandlungen zu erheben, so lassen jene aber wiederum Rückschlüsse auf die Intention vorher und nachher zu.

Als Kontext für das oben erwähnte Beispiel Jes 3,1–9 bietet sich natürlich sogleich Jes 1,10–17 an. Dieses Wort zielt deutlich auf

---

152 S. Abschnitt II, 2a.

Umkehr ab, so daß deshalb schon gefragt werden muß, ob diese Intention nicht auch für andere Worte Jesajas anzunehmen ist. Darüber hinaus läßt sich diesem Wort aber auch noch ein spezieller Hinweis auf ein derartiges Verständnis von Unheilsankündigungen des Propheten entnehmen[153]. Die aufgrund des Inhalts von Jes 3,1–9 und unabhängig von Jes 1,10–17 geäußerte erste Vermutung, Jes 3,1–9 sei möglicherweise intentional als Ruf zur Umkehr zu verstehen, gewinnt durch die Heranziehung von Jes 1,10–17 an Wahrscheinlichkeit. Sie bedarf freilich noch weiterer stützender Hinweise und vor allem auch einer Prüfung gegenüber der übrigen Verkündigung Jesajas, um als wahrscheinliche Annahme vorgebracht werden zu können.

Als Beispiel aus dem Psalter sei Ps 13 gewählt, der gattungskritisch als Klagelied eines einzelnen zu bestimmen ist. An der funktionstypischen Verwendung der Gattung durch den Verfasser ist kaum zu zweifeln, d.h. daß sich dieser, mit dem „Ich" seines Liedes identifizierend, damit betend an Jahwe gewendet hat. Die Intention des Psalmisten liegt dann aber deutlich zutage: Das Lied soll Jahwe bewegen, sein schlimmes Geschick zu wenden.

Von dieser ursprünglichen Intention des Textes ist – wie auch in anderen Fällen – die seiner Tradenten zu unterscheiden: Der Psalm, zunächst ausschließlich eine Sache zwischen seinem Verfasser und Gott als Hörer, wurde entweder von dem Verfasser selbst oder von einem zufälligen Ohrenzeugen des Gebetes einem weiteren Hörer- bzw. Leserkreis übergeben. Diesem Vorgang, dem der heutige Bibelleser jenen Psalm verdankt, liegt in jedem Fall eine andere als die ursprüngliche Intention des Verfassers zugrunde. Zu denken ist an die Absicht, anderen Menschen für vergleichbare Situationen eine Gebetsvorlage an die Hand zu geben oder sie vorbildhaft auf das rechte Verhalten gegenüber Jahwe in Krankheit hinzuweisen o.ä.

Die Mehrzahl der Prosatexte des Alten Testaments bilden Erzählungen, die öfters ätiologischen Charakter haben. U.a. begegnen Heiligtumserzählungen, deren Funktion darin besteht zu erklären, warum ein Ort als heilig gilt, oder Kulterzählungen mit der Funktion, einen Kultus oder Ritus zu begründen[154]. Die Frage nach der Intention lautet nun: Warum hat der jeweilige Verfasser diese Erklärung bzw. Begründung gegeben, was beabsichtigte er damit bei seinen Hörern bzw. Lesern? Als allgemeine Antwort, die dann im einzelnen spezifiziert und abgesichert werden muß, legt sich nahe, daß er ein der dargelegten

[153] S. Abschnitt II, 2a.
[154] Vgl. (E. SELLIN–)G. FOHRER a.a.O. (Anm. 18) § 12,6.

Bedeutung der jeweiligen Einrichtung entsprechendes Verhalten initiieren oder festigen wollte.

Als letztes Beispiel sei schließlich noch die Erzählung vom Stierbild am Gottesberg in Ex 32 genannt, die wohl erst nach der Reichsteilung entstanden ist, um gegen die von Jerobeam I. in Betel und Dan aufgestellten Stierbilder (I Reg 12,28ff.) zu polemisieren. Die Intention jener Erzählung ist somit darin zu sehen, die Hörer bzw. Leser zur Ablehnung jener Bilder und des mit ihnen verbundenen Kultus zu bewegen.

Bislang ist die Frage nach der Intention in unzulässiger Weise mit der nach der Gattung und ihrer Funktion vermengt worden. Es handelt sich jedoch um ganz verschiedene Fragestellungen, die hier zur Verdeutlichung nochmals nebeneinandergestellt seien: Die Erhebung der Gattung und ihrer Funktion bzw. funktionsatypischen Verwendung dient der Erfassung dessen, was der Text in der Situation, in die er vom Verfasser hineingestellt wurde, unmittelbar leistete; die Erhebung der Intention geht von der Frage aus, warum der Verfasser diese Aussage machte, welche Erwartungen hinsichtlich der Hörer bzw. Leser er damit verband, wobei jene Absicht im Text ausdrücklich dargelegt sein kann, jedoch keineswegs muß. Natürlich geben auch die Ergebnisse der Gattungskritik Hinweise auf die Absicht, die ein Redender oder Verfasser eines Schriftstückes mit seinem Text verfolgt[155]; fraglos stehen die Ausdrucksformen eines Textes, und damit speziell auch die verwendete Gattung, im Dienste der Textaussage und der damit verfolgten Intention, so daß der Exeget in keinem Fall die Ergebnisse der Gattungskritik hier außer acht lassen kann. Aber sie allein reichen nicht für eine abschließende Antwort aus; vielmehr kann sie erst nach dem Durchlaufen aller methodischen Schritte, nach der Einzelauslegung und nach der Erhebung des Inhalts des untersuchten Textes im Sinne der obigen Ausführungen versucht werden.

III. Ergebnis

In der Einzelauslegung und zusammenfassenden Exegese laufen alle Ergebnisse der einzelnen methodischen Schritte zusammen, die den

[155] Dies ist von H. W. Hoffmann a.a.O. (Anm. 106) nicht bestritten worden, wie H. Barth-O. H. Steck, Exegese des Alten Testaments. Leitfaden der Methodik, 1972³, 65, unterstellen. Diese Arbeit hat lediglich auf die notwendige Unterscheidung von gattungskritisch erhobener Funktion (typische und konkrete) und von Intention hingewiesen. Vgl. H. Barth–O. H. Steck a.a.O. (Anm. 76) 71 Anm. 122.

Text zu erhellen suchten, so daß ihn der Exeget als seinen Dialogpartner möglichst deutlich und eindeutig vernehmen kann. Der Versuch und das Ziel jeder Exegese, einen Text auf Eindeutigkeit hin einzuengen, findet damit seinen Abschluß, wobei freilich das „Ideal", ihn genauso zu verstehen, wie ihn der damalige Hörer oder Leser verstand, sowie die mit ihm verbundene Intention genau zu erfassen, im allgemeinen nur in je unterschiedlichem Grad der Annäherung erreicht werden kann. Der Grund hierfür ist der zeitliche und räumliche Abstand, der den Exegeten von den damaligen sprachlichen Handlungen trennt und der nur bedingt und je nach Text verschieden durch die Forschung überbrückt werden kann.

§ 11 Theologische Kritik

I. Fragestellung und Aufgabe

Der Großteil alttestamentlicher Texte redet von Jahwe bzw. Elohim. Die jüdisch-christliche Tradition redet von Gott und bezieht sich in ihrem Reden von Gott unter anderem auf das Alte Testament zurück, indem sie eine Identifikation von Jahwe/Elohim mit Gott vornimmt. Dieser Rückbezug ist Ausdruck eines bestimmten Interesses an den Texten, der sich in einer Fülle von Fragestellungen konkretisiert hat, die an die Texte herangetragen werden. Aus diesem Spektrum von Fragestellungen greift die theologische Kritik im Rahmen der Interpretation denjenigen Bereich heraus, der in unmittelbarem oder mittelbarem Zusammenhang mit dem Reden von Gott im Alten Testament steht.

Wo immer die christliche Tradition und wo immer die alttestamentlichen Texte von Gott reden, beziehen sie sich auf menschliches Leben, auf menschliches Verhalten, auf die Stellung des Menschen in seiner Umwelt und das Verstehen seiner Welt. Dies läßt sich ohne Schwierigkeiten bereits durch einen groben Überblick über alttestamentliche Texte belegen, welche von Gott reden: z.B. „Gott segnet, schenkt, gibt, verheißt" (Gen 12,2f.; Jos 1,2; Jer 31,31–34), „Gott fordert, will, verlangt" (Ex 20,1ff.; Dtn 26,16ff.), „Gott schafft die Welt" (Gen 1,1ff.), „Gott tut Wunder in Natur und Menschengeschick" (Ps 104 und 105), „der Mensch gehorcht, widerstrebt" (Ez 1,7; Ps 1) u.a.m.[156].

[156] Dieses Verständnis der Texte und ihres Redens von Gott, das durch die

Diese Zusammenhänge zwischen dem Reden von Gott und menschlichem Leben sind im Blick, wenn im folgenden von „Daseins- und Handlungsorientierung" die Rede ist.

Wie in allem Bemühen um die alttestamentlichen Texte, so geht es auch unter dem Frageaspekt der theologischen Kritik um das Verstehen der Texte und zwar um das Verstehen bzw. Verständlichmachen dessen, was mit dem Reden von Gott an Daseins- und Handlungsorientierung durch die Texte zur Sprache kommen will. Worum es aber in der theologischen Kritik nicht gehen kann, ist, bestimmte festgefügte Inhalte, Vorstellungen und Gedanken unserer Zeit und unserer Welt oberflächlich im Alten Testament aufspüren zu wollen. Dies verführte dazu, nur die eigene Position ohne ein wirkliches Verstehenwollen der Texte durch die Texte bestätigen zu lassen.

Um dieser Gefahr der Selbstlegitimation zu entgehen und zu einem Verstehen der Texte zu gelangen, ist es für das folgende Vorgehen wesentlich, daß man sich die *Bedingungen solchen Verstehens* bewußt macht. „Verstehen" wird hier zunächst als ein mögliches Ergebnis eines Dialogs begriffen, für den in diesem Fall als Dialogpartner der Text auf der einen Seite und der den Text befragende Exeget auf der anderen Seite vorgegeben sind.

1. Text und Exeget als Dialogpartner

1. Sollen Text und Exeget in einen sinnvollen Dialog miteinander eintreten, so müssen sie in ihren jeweiligen Bezügen ernst genommen werden.

a) Dies fordert für den *Text,* der als Dialogpartner ja nur beschränkt auskunftsfähig ist, daß alle mögliche exegetische Arbeit, die auf die Erhellung seines Inhalts hinführen soll, vorweg geleistet ist. Dabei ist nun darauf zu achten, daß die im 2. Kapitel behandelten exegetischen Methoden (§ 4–9) dazu dienten, den Dialogpartner in seiner Gestalt und in seiner Einbindung in literarische, soziale und geschichtliche Kontexte in den Blick zu bekommen. In diesem Zusammenhang ist der Text selbst als ein sprachliches Gebilde Gegenstand der wissenschaftlichen Untersuchung. Im Rahmen der Interpretation eines Textes (3. Kapitel) geht es hingegen darum, sich mit dem Text darüber zu verständigen, was er zu verstehen gibt. Gegenstand der Untersuchung

---

jüdisch-christliche Tradition bestimmt wird, stellt natürlich ein Vorverständnis der Texte dar; es bedarf darum immer der Überprüfung (s. Abschnitt I, 1b).

ist nun nicht mehr der Text selbst, sondern das, wovon er unmittelbar und mittelbar redet.

Das Gelingen des Dialogs zwischen Text und Exeget ist nun nicht unwesentlich davon abhängig, welchem Bereich der Gegenstand entstammt, über den man sich verständigen möchte. Denn für unterschiedliche Gegenstandsbereiche menschlicher Erfahrung und menschlichen Redens ist ein unterschiedlicher Grad der Verständigungsmöglichkeit anzusetzen. So kann man sich mit einem Dialogpartner sehr viel leichter über einen mit den menschlichen Sinnesorganen überprüfbaren Gegenstandsbereich (z. B. Pflanzen, Werkzeuge u. a.) sprachlich vereinbaren und verständigen als über einen Gegenstandsbereich, der solcher Überprüfung entzogen ist (z. B. menschliche Gefühle und Wertungen wie Liebe, Sinnhaftigkeit u. a.)[157]; und biblische Texte beziehen sich in der Regel auf solche Bereiche.

Hat man sich dies einmal klar gemacht, dann sollte man sich die Verständigung mit dem Text nicht noch dadurch erschweren, daß man seine historischen, sozialen und geistigen Bindungen nur oberflächlich oder auch gar nicht beachtet. Es ist also um des Gelingens des Dialogs willen alles zu unterlassen, was den Text aus diesen Bindungen herauslösen könnte. Man ist vielmehr dazu angehalten, um so sorgfältiger vorzugehen, je schwieriger sich der Gegenstandsbereich gestaltet, über den man sich verständigen möchte.

b) Das Ernstnehmen der jeweiligen Bezüge, in welche die Dialogpartner eingebunden sind, fordert für den *Exegeten,* daß er sich sein Vorverständnis bewußt macht. Dieses Vorverständnis hat er innerhalb einer bestimmten Tradition gewonnen und es ist innerhalb seiner historischen, sozialen und geistigen Bindungen und seiner persönlichen Lebensgeschichte gestaltet und geformt worden. Sie bestimmen die Auffassungen des Exegeten über die Eigenart und die Bedeutung seines Gegenstandes; in ihnen hat er aufgrund seiner Erfahrungen im Umgang mit seiner Umwelt jene Begrifflichkeit entwickelt, mit deren Hilfe er in der Lage ist, Umwelt und Geschichte zu rekonstruieren und zu interpretieren; schließlich bestimmen die historischen, sozialen und geistigen Bindungen das Interesse, die Erfahrungsabsichten und die Vorkenntnisse des Exegeten.

---

[157] Diese Differenz kann auch an den exegetischen Methoden verdeutlicht werden. So ist beispielsweise im Rahmen der Textkritik eine Verständigung über mögliche Untersuchungsergebnisse sehr viel eher zu erwarten als im Rahmen der Gattungskritik, da der Gegenstandsbereich der Textkritik einer Überprüfung leichter zugänglich ist als derjenige der Gattungskritik.

Dieser Klärung des Vorverständnisses sind allerdings Grenzen gesetzt. Und das muß an dieser Stelle betont werden, um einem perfektionistischen Mißverstehen von vornherein zu begegnen. Die Grenzen sind gesetzt durch die Unmöglichkeit für den einzelnen, jeweils seine Konstitution und Situation vollständig und umfassend verstehen und beschreiben zu können, und sie sind bedingt durch die Schwierigkeit der Distanzierung des einzelnen von seinen eigenen Vorgegebenheiten. Dennoch darf von der Forderung, der Exeget habe sich sein Vorverständnis bewußt zu machen, nicht abgewichen werden; denn sie verhilft dazu, daß der Ausleger bestimmte Bedingungen des Verstehens als seine eigenen Voraussetzungen erkennt und so vermeidet, sein Vorverständnis als vermeintlich jedermann einsichtig dem Dialogpartner Text einfach überzustülpen. Darüber hinaus setzt er mit der Darlegung seines Vorverständnisses andere Exegeten dazu instand, seine Auslegungsergebnisse kritisch zu überprüfen und besser zu verstehen[158].

Erleichtert wird die Erfüllung dieser Forderung dadurch, daß das eigene Vorverständnis im ständigen Dialog mit den Zeitgenossen und mit der Tradition[159] immer wieder überprüft, korrigiert und damit bewußter wird. Und erleichtert wird die Erfüllung dieser Forderung auch dadurch, daß der eben skizzierte dialogische Vorgang nicht eine einmalige literarische Leistung darstellt, sondern vielmehr zum Lebensvollzug des Exegeten hinzugehört, ihn also stets begleitet und bestimmt.

c) Die Berücksichtigung der Bezüge der Dialogpartner macht die *Differenz* zwischen beiden deutlich. Dabei befindet sich der Dialog Text-Ausleger im Vergleich mit einem Dialog zwischen Zeitgenossen noch in einer besonderen Situation. Der eine der Dialogpartner, der Text, ist nur beschränkt auskunftsfähig. Er kann nicht mehr umfassend befragt werden, er kann seine Aussagen nicht mehr präzisieren, aber auch den Ausleger nicht mehr zurechtweisen. Er kann keine Zusatzinformationen liefern und seine Stimmungen, Absichten oder Umwelt-

---

[158] S. hierzu L. MARKERT-G. WANKE, Die Propheteninterpretation. Anfragen und Überlegungen, KuD 22 (1976), 191–220 (bes. 214–217).

[159] Damit ist besonders derjenige Ausschnitt aus der christlich-jüdischen Überlieferung gemeint, der den Umgang Früherer mit dem Alten Testament als Ganzem sichtbar macht. – Möglicherweise liefert die Auslegungsgeschichte eines konkreten Textes Hinweise dafür, wie der Text diese Auslegungstradition mitbestimmt hat. Vgl. z. B. B. D. LERCH, Isaaks Opferung christlich gedeutet. Eine auslegungsgeschichtliche Untersuchung, 1950; H. CHR. KNUTH, Zur Auslegungsgeschichte von Psalm 6, 1971.

bedingungen nicht mehr selbständig interpretieren. Der Text ist also in seiner Beschränkung kein gleichwertiger Dialogpartner, und zwar was die Möglichkeit der Kommunikation betrifft.

Diese Differenz sowie die Differenz in den jeweiligen Bezügen der Dialogpartner dürften ein voreiliges Konstatieren von „Verständnis" oder „Verstandenhaben" erst gar nicht aufkommen lassen. So selbstverständlich dies auf den ersten Blick erscheint, so wenig wird diese Erkenntnis beachtet. Die Verführung zu einer voreiligen Interpretation alttestamentlicher Texte besonders in theologischer Hinsicht ist nämlich um so größer, je gewohnter man das Reden von Gott ist – entweder aufgrund der theologischen Arbeit, die man betreibt, oder aufgrund der Tradition, der man entstammt und in die man eingebunden ist. Je gewohnter der Umgang mit alttestamentlichen Texten wird, desto leichter vergißt man, diese Differenzen zu beachten. Dabei ist die Gefahr, die Besonderheiten und Eigenarten des Textes zu übersehen, weniger groß als die Gefahr, seine eigenen Bedingtheiten und Eigenarten zu vergessen.

2. *Offenheit und Angemessenheit der Fragestellung*

a) Soll der Dialog zwischen den Partnern Ausleger und Text zu einem hinreichenden Verstehen führen, so muß die an die Texte herangetragene *Fragestellung* so *offen* sein, daß Antworten, Daten und Informationen nicht von vornherein inhaltlich festgelegt sind. Diese Forderung unterliegt jedoch einer Einschränkung, denn jede Fragestellung, welche an den Text herangetragen wird, bestimmt natürlich in erheblichem Maße die möglichen Antworten. Um also die Ergebnisse des Dialogs dadurch nicht schon von Anfang an einzuschränken, ist es nötig, die Fragestellungen so zu wählen, daß sie nur den Rahmen angeben, innerhalb dessen man sich die Antworten erwartet. Die Fragestellung sollte dagegen nicht so formuliert werden, daß sie den Rahmen so eng zieht, daß nur eine, meistens ganz bestimmte Antwort zu erwarten ist. Zu eng wäre beispielsweise der Rahmen der theologischen Kritik als Fragestellung gezogen, wollte sie nur Äußerungen über das Wesen Gottes in den alttestamentlichen Texten aufspüren und systematisch zusammenstellen, ohne zu fragen, welche Haltungen von Menschen sich in solchen Sätzen aussprechen.

b) Neben der Offenheit von Fragestellungen muß als weitere Bedingung für das Verstehen von Texten die *Angemessenheit der Fragestellung* berücksichtigt werden. Diese Bedingung ist immer dann zu beachten, wenn der Dialogpartner nicht unbeschränkt auskunftsfähig ist, d. h. wenn die Verfasser von Texten für den Fragenden nicht mehr zugänglich sind bzw. wenn keine Möglichkeit mehr besteht, über die fixierten sprachlichen Handlungen eines Verfassers hinaus Informationen von ihm einzuholen. Angemessene Fragestellung muß darum im Rahmen der Struktur und des Inhalts des Textes sowie im Rahmen einer möglicherweise zu erhebenden Intention seines Verfassers in seinem historischen, sozialen und geistigen Bezugssystem bleiben. Es muß überprüft werden, ob überhaupt eine Antwort auf eine an den Text herangetragene Fragestellung zu erwarten ist.

Für die Fragestellung nach dem Reden von Gott bedeutet dies, daß vorläufige Hinweise auf ein solches Reden von Gott im Text aufgesucht werden müssen. Dabei können solche Hinweise einen expliziten, aber auch einen impliziten Bezug zur Frage nach dem Reden von Gott aufweisen (s. Abschnitt II, 2).

Daß dieser Bedingung für das Verstehen von Texten eine entscheidende Rolle zukommt, wird man dann leichter einsehen, wenn man einen Blick z. B. in die Geschichte der Interpretation des Hohenliedes wirft[160], die zeigt, wie wichtig die Angemessenheit einer Fragestellung für die Interpretation eines Textes ist.

c) Die Bedingung der Offenheit und Angemessenheit der Fragestellung, die an den Text herangetragen wird, soll den Exegeten vor zweierlei schützen:

1. in den Text Vorstellungen, Gedanken und Inhalte eines fremden Bezugssystems hineinzulesen (z. B. im dreifachen „heilig" von Jes 6 oder in den drei Männern von Gen 18,2 die Trinität wiederzufinden, um neben sehr subtilen Formen einen der gröbsten Verstöße gegen diese Forderung zu erwähnen);
2. eine an den Text herangetragene *Teil*fragestellung als einzig sachgemäße Fragestellung in Anspruch zu nehmen (z. B. nur die Frage „Was steht da?", nicht aber auch die Frage nach den Vorbedingungen des Textes und den Kommunikationsabsichten seines Autors zuzulassen).

3. Strukturen und Funktionen der Sprache

Der Dialog, der schließlich zum Verstehen alttestamentlicher Texte führen soll, ist eine sprachliche Handlung, die zwischen der Sprache

[160] S. die Einleitungen in das Alte Testament und W. RUDOLPH, Das Buch Ruth, Das Hohelied, Die Klagelieder (KAT), 1962, 88ff.

des Auslegers und der Sprache des Textes eine Beziehung herstellt. Dieser Vermittlungsvorgang stößt nicht nur deshalb auf Schwierigkeiten, weil Text und Ausleger in sehr verschiedenen Sprachwelten angesiedelt sind, sondern auch weil die Sprachstrukturen, deren sich beide bedienen, außerordentlich verschieden sein können. Diesen Schwierigkeiten suchte die sorgfältige Rekonstruktion der Struktur und des Inhalts des Textes zu begegnen und sie zu überwinden. Ihr Ausgangspunkt war die *Oberflächenstruktur* des Textes, d. i. die konkrete Gestalt der sprachlichen Äußerung. Mit Hilfe der in den vorausgehenden Paragraphen vorgestellten exegetischen Methoden wurde über Abstraktions- und Klassifikationsvorgänge die *Tiefenstruktur* des Textes erarbeitet. Darunter ist diejenige Basisinformation und diejenige Basisfunktion zu verstehen, die einer sprachlichen Äußerung zugrunde liegt. Dabei ist zu beachten, daß in der Tiefenstruktur von Texten die gesamte semantische Information, d. h. alle Elemente der Bedeutungsseite eines Textes, bereits enthalten ist.

Beispiel: In § 8, II, 4 ist zu dem Satz „Warst du es nicht, der das Meer austrocknete?" (Jes 51,10) festgestellt worden, daß es sich nicht um eine Informationsfrage, sondern um eine Aussage handelt. Damit wird – als Ergebnis exegetischer Arbeit – behauptet, daß hinter der konkreten Gestalt des Satzes, die die Form der Frage hat, eine Tiefenstruktur steht, die etwa folgendermaßen dargestellt werden könnte[161]:

Du (=Jahwe) $\xrightarrow{\text{austrocknen (perf.)}}$ Meer.

Diese Basisinformation wird im konkreten Redevollzug in jeweils kontextgemäße (=der Redesituation angepaßte) Oberflächenstrukturen überführt, wobei im Zusammenhang der sprachlichen Realisierung bzw. bei der Transformation einer Tiefenstruktur in eine Oberflächenstruktur von der Basisinformation nichts mehr verlorengeht[162]. Mögliche Realisierungen der erwähnten Tiefenstruktur, also bedeutungsgleiche Oberflächenstrukturen könnten z. B. sein: „Warst du es nicht, der das Meer austrocknete?", „Du warst es doch, der das Meer austrocknete!", „Du, Jahwe, hast das Meer ausgetrocknet."

---

161 Die Form der Darstellung der Tiefenstruktur entspricht nicht den üblichen Mustern in linguistischen bzw. sprachlogischen Untersuchungen. Die hier gewählte Form soll nur der Veranschaulichung des angesprochenen Sachverhalts dienen.

162 Die Probleme des Verhältnisses von Oberflächen- und Tiefenstruktur von Texten bzw. Sätzen und die Regeln, nach welchen sich die Transformation von Tiefen- in Oberflächenstrukturen vollziehen, sind – soweit sie sich auf grammatische Fragestellungen beziehen – Gegenstand der generativen Transformationsgrammatik, eines Teilgebietes der Linguistik. Einführende Literatur: J. Lyons a. a. O. (Anm. 59); J. Bechert, D. Clément u. a. a. a. O. (Anm. 59) mit weiterführenden Literaturhinweisen.

Die moderne sprachwissenschaftlich orientierte Logik hat darüber hinaus gezeigt, daß in allen Sprachen bei noch so unterschiedlicher Ausprägung der Oberflächenstrukturen die sprachlichen Handlungsschemata auf wenige, allen Sprachen gemeinsame Klassen von Elementen und Redeweisen zurückgeführt werden können[163]. Ihre Beachtung bei der Rekonstruktion der Tiefenstruktur der Texte und bei der Analyse des Redens eines Textes von Gott kann eine Grundlage für das Gelingen des Dialogs zwischen Ausleger und Text schaffen. An dieser Stelle genügt es, die wichtigsten für die theologische Kritik relevanten Klassen von Zeichen und Redeweisen kurz zu beschreiben.

Grundlegende sprachliche Handlung ist die Prädikation. In ihr werden bestimmte sprachliche Zeichen einem Gegenstand zugesprochen[164], z. B. „dies ist rot"; „dies ist ein Buch"; „dies ist schwimmen". Alle Ausdrücke, die verwendet werden, um Gegenständen etwas zu- oder abzusprechen, sollen *Prädikatoren* heißen. Sie dienen zur Differenzierung von Gegenständen und ihrer näheren Bestimmung. Prädikatoren können immer mehreren Gegenständen zugesprochen werden, d. h. es gibt immer mindestens zwei Beispiele für einen Prädikator. Ausdrücke hingegen, die nur einem einzigen Gegenstand zugesprochen werden und somit einen bestimmten Gegenstand aus einer Reihe gleichartiger anderer ausgrenzen, sollen *Nominatoren* heißen, wobei zwischen *Eigennamen* (Grillparzer, Donau, Erlangen, Franz) und *Kennzeichnungen* (dieses Buch, der Vorgänger Heinrichs VIII.) zu unterscheiden ist. Kennzeichnungen sind zusammengesetzte Ausdrücke; situationsabhängige Kennzeichnungen (dieses Buch) bestehen aus hinweisenden (deiktischen) Partikeln und Prädikatoren, situationsunabhängige Kennzeichnungen (der Vorgänger Heinrichs VIII.) aus Prädikatoren und Eigennamen. Die hinweisende Partikel ‚dieses' ist immer nur im Rahmen der Verwendungssituation verständlich; sie ist situationsabhängig. Solche sprachlichen Ausdrücke, deren vollständige

---

[163] Hierzu und zum Folgenden s. J. Track, Sprachkritische Untersuchungen zum christlichen Reden von Gott, 1977; vgl. W. Kamlah-P. Lorenzen a. a. O. (Anm. 59). Daß die Verhältnisbestimmung zwischen Logik und Linguistik nicht ohne Probleme ist, sei hier ausdrücklich angemerkt; vgl. zu dieser Fragestellung u. a. J. Lyons a. a. O. (Anm. 59) 345 u. ö.; W. Dressler a. a. O. (Anm. 59) 109f.

[164] „Wir verstehen unter ‚Gegenstand' alles ‚dasjenige', dem ein Prädikator zugesprochen werden kann oder worauf man durch Eigennamen oder deiktische Handlungen (Kennzeichnungen) hinzeigen kann in einer für den Gesprächspartner verständlichen Weise." (W. Kamlah–P. Lorenzen a. a. O. [Anm. 59] 42).

Bedeutung erst erfaßt werden kann, wenn das Bezugssystem bekannt ist, in welchem sie verwendet werden, sollen *Indikatoren* heißen (z. B. diese, gestern, du, links, dort, oben).

In diesen Klassen von Ausdrücken läßt sich der Großteil sprachlicher Zeichen erfassen. Diese Klassifizierung wird als Analyseinstrument deshalb angeboten, weil die ihr zugrundeliegende Differenzierung den unterschiedlichen Gebrauch des Ausdrucks „Gott" sowohl in alttestamentlichen Texten als auch in religiöser Sprache überhaupt deutlich werden läßt[165].

Hilfreich für die Analyse des Redens von Gott ist auch die grundlegende Differenzierung sprachlicher Äußerungen nach Redeweisen. Unter Redeweisen sind die wichtigsten Funktionen sprachlicher Äußerungen zu verstehen[166]. Ihre Bestimmung sollte in der Regel auf der Ebene der Tiefenstruktur erfolgen, da in der Oberflächenstruktur eines Textes Mehrdeutigkeit nicht auszuschließen ist[167].

Ohne Vollständigkeit anzustreben, seien die folgenden Redeweisen genannt:

a) Die *beschreibende* oder *deskriptive* Redeweise: Sie stellt Sachverhalte dar; sie beschreibt, wie etwas war, wie etwas ist oder einmal sein wird (z. B. „Die Einfuhr der Pferde für Salomo erfolgte von Ägypten und von Koa her." I Reg 10,28). Benutzt die deskriptive Rede sprachliche Zeichen in übertragenem Gebrauch oder in ungewöhnlicher Zuordnung, so kann auch von *deskriptiv-metaphorischer* Rede gesprochen werden (z. B. „Du setzt dir ein Messer an die Kehle, wenn du allzu gierig bist." Prov 23,2 oder „Sie spannen ihre Zunge wie einen Bogen." Jer 9,2)[168]. In den Bereich der deskriptiven Redeweise gehört auch die *fiktive* Redeweise, die darlegen will, wie etwas sein oder gewesen sein könnte; sie macht sich die Möglichkeit der Sprache zunutze, durch Kombination sprachlicher Zeichen Situationen, Ereignisse, Sachverhalte zu fingieren (z. B. die Parabel vom Lamm des Armen II Sam 12,1–4). Versucht man endlich zu beschreiben, wie etwas sein sollte, bedient man sich der *ideativen* Redeweise; sie entwirft

---

165 Beispiele s. u. Abschnitt II.

166 J. Track a. a. O. (Anm. 163) 163ff. hat unter Rückgriff auf sprachphilosophische Untersuchungen zu einzelnen Redeweisen eine Gesamtklassifikation vorgenommen, die der folgenden Darlegung zugrundeliegt. Für weitere Einzelheiten sei mit Nachdruck auf dieses Buch verwiesen.

167 Siehe hierzu die obigen Bemerkungen zu Jes 51,10 (S. 167).

168 Zu Struktur und Bedeutung metaphorischer Rede s. P. Ricoeur–E. Jüngel, Metapher, 1974.

ideale oder abstrakte Vorstellungen und Bilder, denen die Realität nahekommen kann, jedoch nie ganz entspricht; sie dient häufig dazu, Kriterien zu entfalten, an denen die Wirklichkeit gemessen wird (z. B. „Dein Thron, o Göttlicher, bleibt immer und ewig; ein Szepter des Rechts ist das Szepter deiner Herrschaft; du liebst Gerechtigkeit und haßt den Frevel." Ps 45,7–8a).

b) Die *emotive* Redeweise: Mit dieser Redeweise soll diejenige Funktion der Sprache bezeichnet werden, die es dem Menschen ermöglicht, durch sprachlichen Ausdruck Stimmungen, Gefühle, Teilnahme zu differenzieren und in das Bewußtsein zu heben und sie andern Menschen zu vermitteln; emotive Redeweise zielt häufig auf Anteilnahme (z. B. „Erbarme dich, Jahwe, denn ich verschmachte; heile mich, Jahwe, denn meine Gebeine sind zerfallen. Tief erschrokken ist meine Seele – aber du, Jahwe, wie lange?" Ps 6,3f.).

c) Die *wertende* oder *valuative* Redeweise: Sie arbeitet im wesentlichen mit Prädikatoren wie ‚gut, schön, wahr, falsch, häßlich, ungerecht' u. a. – Prädikatoren, welche aufgrund bestimmter Kriterien (Wertvorstellungen) vergeben werden. Für das Verstehen wertender Sätze ist die exakte Bestimmung der verwendeten Kriterien wesentlich (z. B. „Was ich als gut befunden habe und was als schön, ist das: Essen und Trinken und Genießen bei all der Mühe, womit einer sich abmüht unter der Sonne die kurze Zeit seines Lebens, die Gott ihm vergönnt hat; denn das ist sein Teil." Koh 5,17).

d) Die *performative* Redeweise oder die *Sprachhandlungen:* Unter dieser Redeweise sind alle diejenigen menschlichen Handlungen zusammengefaßt, die mit dem Sprechakt selbst vollzogen werden, wie Wünsche, Warnungen, Ankündigungen, Drohungen, Verheißungen, Bitten, Bekenntnisse u. a. m. Für das Zustandekommen solcher Sprachhandlungen sind diejenigen Konventionen und Umstände maßgeblich, unter denen sie normalerweise vollzogen werden; so ist z. B. die Sprachhandlung der Begrüßung fehl am Platz bzw. geht ins Leere, wenn die für eine Begrüßung erforderlichen Umstände wie die Begegnung wenigstens zweier Menschen nicht gegeben sind.

e) Die *präskriptiv-normative* oder *anordnende* Redeweise: Sie faßt diejenigen sprachlichen Äußerungen zusammen, die zu einem bestimmten Verhalten und zu bestimmten Handlungen auffordern. Hierher gehören einfache Imperative als situationsabhängige Aufforderungen ebenso wie generelle Normen mit universaler Reichweite (vgl. z. B. „Ruft mir Bathseba!" I Reg 1,28 mit „Du sollst nicht töten!" Ex 20,13).

Diese vorgeschlagene Differenzierung nach Redeweisen soll jedoch nicht den Eindruck erwecken, als könne jede sprachliche Äußerung immer nur einer der genannten Klassen zugewiesen werden. Vor allem für die konkreten Kommunikationssituationen wird davon auszugehen sein, daß häufig mehr als eine der Funktionen von Sprache durch eine sprachliche Äußerung zur Geltung kommt. So können deskriptive Äußerungen emotive und valuative Aspekte enthalten oder performative Äußerungen ein deskriptives Element, wie überhaupt fast jede menschliche Rede einen deskriptiven Anteil aufweist. Nur selten werden in Texten die jeweiligen Redeweisen in reiner Form begegnen. Gerade darum aber ist die Unterscheidung nach Redeweisen hilfreich, weil sie die Mehrdimensionalität von Texten und innerhalb dieser bestimmte Akzentuierungen deutlicher in das Bewußtsein hebt.

Diese allen Sprachen gemeinsamen Elemente und Redeweisen, wie sie hier nur sehr knapp skizziert werden konnten, stellen eine weitere Bedingung des Verstehens dar. Sie ist die Voraussetzung dafür, daß die Vermittlung zwischen der Sprache des Textes und der des Auslegers überhaupt gelingen kann. Auch wenn die Beurteilung dieser Gemeinsamkeiten in der wissenschaftlichen Diskussion in einer Reihe von Einzelheiten nicht unumstritten ist, sollte das Wissen um sie methodisch explizit eingesetzt werden. Das erleichtert die Mitteilbarkeit und die Nachvollziehbarkeit exegetischer Arbeitsergebnisse gerade im Blick auf theologische Fragestellungen, wie sie in § 1 gefordert worden ist.

II. Methodik

Die folgenden methodischen Hinweise für die Interpretation des Redens von Gott sind natürlich im wesentlichen Folgerungen aus den in Abschnitt I beschriebenen Bedingungen des Verstehens. Sie wollen als ein Vorschlag verstanden werden, der weder den Anspruch erhebt, die gesamte hermeneutische Diskussion aufgenommen und verarbeitet zu haben[169], noch mit dem Anspruch auftritt, eine für jedermann akzeptable Auslegungsbasis zu schaffen. Für denjenigen allerdings, der sich

[169] Als erste Einführung in die Literatur und Problematik der hermeneutischen Frage im Zusammenhang mit dem Alten Testament seien erwähnt: C. Westermann (Hg.), Probleme alttestamentlicher Hermeneutik, 1968^3; O. Loretz–W. Strolz (Hg.), Die hermeneutische Frage in der Theologie, 1968; weitere Literatur § 13,8.

mit den Ausführungen des Abschnitts I einverstanden erklären kann, stellen diese Hinweise unerläßliche Arbeitsschritte dar, vor allem dann, wenn er auf Intersubjektivität seiner Auslegung Wert legt.

1. Der Standort des Auslegers in bezug auf den Text

Um einerseits der Vergewaltigung des Dialogpartners Text vorzubeugen und andererseits dem Benutzer einer Auslegung besseres Verstehen und kritische Auseinandersetzung zu ermöglichen, hat der Exeget sein Vorverständnis und die Fragestellungen darzulegen, die er an den Text heranzutragen beabsichtigt. Im Rahmen wissenschaftlich-theologischer Untersuchungen geschieht dies häufig, indem im Zusammenhang eines theologiegeschichtlichen Rückblicks oder im Zusammenhang der Darlegung des jeweils gegenwärtigen Forschungsstandes Vorverständnis und Fragestellungen entfaltet werden. Auslegungs- und Wirkungsgeschichte eines Textes und der Standort des Exegeten innerhalb einer bestimmten religiösen und gesellschaftlichen Tradition sollten in ihren Auswirkungen auf das konkrete Auslegungsvorhaben beschrieben werden.

Nun stellt aber die Auslegungspraxis (z. B. innerhalb der zahlreichen auslegungsbezogenen Arbeitsfelder einer christlichen Kirche) den Exegeten meist vor Situationen, in denen ein solches Vorgehen viel zu aufwendig ist. Dennoch sollte auf eine Standortbestimmung nicht verzichtet werden. Dabei sollte geklärt werden, welche Vorkenntnisse der Exeget von Text, Textgruppe und ihren „Autoren" hat, welche Bedeutung er den auszulegenden Texten beimißt und mit welchen Erwartungen er an die Texte herangeht. Auch sollten Absicht und Ziel des Auslegungsbemühens (z. B. Predigt, Unterricht, Vortrag, wissenschaftliche Untersuchung) stets im Blick bleiben. Schließlich sollte sich der Exeget diejenigen Reaktionen bewußt machen, welche die erste Begegnung mit dem Text bei ihm auslösten – Stimmungen und Gefühle wie Zustimmung oder Ablehnung, Assoziationen, Eindrücke u. a. m. Alle diese Elemente des Vorverständnisses – Vorkenntnis, Einstellungen zur Bedeutung des Textes, Arbeitsvorhaben, Erkenntnisinteresse und spontane Reaktionen – sollen als eigene Bedingtheiten erkannt werden und als solche in den Dialog mit dem Text eingebracht werden.

Unabhängig davon, daß dieser Arbeitsschritt in diesem Buch erst gegen Ende des gesamten Auslegungsvorgangs beschrieben wird, wird dem Exegeten dringend angeraten, die Klärung des Vorverständnisses jeweils an den Anfang seiner Textauslegung zu stellen. Das Vorverständnis bezieht sich ja nicht allein auf das Reden von Gott, sondern auf den Text als Dialogpartner insgesamt, so daß alle methodischen Schritte einer Exegese davon betroffen sein können[170].

2. Die Angemessenheit der Fragestellung

Nach der Darlegung des Vorverständnisses ist zu überprüfen, ob der auszulegende Text auch Antworten auf die Fragen erwarten läßt, die gestellt werden. Im Falle der theologischen Kritik ist zu erheben, ob der Text ausdrückliche oder indirekte Bezugnahme auf das Reden von Gott erlaubt. Dies mag im Zusammenhang mit biblischen Texten als eine müßige Angelegenheit angesehen werden; und für den Fall, daß Texte von Jahwe, El oder Elohim reden, trifft dies auch zu. Doch enthält das Alte Testament eine Reihe von Texten, die keinerlei Gottesbezeichnung aufweisen; für sie sind diejenigen Anhaltspunkte zu benennen, die dennoch eine Überprüfung des Redens von Gott erlauben. Solche Anhaltspunkte kann z. B. der literarische Gesamtzusammenhang liefern, in welchen ein Text eingebettet ist, so daß, von der theologischen Aussage einer umfangreicheren literarischen Einheit her betrachtet, die Frage nach dem Reden von Gott angemessen erscheint, auch wenn der auszulegende Einzeltext Gott überhaupt nicht erwähnt[171].

Abzulehnen und als unangemessen zu bezeichnen ist die Frage nach dem Reden von Gott dann, wenn sich weder direkte noch indirekte Bezüge auf ein Reden von Jahwe/Elohim wahrscheinlich machen lassen, was im Alten Testament doch für einige Texte zuzutreffen

---

170 Ähnlich empfehlen H. Barth–O. H. Steck in der 9. Auflage ihrer „Exegese des Alten Testaments“ (a.a.O. Anm. 2), als ersten Schritt der Auslegungsarbeit Phantasie und Imagination einzusetzen, um den Text „als Bestandteil der heutigen Welt“ und „als Bestandteil der historischen Welt“ vorläufig vorzustellen. Diesem Vorschlag entspricht auch die Neugestaltung des Buches, dessen erster Abschnitt dem Problem des Vorverständnisses breiten Raum einräumt. Auch wenn H. Barth und O. H. Steck die Akzente etwas anders setzen und eine teilweise andere Terminologie verwenden, sei nachdrücklich auf die entsprechenden Ausführungen des § 1 dieses Buches verwiesen. Sie stellen vor allem im Blick auf die Auslegungspraxis eine hilfreiche Ergänzung des oben Dargelegten dar.

171 Das trifft z. B. für eine Reihe von Texteinheiten der Thronfolgegeschichte Davids II Sam 9–20 + I Reg 1–2* zu.

scheint[172]. Besonderer Sorgfalt bedarf die Argumentation dann, wenn für solche Texte die Angemessenheit der Frage nach dem Reden von Gott allein von der Tatsache hergeleitet wird, daß es sich bei ihnen um Teile des Kanons heiliger Schriften handelt.

3. Das Reden von Gott

a) Der mit Hilfe der exegetischen Methoden nach Struktur und Inhalt rekonstruierte Text ist zunächst auf die *Verwendung der Worte „Gott" bzw. „Jahwe/Elohim"* zu untersuchen. Dabei ist zunächst festzustellen, ob die Ausdrücke für Gott als Prädikatoren, Indikatoren oder Nominatoren begegnen. Die Verwendung als Prädikator ist dann gegeben, wenn der Ausdruck für ein Exemplar der Klasse „Götter" verwendet wird (z. B. Ex 20,2–3). In der Regel verwendet das Alte Testament jedoch Ausdrücke für Gott als Nominatoren (z. B. Gen 18,22ff.). Der Gebrauch als Indikator ist nur sehr selten zu beobachten; er liegt dann vor, wenn mit für Gott verwendeten Ausdrücken auf bestimmte Daseins- und Handlungsorientierungen hingewiesen wird (Jer 22,15–16 ist einer der wenigen Belege für diese Art des Gebrauchs: „Jahwe kennen heißt, Recht und Gerechtigkeit üben und den Elenden und Armen zum Recht verhelfen."). Erster Schritt der Analyse des Redens eines Textes von Gott ist also die Klassifizierung der Verwendung der Ausdrücke für Gott (künftig: „Gott").

Für den Fall, daß „Gott" als Eigenname oder Kennzeichnung (z. B. mein Gott; der Gott Israels) begegnet, ist ferner zu überprüfen, *welche Prädikatoren „Gott" zugesprochen werden.* Dabei ist darauf zu achten, wie diese Prädikatoren sonst verwendet werden; ob es sich um Prädikatoren handelt, die gewöhnlich Menschen zugesprochen werden und die im Zusammenhang mit dem Reden von Gott uneigentlich gebraucht werden (z. B. sprechen; kämpfen), oder ob es sich um für das Reden von Gott typische Prädikatoren handelt (z. B. schaffen *bara'*). Die im Zusammenhang mit dem Reden von Gott auftretenden Prädikatoren sind in der Regel mehrstellig, d. h. sie beschreiben Relationen (z. B. Gott segnet Abraham; Gott erschafft die Welt; Jakob verhandelt mit Gott). Sie führen den Exegeten auf die dem Text zugrundeliegenden Vorstellungen von den Beziehungen zwischen Gott

[172] Hier wäre z. B. an bestimmte Listen, Liebeslieder und Weisheitssprüche zu denken.

und Welt, Gott und Mensch und zwischen Mensch und Welt, die im einzelnen zu entfalten sind.

In diesem Zusammenhang ist schließlich auf die den Text bestimmenden *Redeweisen* zu achten. Es ist festzustellen, ob der Text Gottes Handeln am Menschen und dessen Reaktion auf es beschreibt (deskriptiv), ob dieses Handeln in der Gestalt von Bildern veranschaulicht wird (deskriptiv-metaphorisch) oder ob es sich um einen Text handelt, der Menschen zu einem bestimmten Verhalten auffordert (präskriptiv-normativ). Es ist darauf zu achten, ob göttliches oder menschliches Handeln bewertet wird (valuativ) oder ob ein Text vorliegt, der eine Sprachhandlung wie Segen, Verheißung oder Wunsch (performativ) oder eine menschliche Gefühlsäußerung (emotiv) repräsentiert. Führt eine solche Untersuchung zu dem Ergebnis, daß ein Text durch mehr als eine Redeweise bestimmt ist, sollte man sich Klarheit darüber verschaffen, in welcher Beziehung die Redeweisen jeweils zueinander stehen und welcher Redeweise ein besonderes Gewicht zukommt.

Diese Analyse des Redens von Gott nach den grundlegenden Elementen und Redeweisen der Sprachen steht dann vor besonderen Schwierigkeiten, wenn Texte untersucht werden, welche nicht ausdrücklich von Gott reden. In diesem Fall wird man diejenigen Bezugnahmen auf das Reden von Gott in die Analyse miteinbeziehen müssen, mit welchen die Angemessenheit der Fragestellung begründet wurde[173].

b) In einem weiteren Schritt der Analyse sind die das Reden eines Textes von Gott bestimmenden *Sprach- bzw. Reflexionsstufen* zu untersuchen[174]. Es ist festzustellen, ob der Text im wesentlichen durch situationsbezogene (singuläre) Äußerungen geprägt ist oder ob er überwiegend situationsunabhängige (generelle, situationsinvariante) Sätze enthält. Es ist z. B. sehr genau zwischen Sätzen zu unterscheiden, welche ein konkretes Handeln Gottes und der Menschen erzählen oder welche eine Strafankündigung darstellen, und zwischen Sätzen, die solches Geschehen reflektieren und in generalisierender Weise darüber reden[175]. Im Falle singulärer, situationsbezogener Sätze ist zu überprüfen, ob sie sich möglicherweise auf generelle Sätze zurückführen lassen; es ist zu fragen, welche Haltungen, Einstellungen und Einsichten hinter situationsbezogenen Äußerungen stehen. Solche Gene-

---

[173] S. o. Abschnitt 2.

[174] Siehe hierzu auch L. MARKERT–G. WANKE a. a. O. (Anm. 158) 218ff.

[175] Vgl. z. B. II Chr 20,22 mit 20,15b oder Dtn 31,16–18 mit Dtn 6,15a.

ralisierung oder Verallgemeinerung muß sich allerdings am Kontext der konkreten Äußerung bewähren.

c) Mit Hilfe der eben beschriebenen Analysenschritte sollen Einsichten in die mit dem Reden von Gott zur Sprache kommenden *Daseins- und Handlungsorientierungen* gewonnen werden. Unter Daseinsorientierung sind diejenigen grundlegenden Einstellungen zur und Einsichten in Wirklichkeit zu verstehen, die menschliches Dasein bestimmen und von welchen aus menschliche Existenz bewältigt wird. Sie beziehen sich auf die Frage, wie der Mensch leben kann, und damit auf sein Verhältnis zur Umwelt, zur Geschichte und nicht zuletzt zu sich selbst. Als Handlungsorientierung werden diejenigen grundlegenden, menschliches Handeln bestimmenden Normen verstanden, die die Frage beantworten, wie der Mensch leben soll[176].

Bei der Rekonstruktion einer einem Text zugrundeliegenden Handlungsorientierung ist nicht allein nach den geforderten Handlungen bzw. dem geforderten Verhalten, ihrem Geltungsbereich und ihrer Reichweite zu fragen, sondern es ist darüber hinaus zu überprüfen, welche Begründungen für solche Forderungen angeboten werden. Als Begründungen können konkrete Zwecke und Ziele in Frage kommen (z. B. Dtn 6,24) oder – im Alten Testament sehr häufig – Hinweise auf die göttliche Autorität (z. B. Lev 19,2–4). Die Begründungen lassen meist auch erkennen, wie die Handlungsorientierungen mit Daseinsorientierungen zusammenhängen. Oft stellen die Begründungen selbst nichts anderes dar als Daseinsorientierungen oder Teilaspekte von ihnen.

Für die Rekonstruktion der Daseinsorientierung kann zunächst auf die Ergebnisse der Analyse der Prädikatoren zurückgegriffen werden, welche „Gott" zugesprochen werden. Sie führen den Exegeten ja auf Vorstellungen des Textes vom Verhältnis zwischen Gott, Mensch und Welt, Vorstellungen, die grundlegende Einsichten in Wirklichkeit zum Ausdruck bringen. Nach der Beschreibung der Daseinsorientierung ist schließlich die Frage zu stellen, welche Bedingungen solche Einsichten in Wirklichkeit ermöglichen. Im alten Israel sind es im wesentlichen die Tradition, Umwelt und Gesellschaft und die individuelle Erfahrung, die Einsichten in Wirklichkeit ermöglichen, wobei zu beachten ist, daß diese Faktoren in der Regel nie allein, sondern meist in gegenseitigem Aufeinandereinwirken zur Geltung kommen. Im Zusammen-

---

176 L. Markert–G. Wanke a.a.O. (Anm. 158) 216; ausführlicher: J. Track a.a.O. (Anm. 163) 261 ff.

hang mit dem Reden von Gott wird die nähere Überprüfung der bestimmenden Faktoren Tradition, Umwelt und Gesellschaft auf eine Erarbeitung des Weltverständnisses hinauslaufen, innerhalb dessen ein Text von Gott redet, oder gegen welches sich ein Text, in dem er von Gott redet, absetzt. So wird bei vielen Texten des Alten Testaments das mythische Weltverständnis des Alten Orients als Hintergrund zu berücksichtigen sein[177]. Gen 1 z. B. kann ohne eine Kenntnis davon, wie die Umwelt Israels die Erschaffung von Welt und Menschen sah, welchem Weltverständnis Israel selbst verhaftet war und wie beide, Israel und seine Umwelt, in diesen Bezügen von Gott redeten, gar nicht recht verstanden werden.

Besondere Sorgfalt sollte der Exeget schließlich auf die Beschreibung von Widerfahrnissen und Erfahrungen als einer weiteren Bedingung der Möglichkeit von Daseinsorientierung verwenden. Persönliche, individuelle Widerfahrnisse und Erfahrungen sind nur über ihre sprachliche Erschließung zugänglich. So sind vor allem die Sprachkonventionen zu erheben, deren sich die sprachliche Erschließung von Widerfahrnissen bedient, da sie etwas von dem Lebenszusammenhang erkennen lassen, in welchem sich Widerfahrnisse ereignen und ohne welche eine Verständigung über sie nicht möglich ist[178].

Persönliche, individuelle Erfahrungen und Widerfahrnisse, also solche, die nur einer Einzelperson zugänglich sind wie Liebe, Trauer, Schmerzen, sind ja zunächst der unmittelbaren Überprüfung durch andere entzogen. Eine Verständigung über sie ist immer nur mittelbar möglich als Verständigung über die Situation, in der individuelle Erfahrung gemacht wird, und – damit eng verbunden – als Verständigung über die Bedingungen, unter denen sie möglich wird. Für den Exegeten kommt es in diesem Zusammenhang also darauf an, die bei der Beschreibung eines Widerfahrnisses verwendeten sprachlichen Mittel, vor allem die geprägten Wendungen, Strukturen und Bedeutungssyndrome, auf ihren Situationshintergrund, auf die Lebenszusammenhänge und auf die Lebenspraxis hin zu befragen, die sich in ihnen widerspiegeln.

Solche Analyse und Rekonstruktion des Redens eines Textes von Gott im Hinblick auf Daseins- und Handlungsorientierungen und im Hinblick auf Erfahrungen und Widerfahrnisse, die als Gottes Handeln ausgelegt werden, ist nötig, weil nur über sie eine Verständigung über

---

[177] S. § 10, II, 1 c.

[178] Siehe hierzu bes. J. Track, Erfahrung Gottes, KuD 22 (1976), 1–21.

den Gegenstand „Gott“ möglich ist. Obwohl alttestamentliche Texte durch ihre Verwendung des Ausdrucks „Gott“ als Prädikator oder Nominator den Anschein erwecken, als könne dieser Ausdruck mit Hilfe einer Prädikation bzw. einer Zeigehandlung („Das ist Gott!“) eingeführt werden, versagt diese Einführungsmöglichkeit. Auf Gott kann man nicht zeigen. Als Einführungsmöglichkeit bleiben nur Daseins- und Handlungsorientierungen und persönliche Widerfahrnisse. Im ersten Fall wird der Ausdruck „Gott“ als Indikator für bestimmte Daseinsorientierungen eingeführt, im zweiten Fall als Nominator, als Eigenname dessen, der in einem persönlichen Widerfahrnis begegnet. Die Verständigung der Dialogpartner über ihren Gegenstand erfolgt also als Verständigung über Daseins- und Handlungsorientierungen und über individuelle Erfahrungen.

4. Stellungnahme des Auslegers

Das Ergebnis der Interpretation des Redens von Gott in einem konkreten Text ist abschließend mit dem Vorverständnis zu konfrontieren, das der Exeget zu Beginn von seinem Gegenstand hatte. Es ist zu überprüfen, ob das Vorverständnis bestätigt, modifiziert oder umgestoßen wurde. Es ist weiter festzuhalten, ob die an den Text herangetragenen Fragestellungen angemessen waren bzw. vor welche Fragen der Exeget erst im Verlauf seiner Arbeit am Text gestellt wurde. Schließlich sollte sich der Ausleger seine eigene Einstellung zum Text und zu seinem Gegenstand nach erfolgter Auslegung noch einmal vergegenwärtigen. Dies kann im Rahmen einer Einordnung der Aussagen des Textes in Zusammenhänge geschehen, welche das theologische Denken des Auslegers und damit sein Lebens- und Weltverständnis bestimmen. Der christliche Exeget wird in diesem Rahmen auch nicht unbeachtet lassen, ob und in welcher Weise ein alttestamentlicher Text Aufnahme in neutestamentliche Texte gefunden und welche Bedeutung er möglicherweise für gegenwärtiges kirchliches Handeln gewonnen hat. Auf diesem Wege kommt auch die Wirkungsgeschichte eines Textes, die ja sein Verstehen in der Gegenwart maßgeblich beeinflußt, in den Blick.

III. Ergebnis

Angestrebtes Ergebnis solcher theologisch-kritischen Auslegung ist das Verstehen des Redens von Gott in einem konkreten Text. Genauer: Ergebnis solcher Auslegung sollte das bessere Verstehen des Menschen sein, der sich in seinem Reden von Gott ausspricht, und sollte das bessere Verstehen der Daseins- und Handlungsorientierung sein, die in dem Reden von Gott zur Geltung kommt. Ist nun einmal schon von einem besseren Verstehen die Rede gewesen, so kann als weiteres Ergebnis dieses Abschnittes die Korrektur des Vorverständnisses des Auslegers und möglicherweise eine Vertiefung seines eigenen Verstehens erwartet werden.

Der christliche oder jüdische Ausleger wird, soweit es sich bei dem Alten Testament um die ihm vorgegebene normative Tradition handelt, eine neue Sicht dieser Tradition gewinnen, die es ihm ermöglicht, wiederum in den Dialog mit seinen Zeitgenossen über diese Tradition einzutreten. Der christliche Ausleger macht durch die Aufarbeitung der normativen Texte seiner Tradition Material für eine neue christliche Theorie der Gegenwart zugänglich. Indem solche Auslegung außerdem Daseins- und Handlungsorientierung aus der christlichen Tradition zur Sprache bringt, setzt sie Impulse frei für die Bewältigung christlicher Praxis.

Die zuletzt genannten möglichen Ergebnisse der theologischen Kritik alttestamentlicher Texte betreffen natürlich vorwiegend den christlichen Exegeten. Das Verstehen des sich im Text unter dem Reden von Gott aussprechenden Menschen und seiner Daseins- und Handlungsorientierung sowie die Korrektur von Vorverständnissen sind hingegen jedem Ausleger möglich und zugänglich. Sie sollten darum aber besonders vom christlichen Ausleger ernst genommen werden, weil sie ihm den Dialog mit dem nichtchristlichen Ausleger wesentlich erleichtern. Vorausgesetzt ist bei alledem natürlich, daß der Auslegungsvorgang intersubjektiv angelegt ist.

Das Verstehen der Texte und ihres Redens von Gott darf auch nicht verwechselt werden mit dem Nachvollzug dessen, was man verstanden hat. Ob der Nachvollzug erhobener Antworten sinnvoll oder nicht sinnvoll ist, kann in der theologischen Kritik nicht entschieden werden. Hier liegt die Grenze der theologischen Kritik. Mehr kann sie nicht leisten.

4. Kapitel: Praktische Hinweise

§ 12 Exegese von Gen 28,10–22[179]

(Zugleich als Beispiel für die Anfertigung einer wissenschaftlichen Arbeit)

Das Ziel der folgenden Ausführungen ist darin zu sehen, den Gang einer Exegese nach den in § 3–11 dargelegten Grundsätzen an einem konkreten Beispiel vorzuführen. Allerdings muß gleich einschränkend hinzugefügt werden, daß unbeschadet der notwendigen Abfolge der einzelnen exegetischen Schritte (s. § 3) deren Ergebnisse auch in anderen als in der hier gewählten Weise dargeboten werden können: So werden z. B. in Kommentarwerken häufig die § 4–9 entsprechenden Erhebungen als Vorarbeiten angesehen, die großenteils nicht vorweg, sondern im Rahmen der Einzelauslegung und zusammenfassenden Exegese erscheinen. Freilich wird durch diese Anlage der Ausführlichkeit der Darlegungen eine Grenze gesetzt, weil der Zusammenhang deutlich bleiben muß. Für die exemplarische Anwendung der exegetischen Methoden ist jedenfalls eine der Abfolge jener Fragestellungen entsprechende Darlegung vorzuziehen.

Auf die Voranstellung einer Übersetzung wird hier verzichtet, denn jede Übersetzung stellt sogleich eine Interpretation dar. Methodisch gerechtfertigt könnte sie daher ohnehin erst nach Abschluß der exegetischen Untersuchung und unter Berücksichtigung ihrer Ergebnisse angefertigt werden, wenn sie Gültigkeit besitzen soll und nicht lediglich eine vorläufige Arbeitsübersetzung darstellt. Daß z. B. in Kommentarwerken die aus der Exegese resultierende Übersetzung an den Anfang gestellt wird, ist eine Sache der Zweckmäßigkeit, die nicht in Frage gestellt werden soll. Basis und Bezugspunkt aller Arbeit am Alten Testament kann aber nie eine Übersetzung sein, sondern immer nur der Urtext.

Ehe der Ausleger an die eigentliche Exegese des Textes geht, sollte er sich der Mühe unterziehen, einige Vorüberlegungen anzustellen, die

---

[179] H. Barth–O. H. Steck a. a. O. (Anm. 2) sind in den letzten beiden Auflagen ihres Methodenbuchs offenbar dem Vorbild dieses Buchs gefolgt, indem sie eine Beispielsexegese bieten, der wie hier Gen 28,10–22 zugrunde gelegt wurde.

aus der ersten unmittelbaren Begegnung mit dem Text erwachsen. Hierzu sei noch einmal ausdrücklich auf die Ausführungen zum Standort des Auslegers und dessen Bedeutung für die Exegese in § 11, II, 1 verwiesen.

Textkritik

Der Abschnitt Gen 28,10–22 ist textlich so gut erhalten, daß keine Änderung in 𝔐 vorzunehmen ist. BHS gibt überhaupt keine abweichenden Lesarten an, BHK führt lediglich im ersten Apparat einige Abweichungen in 𝔊, 𝔖 und versio Arabica (𝔄) auf[180]. Bemerkenswert ist die Tatsache, daß jene Lesarten bis auf einen Fall *Zusätze* bringen. Nachdem der Text auch ohne sie sinnvoll erscheint bzw. die Abweichungen nicht sehr ins Gewicht fallen (vgl. im einzelnen unten), dürften die im folgenden aufgeführten Lesarten allesamt sekundär sein. Zu berücksichtigen ist bei der Entscheidung der methodische Grundsatz, daß die schwierigere / kürzere Lesart in der Regel den Vorzug vor der glatteren / längeren verdient.

1. In v. 13 liest 𝔊 zusätzlich μὴ φοβοῦ hinter *jṣḥq* – eine ergänzende Glosse aufgrund von v. 17?

2. Nach 𝔊 wäre in v. 15a hinter *bkl* zusätzlich *hdrk* zu lesen (?; 𝔊: ἐν τῇ ὁδῷ πάσῃ, οὗ ...). Die Lesart von 𝔊 ist als Textglättung zu beurteilen.

3. 𝔊 bietet in v. 15b ... πάντα, ὅσα ... und verstärkt damit 𝔐, vielleicht in Angleichung an *kl* in v. 15aα.

4. Nach 𝔖 wäre zusätzlich zu *wjjr'* in v. 17a *jr'h gdwlh* zu lesen. Es dürfte sich um eine verstärkende Glosse handeln.

5. Außerdem bietet 𝔖 in v. 17a noch eine ergänzende Glosse zu *hmqwm hzh*, die ins Hebräische übertragen *hjwm* lautet (Ort *und* Zeit!).

6. In v. 21 setzt 𝔊 statt *w^{e}šăbtî* (1. pers. sg. pf. cons. Qal) *wäh^{a}šibănî* (3. pers. sg. pf. cons. Hif. + Suffix) voraus, so daß der Subjektwechsel von 𝔐 vermieden ist. Diese Lesart dürfte aber als syntaktisch glättende Angleichung zu beurteilen sein.

7. In v. 22 wäre nach 𝔊 und versio Arabica (𝔄) zusätzlich zu *jhjh* noch *lj* zu lesen. Aberratio oculi? Angleichung (vgl. *lj* in v. 21b, auch

---

180 Dieses Beispiel macht deutlich: Wer sich intensiver mit der Textüberlieferung beschäftigen will, darf sich nicht mit der BHS begnügen, sondern muß in jedem Fall die BHK zu Rate ziehen.

v. 20b.22b)? Hervorhebender Zusatz? Nach dem Grundsatz, daß von zwei unterschiedlichen Lesarten diejenige zu wählen ist, die die Entstehung der anderen am ehesten zu erklären vermag, verdient 𝔐 den Vorzug.

Literarkritik und Literargeschichte

I. Beginn und Ende der Texteinheit

In den ersten Versen von Gen 28 wird erzählt, daß Jakob von seinem Vater nach Paddan-Aram geschickt wird, damit er sich dort eine Frau suche, und daß Esau eine Ismaeliterin heiratete. V. 10 gehört nicht mehr zu diesem Bericht, denn ihm zufolge geht Jakob nach Haran, nicht nach Paddan-Aram, wie man von 28,2 her erwarten sollte. Dagegen ist v. 10 eng mit v. 11ff. verbunden, da das zu den Verben von v. 11ff. gehörende Subjekt der in v. 10 genannte Name „Jakob" ist. Mit v. 10 beginnt also die folgende Einheit.

Diese reicht bis v. 22. Die Zugehörigkeit dieses Verses zur Betel-Erzählung zeigt sich erstens darin, daß mit den Worten „dieser Stein, den ich als Mazzebe aufgestellt habe" ausdrücklich auf v. 18 zurückverwiesen wird und daß zweitens mit *bêt-ʾᵃlohîm* auf den Namen Betel angespielt wird. Dagegen leitet der mit Gen 28,10 konkurrierende Vers 29,1 ein neues Geschehen ein. Die Texteinheit, wie sie jetzt in der zweiten Hälfte von Gen 28 vorliegt, beginnt also mit Gen 28,10 und endet mit Gen 28,22.

II. Scheidung nicht zusammengehöriger und Verbindung zusammengehöriger Teile innerhalb von Gen 28,10–22

Die in der Überschrift genannte Aufgabe wird in vier Schritten durchgeführt:

1. Sammlung von Spannungen und Wiederholungen
2. Scheidung nicht zusammengehöriger Teile
3. Verbindung zusammengehöriger Teile
   a) Zueinanderordnung von Teilen, die zu anderen in Spannung stehen
   b) Zuordnung der Teile, die nicht in Spannung zu anderen stehen
4. literarkritische Klassifizierung.

1. Spannungen und Wiederholungen in Gen 28,10–22

a) Während v. 12 von den Boten Elohims spricht, verwendet v. 13 den Gottesnamen Jahwe. „Jahwe" und „Elohim" stehen dann in Spannung zueinander, wenn Elohim als Name, nicht als Gattungsbezeichnung gebraucht ist. Dies ist in v. 20 der Fall. Für v. 12.17 und 22 läßt es sich hingegen nicht mit Bestimmtheit sagen.

b) In v. 13 ist nicht ganz klar, ob sich das Suffix von *ʿljw* auf den *slm* (v. 12) oder auf Jakob bezieht. Eine kleine Spannung zum Vorhergehenden besteht auf jeden Fall. Bezieht sich das Suffix auf den *slm*, dann ist zu fragen, wie man sich die Position Jahwes im Verhältnis zu der der *ml'kj 'lhjm* vorzustellen habe. Bezieht es sich auf Jakob, dann ist unklar, welche Funktion die Einführung des *slm* überhaupt hat.

c) Nach der Nennung der *ml'kj 'lhjm* (v. 12) kommt es unerwartet, daß Jahwe selbst (v. 13) zu Jakob spricht (nicht mittels der *ml'kj 'lhjm*).

d) Das letzte Wort von v. 14 hinkt syntaktisch nach. Es fehlt zudem in der ansonsten wörtlich gleichen Verheißung von Gen 12,3. Da schließlich unter dem „du" von v. 14aβ.b wohl schon die Nachkommen Jakobs zu verstehen sind, die dieser verkörpert, ist das letzte Wort von v. 14 eine unnötige Wiederholung.

e) In v. 13–15 mutet die Reihenfolge der Verheißungen eigenartig an. Nachdem Jakob in v. 13 der Besitz des Landes zugesagt wird, in dem er jetzt als Fremder nächtigt und das er zu verlassen im Begriff ist, wird erst in v. 15 Bewahrung auf dem Weg und Rückführung in dieses Land versprochen. Dies könnte zu der Vermutung Anlaß geben, daß die Verheißung von v. 13–15 nicht aus einem Guß, sondern mehrschichtig ist.

f) V. 16 und v. 17 konstatiert Jakob zweimal die Heiligkeit des Ortes. Es liegt also eine Wiederholung vor.

g) Nach v. 16 ist „Jahwe" selbst an diesem Ort anwesend; nach v. 17 befindet sich hier das Haus „Elohims" und das Tor des Himmels. Es liegt also eine Spannung vor.

h) „Jahwe" (v. 16) steht in Spannung zu „El" (v. 19).

i) Während in v. 10–12 der Eindruck entsteht, Jakob nächtige an einem einsamen Ort, handelt es sich nach v. 19b um eine Stadt.

k) Die Bedingungen des Gelübdes sind teilweise der Verheißung Jahwes parallel; „beides zusammen wäre dem Frommen unerträglich: was Gott zugesagt hat, würde der Mensch durch sein Gelübde (‚wenn' 20) nur in Zweifel ziehen."[181]

---

[181] H. GUNKEL a. a. O. (Anm. 43) 317.

l) In v. 21b.22a und 22b finden sich drei Angaben dessen, was Jakob tun will, wenn Gott die in v. 20.21a genannten Bedingungen erfüllt:

v. 21b: „dann soll Jahwe mein Gott sein"
v. 22a: „dieser Stein, den ich als Mazzebe aufgestellt habe, soll ein Haus Gottes werden"
v. 22b: „alles, was du mir gibst, will ich dir gewiß verzehnten".

Es ist zu fragen, ob alle drei Versprechungen ursprünglich zum Gelübde gehörten.

m) Innerhalb von v. 20–22 besteht eine Spannung darin, daß Jakob gelobt, Jahwe solle sein Elohim sein (v. 21b), wenn „Elohim" mit ihm sei (v. 21a). Zu erwarten wäre: Wenn „Jahwe" mit mir ist, dann soll Jahwe mein Elohim sein.

n) V. 20–22a reden von Gott in 3. Person; in v. 22b wird Jahwe (in 2. Person) angeredet[182].

2. *Scheidung nicht zusammengehöriger Teile*

Aufgrund der eben genannten Beobachtungen läßt sich sagen, daß folgende Textteile nicht in einer einfachen Einheit nebeneinander gestanden haben können:

v. 12	– v. 13 (vgl. b und c, möglicherweise auch a)
v. 14 (letztes Wort)	– v. 14 ohne letztes Wort (vgl. d)
v. 13.14	– v. 15 (möglicherweise! vgl. e)
v. 16	– v. 17 (vgl. f und g)
v. 16	– v. 19 (vgl. h)
v. 10–12	– v. 19b (vgl. i)
v. 15	– v. 20–22 (vgl. k)
v. 20.21a	– v. 21b (vgl. m)
v. 20–22a	– v. 22b (vgl. l und n).

3. *Verbindung zusammengehöriger Teile*

a) Zueinanderordnung von Teilen, die zu anderen in Spannung stehen.

Die eben voneinander getrennten Bestandteile von Gen 28,10–22 lassen sich folgendermaßen einander zuordnen: V. 12 findet seine Fort-

---

182 Die von E. OTTO a.a.O. (Anm. 187) 170 Anm. 19 gegen diese Beobachtung angeführten Texte stellen unseres Erachtens keine Gegenbeispiele dar, insofern der in ihnen auftretende Personenwechsel nicht von der 3. zur 2. Person, sondern von der 2. zur 3. Person erfolgt.

setzung in v. 17, und dieser Vers wird wiederum in v. 19 aufgegriffen. V. 16 führt den v. 15 weiter. Es ergibt sich folgende Gruppierung:
v. 12.17.19a.20.21a.22a
v. 13.14
v. 15.16
v. 14 (letztes Wort)
v. 19b
v. 21b
v. 22b
V. 19a könnte zwar sehr gut den Abschluß einer Einheit darstellen. Es lassen sich jedoch keine stichhaltigen literarkritischen Argumente dagegen vorbringen, daß v. 21a.22a zur selben Einheit wie v. 19a gehören. Es ist die Möglichkeit offenzuhalten, daß diese Beobachtung überlieferungsgeschichtlich relevant wird.

b) Zuordnung der Teile, die nicht in Spannung zu anderen stehen.

Von den Versen, in denen keine literarkritisch relevanten Spannungen oder Wiederholungen festgestellt wurden, lassen sich v. 12.17.19a.21a.22a als Fortsetzung von v. 10–11 verstehen. Hierzu gehört auch v. 18, der v. 11 aufgreift.

4. *Literarkritische Klassifizierung*

Gen 28,10–22 setzt sich aus folgenden Bestandteilen zusammen:
a) der *einfachen Einheit* A: v. 10–12.17.18.19a.20.21a.22a
b) den Erweiterungen B: v. 13–16, wobei mit der Möglichkeit zu rechnen ist, daß die Erweiterung in sich geschichtet ist.
C: v. 14 letztes Wort
D: v. 19b
E: v. 21b (möglicherweise ist nur der Name „Jahwe" Erweiterung)
F: v. 22b

Im ganzen ist Gen 28,10–22 als erweiterte Einheit zu bezeichnen.

III. Zur Literargeschichte

Zur zeitlichen Ansetzung der einzelnen Teile von Gen 28,10–22 läßt sich im Augenblick nur sagen, daß die Erweiterungen v. 13–16, v. 19b, v. 21b.22b nicht für sich allein existiert haben können, bei ihrer Entstehung also vermutlich die Teile, die jetzt durch sie erweitert werden, schon bestanden. Die Erweiterung von v. 14 (letztes Wort) ist sozusagen die Erweiterung einer Erweiterung.

Die in der literarkritischen Analyse voneinander geschiedenen Textteile (die einfache Einheit A und die Erweiterungen B–F) sind in den analytischen Arbeitsschritten (sprachliche Analyse, Formen- und Gattungskritik, Motiv- und Traditionskritik, Überlieferungskritik) je gesondert zu behandeln. Da es sich bei dieser Exegese jedoch nur darum handelt, die einzelnen Auslegungsschritte exemplarisch vorzuführen, wird im folgenden – wo es vertretbar erscheint – auf eine Darlegung der Exegese der Erweiterungen verzichtet und nur die Auslegung der einfachen Einheit geboten[183].

Gen 28,10–12.17–19a.20–21a.22a (A)

1a. Syntaktische Analyse

Der Text gliedert sich in die folgenden Sätze[184]:

10a	wjṣ' jʿqb mb'r šbʿ
10b	wjlk ḥrnh
11a	wjpgʿ bmqwm
11b	wjln šm
11c	kj b' hšmš
11d	wjqḥ m'bnj hmqwm
11e	wjśm mr'štjw
11f	wjškb bmqwm hhw'
12a	wjḥlm
12b	whnh slm mṣb 'rṣh
12c	wr'šw mgjʿ hšmjmh
12d	whnh ml'kj 'lhjm ʿljm wjrdjm bw
17a	wjjr'
17b	wj'mr:
17c	„mh nwr ' hmqwm hzh
17d	'jn zh kj 'm bjt 'lhjm

183 Für die Auslegung der Erweiterungen vgl. die 3. Aufl. dieses Buchs.

184 Abweichend von der gängigen Versunterteilung erfolgt in diesem Abschnitt die Bezeichnung der Sätze innerhalb der Verse in alphabetischer Reihenfolge. Der Text wird der Einfachheit halber in nichtvokalisierter Form transkribiert wiedergegeben.

17e wzh šʿr hšmjm“.
18a wjškm jʿqb bbqr
18b wjqḥ ’t h’bn
18c ’šr śm mr’štjw
18d wjśm ’th mṣbh
18e wjṣq šmn ʿl r’šh
19a wjqr’ ’t šm hmqwm hhw’ bjt ’l
20a wjdr jʿqb ndr l’mr:
20b „’m jhjh ’lhjm ʿmdj
20c wšmrnj bdrk hzh
20d ’šr ’nkj hwlk
20e wntn lj
20f lḥm l’kl wbgd llbš
21a wšbtj bšlwm ’l bjt ’bj
$22a_{1+2}$ wh’bn hz’t ______ jhjh bjt ’lhjm“.
22b ’šr śmtj mṣbh

Der Großteil der Sätze der einfachen Einheit A wird durch *waw*-consecutivum eingeleitet. *Waw* als Satzweiser fehlt in den Relativsätzen 18c. 20d.22b, in dem begründenden Umstandssatz 11c und in den durch *’mr* markierten ersten Sätzen der direkten Reden 17c.d.20b.

In der Texteinheit herrschen eindeutig die Verbalsätze vor; ein invertierter Verbalsatz findet sich nur in 22a wegen der Hervorhebung des Subjekts am Ende des Textes. Nominalsätze liegen in 12b–d.20d (= Partizipialkonstruktionen) und 17c–d vor. Eine Infinitivkonstruktion findet sich in 20f.

Für die Satzreihengliederung sind die folgenden Beobachtungen relevant: Die enklitischen Personalpronomina weisen in 11e auf das Subjekt von 10a, in 12c.d auf das Subjekt von 12b, in 18c auf das Subjekt von 18a, in 18d.e auf das Objekt von 18b, in 20b.c.e auf das Subjekt von 20a zurück. In der gleichen rückweisenden Funktion sind auch die Demonstrativpronomina *zh* und *hw’* zu beobachten: Sie verweisen von 11f.17c auf 11a, von 17d.e.19a auf 17c zurück. In 20c und 22a allerdings weisen sie auf die folgenden Relativsätze 20d und 22b. Sieht man von den durch Relativsätze bedingten Subjektwechseln ab, so haben die Sätze 10a–12a.17a–17b.18a–20a und 20b–20ef jeweils gemeinsame Subjekte, wobei die ersten drei Satzreihen dasselbe Subjekt aufweisen und das Subjekt von 20a als Objekt von 20b–20ef erscheint, welches in 21a wiederum als Subjekt begegnet. Auf diese Weise sind die genannten Satzreihen eng miteinander verbunden. Eine ebenfalls verknüpfende Funktion üben die Relativsätze des Textes aus: Sie verweisen jeweils auf Berichtetes zurück, und zwar im Gegensatz zu den anderen Rückweisern über größere Entfernung: 18c auf 11e, 20d auf 10b und 22b auf 18d. Direkte Rede mit *'mr* als Einleitung findet sich in 17(b)c–e und 20(a)b–22b; die gleiche Funktion hat die Traumschilderung; eingeleitet mit *ḥlm* und *hnh* 12(a)b–d. Subjektwechsel als Trenner ist bei genauerer Betrachtung selten. Er begegnet innerhalb der Umstandssätze und Relativsätze 11c.18c.20d.22b und innerhalb der Traumschilderung und der direkten Reden. Die übrigen Sätze weisen alle das gleiche Subjekt auf.

Faßt man alle diese Beobachtungen zusammen, so zeigt sich ein Gerüst von Sätzen mit gleichem Subjekt als Handlungsgerüst, in welches direkte Reden und Traumschilderung als gliedernde Elemente eingepaßt sind. Gliedernde Einschnitte im Handlungsgerüst sind vor allem durch die ausdrückliche Wiedererwähnung des gemeinsamen Subjekts „Jakob“ (10a), verbunden mit dem Aufhören von unmittelbaren Rückweisern, markiert (18a.20a). Daraus ergibt sich folgende Abschnittsgliederung: I 10–12.17; IIa 18–19a, IIb 20–21a.22a.b.

Auf der Wortebene ist nun noch folgendes festzuhalten: Die Verben stehen in der Regel im Narrativ; Abweichungen sind festzustellen für die Umstandssätze und Relativsätze, wo Perfekt (11c.18c.20b) und Partizip (20d) verwendet werden, für die Traumschilderung 12b–d, welche Partizipien aufweist, und die direkte Rede 20b–22b, welche Imperfekta und davon abhängige Perfekta consecutiva gebraucht. Auf diese Weise ergibt sich eine auffallende Verteilung der Tempora auf die in der Satzebene bereits festgestellten Satzreihen. Als Modus begegnet einheitlich der Indikativ.

Die Substantive werden fast ausschließlich im direkten Gebrauch als Subjekt oder Objekt verwendet, zur Beschreibung von Nebenumständen begegnen sie selten (11c.18a). Am häufigsten sind konkrete, unbelebte Substantive vertreten (10a.b.11a.c.d.f.12b.c.17c.d.e.18b.d.e.19a.20c.f.22a.b), darunter finden sich in der ersten Hälfte der Texteinheit vorwiegend Ortsnamen und Ortsangaben (10a.b.11a.f.12b.c.17c.d), in der zweiten Hälfte heilige Gegenstände und Orte (18d.19a.22a.b). Die übrigen Substantive gehören fast ausschließlich der Klasse „menschliche Konkreta“ an (10a.11e.12d.18a.c.20a.b.21a), wobei Eigennamen in 10a.18a.20a an zentralen Stellen, Gottesbezeichnungen innerhalb der Traumerzählung und der direkten Rede 20b–22b zu finden sind. Abstrakta sind selten (18a.19a.20a.21a). Die überwiegende Verwendung von Substantiven der Klassen „menschlich“ und „unbelebt, konkret“ entspricht auch der fast durchgängigen Verwendung von Handlungsverben (Zustandsverben nur in 12a und 17a).

Adjektive und Appositionen fehlen im Text völlig. Selbständige grammatische Morpheme begegnen vorwiegend als Präpositionen und Pronomina. Adverbien und Konjunktionen sind selten (11b.17d bzw. 11c und 20b). Die Präpositionen dienen vorwiegend der Herstellung lokaler Relationen (10a.11a.d.f.12d.18e.20c.21a), die Pronomina als Demonstrativpronomina sind vorwiegend rückweisend gebraucht (11f.17c.d.e). Die Verwendung der Präpositionen entspricht dem häufigen Gebrauch von Ortsnamen und -angaben bei den Substantiven.

1b. Stilistische Analyse

Die Texteinheit ist durch gedrängten Stil gekennzeichnet. Die überwiegende Verwendung des Narrativs und die recht kurzen Sätze (ein bis vier Wörter) sowie der seltene Gebrauch von unterbrechenden Relativ- oder Umstandssätzen bewirken einen Eindruck rasch voranschreitender Handlung. Dort wo die Handlung etwas verharrt, werden auch die Sätze länger (17c.d.e.19a). Allerdings sind diese verharrenden Abschnitte aufs ganze gesehen auch recht kurz. Selbst die abschließende direkte Rede verwendet kurze Sätze.

Dieser erste Eindruck vom Stil des Textes bestätigt sich dann auch auf der Wortebene. Charakteristisch für die Texteinheit ist die fast ausschließliche Verwendung von Handlungsverben. Die Verteilung von Substantiven und Verben ist ziemlich ausgeglichen (39:31), so daß von einem verbalen Stil gesprochen werden kann.

An eigentümlichen Wortverbindungen liegen in dieser Texteinheit nur das polare Wortpaar Erde-Himmel (12b.c) vor sowie die Wortverbindung *mălʾ^{a}kê ʾ^{ä}lohîm* (12d), die außer an dieser Stelle im Alten Testament nur noch in Gen 32,2 belegt ist. Auch dort findet sie sich im Zusammenhang mit einer Erscheinung, die den Jakob veranlaßt, den Ort der Erscheinung näher zu beschreiben. Der Stil beider Stücke ist sehr ähnlich. An allen übrigen Stellen des Alten Testaments ist die Verbindung der Wörter *mălʾak* und *ʾ^{ä}lohîm/jhwh* singularisch. Hinzuweisen ist schließlich noch auf das für Traumschilderungen typische Stilmerkmal der Einleitung solcher Schilderungen durch *hnh* (12b.12d; vgl. Gen 37,5–9; 40,9f.16; 41,1–7.17–23; Jdc 7,13 und Jes 29,8).

2. *Lautanalyse*

Die Lautanalyse kann bei diesem prosaischen Text recht kurz gehalten werden. Folgende Beobachtungen auf der Lautebene fallen auf. Zunächst ist durch die überwiegende Verwendung des Narrativs die Lautkombination *wa* außerordentlich häufig und verstärkt auf der akustischen Ebene den drängenden Stil der Einheit. Dort wo die Narative abbrechen und durch die Traumschilderung und direkte Rede abgelöst werden, finden sich jeweils zu Beginn der entsprechenden Abschnitte auffallende lautliche Erscheinungen: Assonanz in 12b (*sullam muṣṣab*) und in 17c (*nôra' hămmaqôm*) und Paronomasie in 20a (*jiddăr nădăr* = figura etymologica).

3. *Semantische Analyse*[185]

Beerseba (10a): eine Oase im Süden Palästinas, die die Überlieferung auch mit Abraham und Isaak in Zusammenhang bringt (Gen 21,25ff.; 26,23ff.).

Haran (10b): hier eindeutig ein Ortsname, wie der Kontext ergibt; an anderer Stelle auch als Eigenname für Menschen gebraucht (I Chr 2,46); die Überlieferung bezeichnet Haran als Heimat Abrahams und Labans (Gen 12,1ff.; 27,43); der Ort kann in Zusammenhang gesehen werden mit einer Stadt in NW-Mesopotamien am Belich, einem Nebenfluß des Euphrat, gelegen.

bw' hšmš (11c): ist eine feste Wortverbindung und bezeichnet den Sonnenuntergang (z.B. Gen 15,17; Ex 17,12 u.ö.).

ml'kj 'lhjm (12d): *ml'kjm* sind Personen, die als Beauftragte eines einzelnen dessen Interessen bei anderen zur Geltung bringen sollen, und zwar meist über eine räumliche Distanz hinweg; als Auftraggeber können sowohl Menschen als auch Götter in Frage kommen; im Alten Testament erscheint häufig der *ml'k jhwh*, seltener ein *ml'k 'lhjm*; das Auftreten mehrerer solcher „Gottesboten" gleichzeitig ist auf Gen 28,11 und 32,2 beschränkt; für beide Texte ist auffallend, daß ausschließlich ihr Erscheinen berichtet wird, nicht aber ein besonderer Auftrag, den sie auszuführen hätten; die Schilderung ihrer Erscheinung ist auf einen bestimmten Ort bezogen.

---

[185] Aus Raumgründen sollen nur einige wenige Ausdrücke kurz erläutert werden. Auf eine ausführliche Debatte sämtlicher semantischer Spezialprobleme muß hier verzichtet werden. Doch s. u. Einzelauslegung.

slm (12b): ist eine aus Steinen gefertigte Treppe oder treppenartige Rampe; im vorliegenden Text hat sie die Funktion, den Himmel als Wohnort der Elohimwesen mit der Erde zu verbinden; die Stelle, da diese Treppe steht, wird in 17d Gotteshaus und Himmelstor genannt; offenbar sollte der Ort des Jakobtraums diejenige Stelle sein, an welcher die „Gottesboten" vom Himmel auf die Erde kamen, um ihre Aufträge auszuführen, und an welcher sie wieder zum Himmel zurückkehrten; es ist also ein besonders ausgezeichneter Ort.

jr' und *nwr'* (17a.b): „fürchten", „furchtbar" bezeichnet im Zusammenhang mit einem heiligen Ort und einem ungewöhnlichen Geschehen an ihm das Erschrecken und Erschauern vor dem Numinosen, Geheimnisvollen.

mṣbh (18d): ist ein aufgerichteter unbehauener oder behauener Stein, der als Grenz- oder Gedenkstein, aber auch als Repräsentation eines Numens fungieren kann; als solcher gilt er als heilig und kann gesalbt werden, wie Satz 18e zeigt.

bjt 'l (19a): Heiligtum nördlich von Jerusalem, dessen Name auf die benachbarte Stadt Lus überging. In diesem Text und in Jos 16,2; 18,13 sind Betel und Lus noch deutlich voneinander getrennt[186].

4a. Die äußere Struktur

Die Ergebnisse vor allem der syntaktisch-stilistischen und der Lautanalyse, aber auch Teile der semantischen Analyse sind nun im Blick auf den Gesamttext zusammenzuordnen. In der folgenden Tabelle I sind die wichtigsten Elemente in ihrer Anordnung und gegenseitigen Beziehung sowie die Gliederung des Textes im einzelnen aufgeführt. Sie läßt die Struktur des Textes vor allem aufgrund der Ausdrucksseite gut erkennen.

4b. Die innere Struktur

Berücksichtigt man – ausgehend von der äußeren Struktur – nun verstärkt die Bedeutungsseite der sprachlichen Zeichen des Textes und integriert diese in die bislang vorliegende Struktur, so erhält man die innere Struktur des Textes.

---

[186] Anders: M. Wüst, Bethel, BRL², 1977, 44–45.

I	10	Exposition	Narr.	Handlung	Jakob
	11–12.17	1. Szene	Narr.	Handlung Traum Handlung Rede	Jakob
IIa	18–19a	2. Szene	Narr.	Handlung Sprachhandlung	Jakob
IIb	20–22*	3. Szene	Narr.	Handlung Rede	Jakob

Abkürzungsverzeichnis

A	abstrakt	N	Narrativ
Adv	Adverb	NS	Nominalsatz
App	Apposition	O	Objekt
E	Eigenname		Ort(sname) in Ku(O)
ePP	enklitisches Personalpronomen	P	Perfekt
G	Gottesbezeichnung	Pc	Perfekt consecutivum
gemO	gemeinsames Objekt	PK	Partizipialkonstruktion
gemS	gemeinsames Subjekt	Präp	Präposition
H	Handlungsverbum	ProD	Demonstrativpronomen
hl	heilig	ProI	Interrogativpronomen
I	Imperfekt	ProP	Personalpronomen
IK	Infinitivkonstruktion	Pt	Partizip
Ind	Indikativ	RS	Relativsatz
Intj	Interjektion	Rückw	Rückweiser
iVS	invertierter Verbalsatz	S	Subjekt
Km	konkret-menschlich	SW	Subjektwechsel
koll	kollektiv	Temp	Tempus
Konj	Konjunktion	U	Umstandsbestimmung
Ku	konkret-unbelebt	US	Umstandssatz
M	Modalverbum	VS	Verbalsatz
Mod	Modus	Z	Zustandsverbum

Die Einheit ist durch den Wechsel von Handlung und Rede, durch einen einzigen Personennamen, durch einen Ortsnamen und durch Substantive für Ortsangaben und heilige Gegenstände charakterisiert. Die Einheit wird durch eine Exposition eingeleitet, welche die handelnde Hauptperson, Jakob, zwar einführt, aber nicht näher charakterisiert, und welche den weiteren geographischen Rahmen des Geschehens absteckt. Sie ist syntaktisch eng mit den folgenden Szenen verbunden. Die Einheit gliedert sich in zwei Abschnitte, die durch Subjektwechsel mit Aufhören von unmittelbaren Rückverweisen voneinander getrennt sind. Die Handlungsinitiative liegt immer bei Jakob, auch wenn sie gelegentlich durch zwei Zustandsverben (12a.17a) etwas abgeschwächt erscheint. Die beiden Abschnitte sind jeweils durch die Abfolge Handlung-Rede bestimmt, wobei strukturell gesehen die Traumschilderung und die Benennung des Ortes (19a) (Sprachhandlung) als Reden fungieren.

Die erste Szene grenzt aus dem geographischen Rahmen der Exposition einen ganz bestimmten Ort aus, auf den Handlungen, Traum und Rede bezogen sind. Die den ersten Abschnitt abschließende Rede stellt den besonderen Charakter dieses Ortes heraus und bildet mit ihren im Kontext auffallenden Nominalsätzen den Höhepunkt des Textes (17c–e).

Die beiden Unterabschnitte des zweiten Abschnittes (2. und 3. Szene) stellen die Folgen aus der Einsicht in die Besonderheit des Ortes in zweifacher Hinsicht dar; zum einen in Hinsicht auf den Ort selbst (18–19a) und zum andern in Hinsicht auf die handelnde Hauptperson (20–22*). Dabei bietet der erste Unterabschnitt (IIa) mit 19a, bezogen auf den Höhepunkt (17c–e), einen befriedigenden Schluß, während der zweite Unterabschnitt (IIb) mit der abschließenden Ankündigung von 22a Erwartungen beim Leser bzw. Hörer weckt, welche die Texteinheit selbst nicht mehr erfüllt. Außerdem schafft dieser zweite Unterabschnitt mit der Verlagerung des Gewichts auf die handelnde Hauptperson einen weiteren, wenn auch gegenüber dem ersten etwas zurücktretenden Schwerpunkt[187].

---

[187] Die mehrfach beobachtete chiastische Anordnung von Einzelelementen der Texteinheit (vgl. W. Richter, Das Gelübde als theologische Rahmung der Jakobsüberlieferungen, BZ NF 11 [1967], 21–52; E. Otto, Jakob in Bethel, ZAW 88 [1976], 165–190; H. Barth – O. H. Steck a. a. O. [Anm. 2] 118f.): A 10 (Reise Jakobs) – B 11a (Stätte) – C 11d.e (Kopfstütze) – D 12 (Himmelstreppe) – D' 17 (Tor des Himmels) – C' 18 (Kopfstütze) – B' 19a (Stätte) – A' 20–22* (Reise Jakobs), bestätigt diese Analyse nur.

5. *Funktion der Einheit*

Der vorherrschende Gebrauch von Narrativen, das Fehlen von Imperativen, Jussiven oder Adhortativen und die spannungsarme Darstellung (gut organisierte Aneinanderreihung von Handlungen nur einer einzigen Person) lassen erkennen, daß die Gestalt des Textes weniger unterhaltend, als vielmehr informierend wirken soll. An den Schwer- bzw. Höhepunkten des Textes kann abgelesen werden, welche Inhaltsaspekte besonders herausgestellt werden sollen: die Charakterisierung eines bestimmten Ortes als heiliger Ort einerseits und die Beschreibung des religiösen Verhaltens der Hauptperson andererseits.

6. *Horizont der Einheit*

Es sind zunächst zwei Ergebnisse der sprachlichen Analyse, die darauf hinweisen, daß die Texteinheit in einen weiteren literarischen Horizont eingebettet ist. Erstens: Die Exposition (10a.b) führt die Hauptperson Jakob ohne nähere Charakterisierung ein, was für ein Verstehen der Einheit aus sich selbst heraus erforderlich wäre, und stellt Jakob in einen raumzeitlichen Kontext (Wandernotiz), der ebenfalls ohne Erläuterung bleibt, eine solche jedoch geradezu fordert; die Exposition weist also aus der Einheit hinaus in andere, wahrscheinlich literarische Zusammenhänge. Zweitens: Die abschließende Rede des zweiten Abschnittes der Texteinheit weckt durch die Ankündigung künftigen Geschehens beim Hörer das Interesse, darüber weiteres zu erfahren; sie weist ebenfalls aus der Einheit hinaus. Es kann also erwartet werden, daß die Texteinheit Teil eines größeren Erzählzusammenhanges ist, der Informationen über Ereignisse um die Gestalt Jakobs liefert, welche dem in Gen 28,10–22* geschilderten Geschehen vorausgehen bzw. folgen und welche die in der Exposition und in der Schlußrede offen gelassenen Fragen beantworten. Um welchen Zusammenhang es sich handelt, soll in der Kompositions- und Redaktionskritik erörtert werden. Einen Hinweis auf den literarischen Horizont könnte allenfalls noch die auffällige Wortverbindung *ml'kj 'lhjm* (Satz 12d) liefern, die außer an dieser Stelle nur noch in Gen 32,2, und zwar in auffällig verwandtem Kontext, belegt ist.

Endlich fällt auf, daß sich die Hinweise auf den literarischen Horizont auf die „Rahmen"teile der Einheit beschränken. Läßt man diese einmal probeweise beiseite, dann bliebe eine ausschließlich an Betel orientierte Texteinheit übrig, die aus sich selbst heraus verständlich wäre (Kongruenz von Höhepunkt 17 und Schluß 19a), also als Einzelüberlieferung angesehen werden könnte.

Der sozio-kulturelle Hintergrund, in den die Einheit eingebettet ist, läßt sich wegen des Fehlens von geprägtem Gut – soweit es die sprachliche Analyse ermittelt (Formeln) – nicht erhellen. Auffällig an der Texteinheit ist lediglich die Häufigkeit des Gebrauchs von Substantiven für heilige Gegenstände im weiteren Sinn, die einen religiösen Hintergrund erwarten läßt. Doch werden die folgenden Auslegungsschritte zeigen, ob sich diese Annahme erhärten läßt.

Formen- und Gattungskritik

Gegenstand der Untersuchung ist die literarkritisch bestimmte und sprachlich analysierte einfache Einheit A (Gen 28,10–12.17–19a.20–21a.22a). Die Erweiterungen B–F bleiben außer Betracht, da sie auf dieser methodischen Ebene ohne Belang sind.

Nachdrücklich ist auf die in § 7 beschriebene Forschungslage hinzuweisen: Sie erlaubt nur bedingt ein Vorgehen, das an den dort aufgestellten methodischen Grundsätzen orientiert ist. Vorerst wird in der Praxis des wissenschaftlichen Alltags – zumal des Studenten – notgedrungen ein Verfahren geübt werden müssen, das von den vorliegenden Gattungsbestimmungen ausgeht und sie mit solchen Gattungsbeschreibungen vergleicht, die aufgrund der modernen Sprachwissenschaft entstanden sind. Zweckmäßigerweise wird dabei der methodische Schritt der Formenkritik mit dem der Gattungskritik verbunden.

Gen 28,10–12.17–19a.20–21a.22a (A)

1. Die Bestimmung der Gattung

a) *Strukturvergleich.* Die Gattung der vorliegenden Texteinheit wird in der wissenschaftlichen Literatur unterschiedlich bestimmt. Sie wird als Heiligtumslegende[188], kultische Sage[189], Kultgründungssage[190] oder Kultgründersage[191] bezeichnet, ohne daß je formale Kriterien für die

---

[188] So z. B. (E. Sellin –)G. Fohrer a. a. O. (Anm. 18) 99.

[189] So z. B. O. Kaiser a. a. O. (Anm. 91) 56.

[190] So z. B. K. Koch a. a. O. (Anm. 88) 187.

[191] So z. B. C. Westermann, Arten der Erzählung in der Genesis, in: Forschung am Alten Testament, Gesammelte Studien, 1964, 83.

einzelne Bestimmung genannt würden. Vielmehr geschehen alle diese Gattungsbeschreibungen in (ausdrücklichem) Anschluß an H. GUNKEL[192], dessen gattungskritische Ergebnisse mitsamt der verwendeten Terminologie aufgenommen und nur wenig modifiziert werden. In diesem Verfahren wird das Dilemma der gegenwärtigen Gattungsforschung deutlich, die den Mangel an Formalkriterien durch die Intuition der Wissenschaftler ersetzt[193]. Es ist allerdings festzuhalten, daß nach allgemeiner Übereinstimmung in Gen 28,10ff. eine *Erzählung* vorliegt. Dieses Ergebnis gilt es im folgenden auf seine Tragfähigkeit hin zu überprüfen und gegebenenfalls zu modifizieren bzw. zu spezifizieren. Dazu wird das Strukturmuster der vorliegenden Form daraufhin untersucht, ob es die für die Gattung der Erzählung typischen Elemente aufweist.

Folgende Kriterien, die für die Gattung der Erzählung konstitutiv sind[194], finden sich in der vorliegenden Form: a) Deutlicher Einsatz und Abschluß: Während einleitend die handelnde Hauptperson, Jakob, eingeführt und der weitere geographische Rahmen des Geschehens abgesteckt wird, schließt der Text mit den Konsequenzen, die Jakob aus seinem Erlebnis zieht. b) Deutliche Gliederung des Aufbaus, in diesem Fall durch den Wechsel von Handlung und Rede, wobei sich das Korpus in zwei Abschnitte (szenische Zweiheit) gliedert. c) Angabe von Umständen in der Gestalt von Nominal- bzw. Partizipialsätzen, nicht in Narrativen der Verbalsätze. d) Vorherrschen der Narrative: Der gedrängte verbale Stil vermittelt den Eindruck einer rasch voranschreitenden Handlung. e) Es mangelt an Formeln und kategorischen Aussagen.

Insofern diese Kriterien für die einfache Einheit A zutreffen, handelt es sich bei ihr um eine *Erzählung*. Doch andere – für diese Gattung ebenfalls typische – Elemente fehlen, so die Dreizahl der Personen und das Gespräch (dafür Rede). Statt dessen begegnen Strukturelemente der Gattung *Bericht*[195]: das Interesse an geographischer Fixierung und sachlichen Einzelheiten sowie die Konzentration auf die Hauptperson Jakob. So stellt die fragliche Einheit der Gattung nach eine Erzählung

[192] H. GUNKEL a.a.O. (Anm. 43) VIIff.; ders., Die israelitische Literatur, in: Kultur der Gegenwart I, 7, 1925, 15ff.

[193] Zur Kritik eines solchen Verfahrens s. W. RICHTER, Traditionsgeschichtliche Untersuchungen zum Richterbuch, 1963, 344–353.

[194] S. W. RICHTER a.a.O. 376–378.

[195] S. W. RICHTER a.a.O. 378f.

dar, die zum Bericht tendiert. Dieses Ergebnis entspricht dem in der sprachlichen Analyse erarbeiteten informativen Ziel des Textes.

b) *Gattungsbezeichnung*. Berücksichtigt man die Bedeutung der Einheit, so läßt sich die Gattung noch näher bestimmen. Bemerkenswert ist auf der einen Seite das häufige Vorkommen von religiösen Ausdrükken, die heilige Gegenstände o. ä. bezeichnen. Diese kultischen Bezüge legen die Vermutung eines kultischen Hintergrundes nahe. Auf der anderen Seite fällt der Aufbau des Textes auf: Während der erste Abschnitt (v. 11f.17) aus dem geographischen Rahmen der Exposition (v. 10) einen ganz bestimmten (heiligen) Ort ausgrenzt, auf den Handlungen, Traum und Rede bezogen sind, berichtet der zweite Abschnitt (v. 18.19a.20–22*) die Konsequenzen des Geschehens für die handelnde Hauptperson, eine Patriarchengestalt. Es erscheint daher berechtigt, die Gattung als *Heiligtumserzählung* (und *Vätererzählung*) zu bezeichnen.

c) *Rahmen- und Gliedgattung*. Untersucht man den vorliegenden Text näher, so lassen sich innerhalb der analysierten Rahmengattung „Heiligtums-(und Väter)erzählung“ die beiden Gliedgattungen α) „Traumschilderung“ (v. 12) und β) „Gelübde“ (v. 20.21a.22a) feststellen. Ohne diese Gattungen hier im einzelnen würdigen zu wollen, lassen sich doch folgende Kriterien angeben: α) In diesem Fall finden sich als Strukturelemente der kennzeichnende Ausdruck *wjḥlm* und die Partikel *whnh*, die in Verbindung mit Partizipien zur Einleitung der Traumschilderung folgt[196]; vgl. Gen 37,5–7; 37,9; 40,9b.10f.; 40,16f.; 41,1–7; Jdc 7,13; Jes 29,8. Bei einem Vergleich des Textes mit den anderen Traumschilderungen des Alten Testaments fällt auf, daß nur hier der Traum die Bedeutung eines Ortes ausdrückt, während er in den meisten anderen Fällen ein zukünftiges Geschehen im voraus abbildet[197]. Diese Beobachtung unterstreicht das Ergebnis, daß bis v. 19a ein Ort im Mittelpunkt steht. – β) Diese Gattung weist folgende Kennzeichen auf[198]: Die Wendung *ndr ndr*, die häufig in Verbindung mit einem *'mr*-Ausdruck steht, dient als Einleitung; den Hauptteil bildet ein mit der Konjunktion *'m* eingeführter Bedingungssatz (im Im-

---

196 Die Partikel *whnh* leitet in Visionsberichten (z.B. Am 7,1.4.7; 8,1) ein, was Jahwe dem Propheten zeigt; in ähnlicher Funktion wird sie auch in den Traumschilderungen verwendet.

197 S. dazu W. Richter, Traum und Traumdeutung im AT. Ihre Form und Verwendung, in: BZ NF 7 (1963), 202–220 (mit Literatur).

198 S. dazu W. Richter a. a. O. (Anm. 187).

perfekt) und ein Hauptsatz – häufig im Perfektum consecutivum –, der ein Versprechen enthält; vgl. Jdc 11,30f.; I Sam 1,11; II Sam 15,8. Anlaß eines Gelübdes ist eine Notlage, die eine bestimmte einzelne Person bedrängt. Der Gelobende macht von dem Handeln Gottes sein eigenes Verhalten abhängig. Ein Vergleich mit anderen Gelübden im Alten Testament[199] läßt erkennen, daß das Gelübde in Gen 28,20–22* durchaus entsprechend seinem Sitz im Leben, d. h. funktionstypisch verwendet wird. Im Unterschied zu anderen Vorkommen ist aber eine deutlich größere Zahl der Glieder in der Bedingung und im Versprechen festzustellen. Auch fällt auf, daß der Eintritt des Gelübdes hier nicht wie sonst in derselben Einheit berichtet wird, sondern sich erst nach vielen Begebenheiten findet (Gen 35). Diese Beobachtungen lassen erkennen, daß das Gelübde, das die Weg-Situation Jakobs voraussetzt und über die einfache Einheit hinaus auf einen größeren Erzählzusammenhang verweist, in Gen 28,10–22* ein eigenes Gewicht besitzt. Die Deutung dieses Sachverhalts ist an dieser Stelle nicht möglich; sie muß dem methodischen Schritt der Überlieferungskritik vorbehalten bleiben.

2. *Sitz im Leben*

Formeln oder eine typische Phraseologie fehlen in der Einheit, so daß von da aus kein Schluß auf ihren sozio-kulturellen Hintergrund möglich ist. So kann allein der Vergleich von Funktion und Horizont anderer Einheiten, die dieselbe Gattung wie Gen 28,10ff.* aufweisen, Hinweise für die Bestimmung des Sitzes im Leben geben. Dieses Verfahren läßt eine doppelte Funktion der Gattung Heiligtums- (und Väter)erzählung erkennen: die Legitimation eines Ortes als heiliger Ort einerseits und die Beschreibung religiösen Verhaltens einer Patriarchengestalt andererseits[200]. Der Sitz im Leben kann damit in national-*religiösen Kreisen* gesucht werden: Sie setzen die legitimierende Heiligtumserzählung mit der Vätergestalt Jakob in Verbindung, um auf diesem Wege einerseits religiöse Traditionen zu begründen und andererseits nationale Geschichte zu erzählen. Der Vergleich von Sitz im Leben der Gattung und Funktion der fraglichen Form bestätigt schließlich, daß in dem vorliegenden Fall die Gattung funktionstypisch verwendet worden ist.

---

[199] S. W. Richter a. a. O. (Anm. 187).

[200] S. o. die Bestimmung des Ziels der Einheit.

Gen 28,10–12.17–19a.20–21a.22a (A)

1. Feststellung der geprägten Bedeutungssyndrome

In der einfachen Einheit A finden sich folgende geprägte Bedeutungssyndrome:

a) Furcht angesichts der Nähe des Göttlichen (v. 17); vgl. dazu z.B. Ex 3,6; Jdc 6,21f.

b) Aufrichtung einer Mazzebe (v. 18); vgl. dazu z.B. Gen 31,45; 35,14; Ex 24,4; I Sam 7,12.

c) Sollte die Überlieferungskritik zu dem Ergebnis führen, daß die Schilderung vom Traum in Betel schon vor der Entstehung der einfachen Einheit A existierte, so liegt auch in dieser Traumschilderung ein geprägtes Bedeutungssyndrom vor, da es sich bei ihr dann um eine Tradition handelt (Legitimationsinteresse).

Für die unter a und b genannten Bedeutungssyndrome ergibt sich die Geprägtheit daraus, daß sie in mehreren literarisch voneinander unabhängigen Einheiten auftreten. Falls sich das unter c genannte Bedeutungssyndrom als Tradition erweist, so ergibt sich daraus auch seine Geprägtheit, da alle Traditionen zugleich geprägte Bedeutungssyndrome sind.

2. Klassifizierung der geprägten Bedeutungssyndrome

a) Im augenblicklichen Stadium der Exegese läßt sich für keines der geprägten Bedeutungssyndrome der einfachen Einheit A feststellen, daß bereits vor Entstehung der einfachen Einheit A Überlieferungsinteresse eines Tradentenkreises an ihnen bestand, es sich also um eine Tradition handelt. Möglicherweise wird jedoch die Überlieferungskritik zeigen, daß das geprägte Bedeutungssyndrom „Aufrichtung einer Mazzebe“ in die einfache Einheit A schon in der konkreten Gestalt „Aufrichtung einer Mazzebe am Ort des späteren Heiligtums Betel“ übernommen wurde. In diesem Fall wäre das genannte Bedeutungssyndrom schon vor der Entstehung der einfachen Einheit A Tradition gewesen.

Falls die Überlieferungskritik weiter zu dem Ergebnis kommt, daß die Schilderung vom Traum in Betel schon vor Entstehen der einfachen Einheit A existiert hat, liegt auch in ihr eine Tradition vor, da Überlieferungsinteresse eines Tradentenkreises wahrscheinlich ist (das Bedeutungssyndrom dient der Legitimation).

b) Geprägte Bilder finden sich unter den geprägten Bedeutungssyndromen der einfachen Einheit A nicht, da keines den für ein geprägtes Bild kennzeichnenden Hinweischarakter hat.

c) Erweist sich das geprägte Bedeutungssyndrom „Aufrichtung einer Mazzebe" in der einfachen Einheit A nicht noch durch Erhebungen der Überlieferungskritik als Tradition, so ist es als geprägtes Thema zu klassifizieren, da es auch selbständig existieren könnte. Dagegen tritt das geprägte Bedeutungssyndrom „Furcht angesichts der Nähe des Göttlichen" nicht selbständig auf. Es setzt voraus, daß von einer Gottesoffenbarung erzählt wurde, angesichts derer der Mensch in Furcht gerät. Es liegt also ein geprägter Zug vor.

3. Funktion der geprägten Bedeutungssyndrome

Mazzeben sind über ihre ursprüngliche Bedeutung als Steine, die eine Gottheit repräsentieren[201], hinaus Denksteine, die meist – aber nicht immer, vgl. II Sam 18,18 – an ein in religiöser Hinsicht bedeutsames Geschehen erinnern sollen: an eine Gotteserscheinung (Gen 28,18; 35,14), einen Sieg durch göttliche Hilfe (I Sam 7,12), ein Abkommen mit einem Menschen, dessen Zeuge Gott ist (Gen 31,45). Sie verknüpfen also ein denkwürdiges Ereignis mit einem bestimmten Ort. Die Mazzebe, die Jakob aufrichtet (v. 18), markiert den Ort, dessen besondere Bedeutung im Traum (v. 12) zutage getreten war. Zu beachten ist, daß in Gen 35,14 nochmals erzählt wird, daß Jakob in Betel eine Mazzebe aufgerichtet und gesalbt hat.

Der geprägte Zug „Furcht angesichts der Nähe des Göttlichen" beschreibt meist die erste Reaktion des Menschen auf eine Gottesoffenbarung (Ex 3,6; Jdc 6,22f.; vgl. auch Jes 6,5). In Gen 28,17 sprechen der geprägte Zug „Furcht angesichts der Nähe des Göttlichen" und die inhaltlich damit zusammenhängende Aussage Jakobs (*mh-nwr' hmqwm hzh ...*) zugleich aus, was das Traumerlebnis für die Bedeutsamkeit des Ortes besagt.

[201] S. o. 191.

4. Bedeutung der geprägten Bedeutungssyndrome für die Bestimmung des sozio-kulturellen Hintergrundes

Für die genauere Bestimmung des sozio-kulturellen Hintergrundes ist bedeutsam, daß offensichtlich Mazzeben positiv eingeschätzt werden. Negative Beurteilung der Mazzeben findet sich im Alten Testament vor allem bei den Propheten (z.B. Hos 10,1f.), im Dtn (z.B. Dtn 7,5; 16,22) und in der vom Dtn beeinflußten Geschichtsschreibung (z.B. II Reg 17,10)[202]. Positive Einschätzung ist dort zu erwarten, wo man einer Beeinflussung des Jahweglaubens durch die kanaanäische Religion aufgeschlossen gegenüberstand und zu einer synkretistischen Durchdringung von Jahweglauben und kanaanäischer Religion tendierte. Eine solche Tendenz bestand in der Königszeit in den Kreisen, die einen in sich gefestigten israelitischen Staat in Palästina schaffen wollten, in den auch die kanaanäische Vorbevölkerung voll eingegliedert sein sollte. Es ist in diesem Zusammenhang interessant, daß an der oben (s. Abschnitt 3) genannten Stelle I Sam 7,12 das Wort „Mazzebe" vermieden ist, obwohl sachlich von einer solchen die Rede ist.

Überlieferungskritik, Kompositions- und Redaktionskritik, Zeit- und Verfasserfrage

Gen 28,10–12.17–19a.20–21a.22a (A)

1. Überlieferungskritik

Hinweise auf die Vorgeschichte der Texteinheit liefern die Struktur und das Alter der Einheit, ihr ätiologischer Charakter und möglicherweise auch der Vergleich mit anderen Texteinheiten.

In der sprachlichen Analyse ist deutlich geworden, daß der Text zwei Schwerpunkte bzw. zwei Funktionen hat: die Charakterisierung eines Ortes als heiliger Ort und die Beschreibung des religiösen Verhaltens der Hauptperson. Es hat sich darüber hinaus ergeben, daß die auf das Heiligtum bezogenen Teile des Textes gut aus sich selbst heraus verständlich wären, während die auf die Hauptperson bezogenen Teile zu ihrem Verständnis eines weiteren literarischen Horizonts bedürfen. Diese Beobachtungen fanden endlich in der formen- und gat-

[202] Vgl. dazu L. Delekat, Massebe, in: BHH II, 1169.

tungskritischen Analyse eine Stütze insofern, als auch die Glied- und Rahmengattungen, welche die Texteinheit prägen, sich auf die jeweiligen Passagen verteilen. Dabei ist wichtig, daß die ätiologische Funktion der Heiligtumserzählung die Gesamtfunktion der Texteinheit nicht abdeckt und als Funktion einer ehemals selbständigen Erzählung gut denkbar ist. Diese sollte erklären, wie das Heiligtum von Betel zum Kultort wurde, wie die Heiligkeit des Ortes erkannt wurde und welche Bewandtnis es mit der Mazzebe von Betel hat. Eine solche Erzählung hat natürlich primär einen lokalen Haftpunkt; und von hier aus kann angenommen werden, daß ihre Verbindung mit der Jakobgestalt sekundär ist. Die Geschichte wurde zunächst um Betels und nicht um Jakobs willen erzählt.

Ist aber die ursprüngliche Verknüpfung der Heiligtumserzählung mit der Jakobsgestalt fraglich, dann ist weiter zu fragen, ob es sich überhaupt von Haus aus um eine israelitische und nicht vielmehr um eine kanaanäische Heiligtumsätiologie gehandelt hat. Einen Hinweis darauf liefert wieder die Erzählung selbst. Das auffällige Nebeneinander von Gotteshaus und Himmelstor in v. 17 führt auf die altorientalische Unterscheidung zwischen dem irdischen Kultort als Erscheinungsstätte der Gottheit und ihrem eigentlichen himmlischen Wohnsitz, von dem eine Rampe oder Treppe nach unten führt. Das letztere ist jedoch keine israelitisch-alttestamentliche, sondern – wie ihre Verkörperung in den babylonischen Zikkurat (Tempeltürmen) zeigt – eine altorientalische Vorstellung[203].

Ein noch eindeutigerer Hinweis ist der Ortsname selbst, der die kanaanäische Gottesbezeichnung *'el* enthält (v. 19a), vielleicht sogar insgesamt eine kanaanäische Gottesbezeichnung darstellt. Dies ergibt sich aus der Erwähnung eines *'el bêt-'el* in Gen 35,7 und vielleicht auch in Gen 31,13 und Jer 48,13, wo wohl weder ein unbekannter „Gott von Betel" noch ein „El von Betel"[204], sondern eher der auch anderwärts erwähnte und weithin bekannte und verehrte kanaanäische „Gott Betel" gemeint ist[205]. Schließlich haben die Ausgrabungen in Betel eine über Jahrhunderte sich erstreckende vorisraelitische Siedlung nachgewiesen, von der angenommen werden darf, daß sie auch

[203] Anders C. HOUTMAN, What did Jacob see in his dream at Bethel?, VT 27 (1977), 327–351.

[204] So z. B. H. BARTH–O. H. STECK a. a. O. (Anm. 2) 139.

[205] S. O. EISSFELDT, Der Gott Bethel, ARW 28 (1930), 1–30 (= Kleine Schriften, I 1962, 206–233).

über ein Heiligtum verfügte, mit dem die hinter Gen 28,10–22* stehende Kultätiologie in Zusammenhang gebracht werden kann.

Die auch in Gen 35,1–7.14* belegte enge Verbindung Jakob-Betel legt nahe, daß die Kultätiologie von Betel nicht erst durch die vorliegende Endfassung von Gen 28,10–22* mit der Jakobgestalt verbunden wurde, sondern in einem älteren Überlieferungsstadium, in welchem sich die engen Beziehungen frühisraelitischer Gruppen zum Betel-Heiligtum niedergeschlagen haben. Die Integration der Jakobgestalt dokumentierte dann die Übernahme des Heiligtums durch die Jakobgruppe.

Die Beantwortung der Fragen, ob die Erzählung noch weitere Überlieferungsstadien durchlaufen hat, ehe sie ihre Endgestalt erhielt, und ob sich noch etwas von der Gestalt der ihr vorgegebenen Jakob-Betel-Erzählung erkennen läßt, hängt davon ab, wie man Gen 28,10–22 insgesamt, seine Einbindung in den weiteren Kontext der Väterüberlieferungen und sein Verhältnis zu Hos 12,5b–7 beurteilt. Geht man z. B. davon aus, daß in Gen 28,10–22 zwei ursprünglich selbständige Überlieferungen miteinander verbunden sind[206] und Hos 12, 5b–7 eine von Gen 28 literarisch unabhängige Version der Jakob-Betel-Überlieferung darstellt[207], dann ist es möglich, durch den Vergleich dieser Texteinheiten miteinander die Grundelemente der ihnen vorgegebenen Überlieferung zu rekonstruieren[208]. Setzt man jedoch voraus, daß Gen 28,13–16 Erweiterungen von Gen 28,10–12.17–22* sind, wie das oben in der literarkritischen Analyse als Ergebnis festgestellt wurde, und kommt man zu einer anderen Beurteilung von Hos 12,5b–7[209], dann verbietet sich ein solcher Vergleich. Diese Überlegungen zeigen nun aber, daß die überlieferungskritische Analyse der Texteinheit an dieser Stelle abgebrochen werden müßte und erst nach einer sorgfältigen redaktionskritischen Analyse der gesamten Jakobsüberlieferungen von Gen 26–35 wieder aufgenommen werden könnte. Denn erst die Rekonstruktion der Redaktionsgeschichte des Kontextes kann zeigen, in welchem Verhältnis die zu vergleichenden Einheiten wahrscheinlich zueinander stehen.

---

206 So z. B. oben G. Fohrer in § 9,II,6a; H. Barth–O. H. Steck a. a. O. 126–133; E. Otto a. a. O. (Anm. 187).

207 H. Barth – O. H. Steck ebd. und E. Otto ebd.

208 Zum methodischen Vorgehen und zum Argumentationsgang siehe die in Anm. 207 genannten Arbeiten.

209 S. J. Vollmer, Geschichtliche Rückblicke und Motive in der Prophetie des Amos, Hosea und Jesaja (BZAW 119), 1971, 105–115.

Die Fragestellung betrifft nur die zu exegesierende Einheit, nicht die anzunehmenden Vorformen. Die kanaanäische Vorform war wohl eine Einzelerzählung, die keiner Sammlung oder Komposition angehörte und die wahrscheinlich auch nicht schriftlich niedergelegt war, so daß eine redaktionelle Bearbeitung gar nicht möglich war. Die israelitische Jakob-Betel-Erzählung ist ähnlich zu beurteilen.

Anders stellt sich die Lage nun für die Endfassung von Gen 28,10–12.17–19a.20.21a.22a dar. Hier hat zum einen die literarkritische Analyse wahrscheinlich gemacht, daß die Texteinheit mehrfach erweitert worden ist, und zum andern die sprachliche Analyse gezeigt, daß die Erzählung Teil eines größeren Ganzen sein muß.

a) Die Wandernotiz der Exposition v. 10 weist mit ihrer Erwähnung von Beerseba und Haran auf Gen 27,41–45, das in Beerseba spielt und von Rebekkas Rat berichtet, vor Esaus Rache nach Haran zu fliehen. Das Gelübde v. 20.21a.22a wird im folgenden in Gen 31,13 und in Gen 35,1–7.14* wiederaufgenommen, wodurch die mit ihm geweckten Hörer-/Lesererwartungen erfüllt werden: Jakob baut dem Gott, der ihm in Betel erschienen ist und der ihn auf seinem Weg begleitet hat, einen Altar. Von der Beurteilung dieses größeren literarischen Zusammenhangs, in welchen Gen 28,10–22* eingebettet ist, hängt die redaktionsgeschichtliche Einordnung der Texteinheit wesentlich ab. Dies setzt natürlich eine umfangreiche redaktionskritische Analyse wenigstens der Jakobüberlieferungen voraus, auf die der Exeget des Einzeltextes aus zeitlichen Gründen in der Regel verzichten muß. Er ist an dieser Stelle meist auf die kritische Sichtung der von der Forschung angebotenen Theorien zur Entstehung des Pentateuchs angewiesen. Nach der gängigen Pentateuchanalyse ist der Hauptteil der Überlieferung des Pentateuchs aus mehreren Quellenschichten zusammengewachsen. Danach wird wegen der Verwendung der Gottesbezeichnung „Elohim" und der Traumschilderung die Texteinheit der Quellenschicht des Elohisten zugewiesen[210]. Doch auch die Zuordnung zur Quellenschicht des Jahwisten wird ernsthaft erwogen[211]. Neuere vor allem überlieferungs- und redaktionskritisch orientierte Analysen von

---

[210] S. unter Beachtung jeweiliger Modifikationen u. a. M. Noth, Überlieferungsgeschichte des Pentateuch, 1948, 38; (E. Sellin) – G. Fohrer, Einleitung in das Alte Testament, 1979[12], § 23, und die in Anm. 207 genannte Literatur.

[211] Z. B. C. Westermann, Genesis 12–36 (BK I/2), 1981, 548–581, allerdings als Konsequenz einer abweichenden literarkritischen Analyse.

Pentateuchtexten haben zu gravierenden Modifikationen der klassischen Quellentheorie bis hin zu ihrer grundsätzlichen Bestreitung geführt[212]. Entsprechende Veränderungen in der Beurteilung von Gen 28,10–22* und seiner Einbettung in den Kontext sind die Folge.

b) Von der Auffassung über die Entstehung des Pentateuchs ist schließlich auch die Beurteilung der Verheißungsrede Gen 28,13–16 abhängig. Nach der gängigen Pentateuchanalyse wird sie als Teil der Quellenschicht des Jahwisten verstanden, dessen Version der Jakob-Betel-Erzählung hier nur mehr fragmentarisch erhalten sei[213]. Nun ist in der literarkritischen Analyse diese Rede als Erweiterung, also als ein von Haus aus unselbständiges Stück klassifiziert worden. Diese Annahme kann durch die Beobachtung gestützt werden, daß die Verheißungsrede Elemente des Gelübdes v. 20–22* aufnimmt, also zum Teil auf die ihr zugrundeliegende Erzählung hin formuliert wurde. Ihre erzählenden Rahmenstücke (v. 13.16) lassen sich ebenfalls als aus der Erzählung herausgesponnen verstehen. Die Absicht der Erweiterung ist deutlich an der Verschiebung des lokalen Bezugspunkts gegenüber der Erzählung zu erkennen. Während die Erzählung ausschließlich am *maqôm,* an der Stätte des Heiligtums Betel orientiert ist, richtet die Erweiterung durch den Bezug auf das Land *ᵓᵃdamā/ᵓæræṣ* den Blick auf umfassendere Zusammenhänge. Ähnliche Erweiterungen finden sich auch an anderer Stelle der Väterüberlieferung. Besonders auffällig ist die Gen 28,13–16 am nächsten verwandte Verheißungsrede Gen 13,14–17, die ebenfalls in einen Erzählzusammenhang sekundär eingesetzt ist und keinesfalls als Fragment einer Quellenschicht verstanden werden kann.

Die Erweiterung der Erzählung durch die Verheißungsrede hatte wahrscheinlich auch die Erweiterung v. 21b zur Folge, die einen Ausgleich zwischen beiden Textstücken herstellen sollte.

Die Erweiterung v. 19b verweist auf den früheren Namen von Betel (Gen 35,6; 48,1 ff.) und stellt eine „gelehrte“ Glosse dar (vgl. Gen 12,8; 13,3; Jos 16,2; 18,13 und Jdc 1,22 ff.).

Die Erweiterung v. 22b ist von einem ätiologischen Interesse getra-

---

[212] S. neben anderen H. H. SCHMID, Der sogenannte Jahwist, 1976; R. RENDTORFF, Das überlieferungsgeschichtliche Problem des Pentateuch (BZAW 147), 1976; P. WEIMAR, Untersuchungen zur Redaktionsgeschichte des Pentateuch (BZAW 146), 1977; H.-C. SCHMITT, Die nichtpriesterliche Josephsgeschichte (BZAW 154), 1980.

[213] S. o. § 9,II,6 und § 12 der 3. Aufl. dieses Buches.

gen: Sie soll durch die Herleitung von Jakob eine kultische Abgabe begründen und ihre Entstehung erklären; die Abgabe wird in Am 4,4 vorausgesetzt, ist aber wesentlich älter als die Zeit des Amos.

c) Zusammenfassend läßt sich – ausgehend von Gen 28,10–22 als Einzeltext – sagen, daß die Texteinheit zu einem umfassenderen literarischen Zusammenhang gehört, welcher durch die Verwendung der Gottesbezeichnung „Elohim" gekennzeichnet ist. Ob es sich bei diesem Zusammenhang um eine Quellenschicht oder um eine Erweiterungsschicht handelt, kann vom Einzeltext aus nicht beantwortet werden. Jedenfalls ist dieser Zusammenhang im Verlauf seiner Überlieferung weiteren redaktionellen Bearbeitungen ausgesetzt gewesen, die sich in Gen 28,13–16.19b.21b.22b niedergeschlagen haben. Es kann dabei nicht ausgeschlossen werden, daß Gen 28,13–16 einer „jahwistischen" Bearbeitungsschicht zugehört.

3. Zeit- und Verfasserfrage

Für die zeitliche Einordnung der kanaanäischen Heiligtumsätiologie lassen sich ebenso wie für die frühisraelitische Jakob-Betel-Erzählung nur recht vage Vermutungen anstellen, während die zeitliche Einordnung der Endgestalt der Erzählung von der zeitlichen Einordnung des weiteren Kontextes abhängig ist, in welchen sie eingebettet ist. Daß hierfür frühestens die Königszeit in Frage kommt, kann als allgemein anerkannt gelten. Schwieriger gestaltet sich die Frage nach dem „Verfasser" der Erzählung. Auch ihre Beantwortung hängt von der Einschätzung des besonderen Charakters ihres Kontextes ab. Aus der Texteinheit selbst lassen sich für die Zeit- und Verfasserfrage keine Hinweise entnehmen.

Einzelauslegung und zusammenfassende Exegese

Die eingehend dargelegten Voruntersuchungen bedeuten für den Umfang der Einzelauslegung und der zusammenfassenden Exegese eine merkliche Entlastung, da vieles bereits hinreichend ausgeführt ist und nun ohne neuerliche Nennung vorausgesetzt werden kann, andere Punkte lediglich in ihren Ergebnissen aufzunehmen sind. Dennoch reicht der zur Verfügung stehende Raum nicht aus, allen noch anstehenden Fragen bis ins einzelne nachzugehen; manches könnte – vor allem bei der Einzelauslegung – noch viel ausführlicher behandelt werden, als es hier möglich ist. Allerdings ist neben der Berücksichtigung des zur Verfügung stehenden Raumes auch zu fragen, wieweit ein weiteres Verfolgen der Einzelheiten für das Verständnis des Textes noch notwendig ist.

Die praktische Ausführung von Einzelauslegung und zusammenfassender Exegese läßt sich an dem Beispiel der einfachen Einheit A (Gen 28, 10–12.17–19a.20–21a.22a) hinreichend deutlich machen. Auf eine Behandlung der Erweiterungen wird verzichtet.

Gen 28,10–12.17–19a.20–21a.22a (A)

1. Einzelauslegung

V. 10: Die Exposition v. 10 liefert den geographischen Rahmen, in dem die Handlung spielt, deren Hauptperson Jakob ist. Jakob wird nicht näher charakterisiert; er ist dem Hörer bzw. Leser bereits aus dem größeren literarischen Zusammenhang, in den die Texteinheit eingebettet und der durch die Verwendung der Gottesbezeichnung „Elohim" gekennzeichnet ist, als Sohn des Isaak und Enkel des Abraham bekannt. Sein Name, der wahrscheinlich ursprünglich „(Gott) möge schützen" bedeutet[214], erfährt in Gen 27,36 (herkömmlich der jahwistischen Quellenschicht zugeordnet) eine volksetymologische Erklärung als Betrüger (von *ᶜqb*), die im gegebenen Zusammenhang freilich ebensowenig von Belang ist (zumal sie einem anderen literarischen Zusammenhang angehört) wie die eigentliche Bedeutung. Auf das Problem der Jakob-Überlieferung, die wahrscheinlich aus einem ostjordanischen Jakob-Israel-Komplex und aus einer westjordanischen Jakob-Überlieferung zusammengewachsen ist, kann hier lediglich hingewiesen werden[215]. Zu Beerseba und Haran s. o. in der sprachlichen Analyse[216]. *ḥaranā* ist Bildung mit *h*-locale und gibt hier die Wegrichtung an, so daß zu übersetzen ist: „. . . und ging Richtung Haran".

V. 11: V. 11 betont die Zufälligkeit des Ortes, auf den dann nachfolgend Handlungen, Traum und Reden bezogen sind: Jakob macht auf

---

214 S. M. Noth a. a. O. (Anm. 145) 197.

215 Vgl. dazu G. Fohrer, Das Alte Testament. Einführung in Bibelkunde und Literatur des Alten Testaments und in Geschichte und Religion Israels, I 1977², 70.

216 190.

seiner Reise an der Stelle halt, zu der er bis Sonnenuntergang gelangt ist, um zu übernachten. Es ist für ihn ein Ort wie jeder andere, und auch der Stein, den er aus den herumliegenden auswählt und sich zu Häupten legt (um den Kopf darauf zu legen bzw. daran anzulehnen?), hat für ihn keine weitere Bedeutung, als daß er fürs Nachtlager geeignet erscheint. „Die Pointe der Erzählung besteht also darin, daß Jakob *zufällig* das Heilige trifft."[217] Der Name des Ortes ist nicht erwähnt; es heißt lediglich: „er gelangte an die Stätte", wobei die Determination des Nomens zu verschiedenen Deutungen Anlaß gegeben hat: „. . . auf *den* zum Übernachten passenden oder den rechten Ort; doch wäre auch Beziehung auf *die* nachmals so gefeierte und allbekannte *Kultstätte* von Bethel möglich."[218]

V. 12: Der Traum als Offenbarungsmittel ist bezeichnend für die im Pentateuch begegnenden „elohistischen" Erzählungen (vgl. Gen 20,3.6; 31,11.24), die im Unterschied zu „jahwistischen" Erzählungen den Abstand zwischen Gott und Welt stärker betonen und die „Unmittelbarkeit Gottes zu den Menschen, seine Erscheinungen, sein Verkehren auf Erden . . . stark eingeschränkt" haben[219]. Entsprechend dieser Tendenz sieht Jakob im Traum die *mălᵃkê ᵓᵃlohîm*[220] „Gottesboten", die nicht geflügelt vorgestellt sind, als Mittler auf einer steinernen Treppe oder Rampe[221] zwischen Himmel und Erde herab- und hinaufsteigen; vgl. demgegenüber die Darstellung in v. 13, in der Jahwe selbst auftritt. Die Vorstellung einer Treppe bzw. Rampe zwischen Himmel und Erde ist nicht spezifisch israelitisch-alttestamentlich, sondern altorientalisch und hatte sichtbare Gestalt z. B. in den babylonischen Tempeltürmen (Zikkurat).

V. 17: Die Erfahrung des Heiligen bewirkt das religionsgeschichtlich häufig belegte numinose Erschauern und Erschrecken. Als heilige Stätte kann der Ort somit gleichzeitig als *nwr'* „schauerlich" bezeichnet werden, weil er kraft seiner heiligen Qualität jenes numinose Erschauern hervorruft. In exilisch/nachexilischer Zeit begegnet *nwr'*

---

217 H. GUNKEL a.a.O. (Anm. 43) 317.

218 G–K § 126r.

219 G. VON RAD, Das erste Buch Mose. Genesis (ATD), 1961⁶, 18, über das Werk des Elohisten.

220 S. o. 190.

221 S. o. 191.

dann auch häufig als ein Jahwe bzw. seinem Namen beigelegtes Attribut[222]. Die auffällige doppelte Konsequenz aus dem Traumerlebnis, nämlich „dies muß Gottes Haus sein“ und „dies ist das Tor des Himmels“, hat sich weder als literarkritisch relevant erwiesen noch konnte sie überlieferungskritisch geklärt werden; sie scheint mit der altorientalischen Unterscheidung zwischen irdischem Kultort als Erscheinungsstätte der Gottheit und ihrem eigentlichen himmlischen Wohnsitz zusammenzuhängen. Allerdings bleibt bei dieser Erklärung eine auffällige Unschärfe, da Jakob eigentlich nur über die irdische Stätte seines Nachtlagers und Traumes spricht und nicht über einen Ort im Himmel. Die in Ps 78,23 genannten „Tore des Himmels“ haben eine ganz andere, nämlich eine mit den „Fenstern des Himmels“ Gen 7,11 vergleichbare Funktion und tragen nichts zum besseren Verständnis der Vorstellung von Gen 28,17 bei. Deutlich ist, daß die erstgenannte Konsequenz aus dem Traumerlebnis („dies muß Gottes Haus – *bêt ᵓ̆lohîm* – sein“) eine Anspielung auf den Namen des Heiligtums ist.

V. 18: Der nach v. 11 lediglich unter dem Gesichtspunkt des Nachtlagers aus den herumliegenden Steinen ausgesuchte Stein wird nun von Jakob als heiliger Stein, als Mazzebe[223], aufgerichtet und mit Öl übergossen. In der vorliegenden israelitischen Fassung der Erzählung ist wohl nicht (mehr?) daran gedacht, daß der Stein Gott repräsentiere bzw. Gott im Stein hause und durch die Salbung gespeist werde[224]. Der Stein ist hier freilich auch mehr als ein bloßer Gedenkstein, der den Ort als besonderen Ort markiert und für andere kenntlich macht. Er war Jakob während seines Traumes nahe[225]; in ihm verdichtet sich die Heiligkeit des Ortes. Die Erzählung stellt die Mazzebe deutlich als das eigentliche Heiligtum von Betel heraus; von der späteren negativen Einstellung zu Mazzeben (vgl. z. B. Hos 10,1 f.; Mi 5,12; Dtn 7,5; 16,22) ist hier noch nichts zu spüren. Die Salbung der Mazzebe dürfte als die erstmalige „Heiligung“ des Steines zum kultischen Gebrauch verstanden sein (vgl. z. B. Ex 29,36; 40,9 ff.)[226].

---

222 Vgl. THAT I, 769.

223 S. o. 191.

224 Vgl. zu v. 19a! Zum Steinkult s. H. Gunkel a. a. O. (Anm. 43) 319 f. und C. Westermann a. a. O. (Anm. 211) 557 mit weiterer Literatur.

225 C. Westermann a. a. O. (Anm. 211) 557 nimmt daher die Funktion des Zeugen neben der des Males an.

226 Vgl. E. Kutsch, Salbung. II. Im AT, in: RGG V, 1331 f.

V. 19a: Jakob benennt den Ort – nicht den Stein! – *bjt 'l* „Betel"[227] und zieht damit eine Konsequenz aus der Einsicht v. 17, daß „dies Gottes Haus (*bjt 'lhjm*) sein muß".

V. 20–21a.22a: nädär „Gelübde" ist seinem Wesen nach ein bedingtes Versprechen (vgl. z. B. auch Num 21,2; Jdc 11,30ff.; I Sam 1,11), das im Alten Testament häufig begegnet und offensichtlich während der ganzen alttestamentlichen Zeit positiv eingeschätzt wurde. V. 20–21a nennen die – mannigfachen – Bedingungen, unter denen das Versprechen v. 22a gelten soll: Gott soll dem Jakob Schutz und Hilfe auf der Reise und eine wohlbehaltene Rückkehr in sein Vaterhaus gewähren, wobei bezüglich der Rückkehr in das Vaterhaus auch an die Schutz- und Rechtsfunktion der Sippe zu denken ist, die dem Fremden im fernen Land abgeht. Das Versprechen lautet, daß die von Jakob aufgestellte Mazzebe ein Haus Gottes werden soll. Der Zusammenhang mit der in v. 17bα geschilderten Einsicht Jakobs ist deutlich; außerdem wird ausdrücklich auf die in v. 18 dargestellte Aufrichtung des Steins als Mazzebe Bezug genommen. Was aber bedeutet das Versprechen v. 22a über das Aufrichten des Steines als Mazzebe und seine Salbung (v. 18) hinaus? Die Kultstätte ist von Jakob bereits geschaffen und beziehungsreich *bjt 'l* benannt, so daß das Versprechen im gegebenen Zusammenhang nicht bedeuten kann, daß er den Stein erst nach Erfüllung der Bedingungen als heiliges bzw. kultisches Objekt anerkennen oder dazu machen will, wie v. 22a zunächst nahelegt. Die aufgezeigte Schwierigkeit hängt wohl damit zusammen, daß der Abschnitt v. 20–21a.22a erst im Laufe der Überlieferungsgeschichte zu einer ursprünglich allein an Betel orientierten kanaanäischen Heiligtumserzählung hinzugekommen sein dürfte, die mit v. 19a endete[228]. Im Zusammenhang der Einheit A (v. 10–12.17–19a.20–21a.22a) scheint das Versprechen v. 22a auf den Bau des Heiligtums von Betel anzuspielen, zu dem die genannte Mazzebe als kultischer Mittelpunkt gehört.

2. *Zusammenfassende Exegese*

Die Erzählung mit dem doppelten Interesse an dem Heiligtum von Betel und der Gestalt des Jakob ist in einen umfassenderen literarischen Zusammenhang „elohistischer" Texte eingebettet und schließt

---

[227] Zum Ort s. o. 191.
[228] S. o. zur Überlieferungskritik.

darin direkt an die Erzählung von Jakobs Betrug an Esau und den nachfolgenden Rat der Rebekka an Jakob an, vor den Nachstellungen Esaus nach Haran zu fliehen. Jakob, der dem Hörer bzw. Leser bereits bekannt ist und darum in der Exposition der Erzählung v. 10 nicht mehr näher charakterisiert wird, übernachtet auf jener Flucht zufällig an dem Ort, wo sich das Haus Gottes und das Himmelstor befinden und wo die Stiege endet, auf der die Gottesboten vom Himmel auf die Erde gelangen und umgekehrt. Allerdings weiß Jakob zunächst nichts von der Bedeutung jenes Ortes; sie wird ihm erst durch einen Traum offenbart. Die Betonung der durch den Sonnenuntergang bedingten zufälligen Ortswahl sowie auch der Wahl des Steines für das Nachtlager soll natürlich beim Hörer bzw. Leser die göttliche Führung signalisieren. Die im Traum offenbarte Heiligkeit des Ortes löst bei Jakob ein numinoses Erschauern aus. Mit der in der Rede Jakobs (v. 17) gegebenen Charakterisierung des Ortes ist das Ende des ersten Erzählabschnittes (v. 10.11–12.17) und gleichzeitig der Höhepunkt des Textes erreicht.

Der zweite Erzählabschnitt (v. 18–19a.20–21a.22a) gliedert sich in zwei Unterabschnitte, die jeweils Konsequenzen aufzeigen, welche sich für Jakob aus der im Traum erkannten und in v. 17 ausgesprochenen Bedeutung des Ortes ergeben: V. 18–19a berichten von der Aufrichtung und Salbung des ihm während des Traumes zu Häupten liegenden Steines als Mazzebe und damit von der Begründung des Ortes oder eigentlich genauer: des Steines als Heiligtum durch Jakob. Den Ort seines Traumes benennt er aufgrund der nach v. 17 gemachten Erfahrung, daß dies „Gottes Haus" (*bjt 'lhjm*) sein müsse, Betel (*bjt 'l*). Als eigener und weiterer Akt erscheint im vorliegenden Zusammenhang dann, daß „dieser Stein, den ich als Mazzebe aufgestellt habe, ein Haus Gottes werden soll" (v. 22a) – vorausgesetzt, Gott erfüllt die in v. 20–21a gestellten Bedingungen[229]. Wahrscheinlich ist im gegebenen Zusammenhang jener zweite durch ein Gelübde in Aussicht gestellte Akt auf den Bau des Heiligtums von Betel (mit dem kultischen Mittelpunkt der Mazzebe) bezogen; „Haus Gottes" korrespondiert dabei mit v. 17bα und weiterhin mit der Benennung des Heiligtums v. 19a. Für den Hörer bzw. Leser der Erzählung ergibt sich aus dem Bestehen des Betel-Heiligtums sowie auch aus den weiteren Jakobgeschichten, daß Gott die Bedingungen des Gelübdes erfüllt hat – eine

229 Auf das Problem, das das Nebeneinander von v. 18 und v. 22a aufgibt, wurde bereits in der Einzelauslegung zu v. 22a hingewiesen.

implizite Bekräftigung der bereits durch die Traumschilderung gegebenen Legitimation des Heiligtums Betel, die beabsichtigt sein dürfte. Allerdings hat der zweite Erzählabschnitt durchaus auch Eigengewicht, indem er das religiöse Verhalten des Jakob hervorhebt. Ist dabei in v. 18–19a noch stärker der Ort selbst im Blick, so verlagert sich in v. 20–21a.22a das Gewicht deutlich auf die handelnde Hauptperson.

Die Frage nach der Intention der Heiligtums- und Vätererzählung Gen 28,10–12.17–19a.20–21a.22a kann nicht abschließend beantwortet werden, da praktisch nichts über den Situationshintergrund jener Erzählung bekannt ist und da auch der weitere literarische Zusammenhang, in den sie verflochten ist, nicht auf seine Gesamtintention hin untersucht ist – ein Unterfangen, das hier nicht zu leisten ist. Die kompositorische Funktion der Erzählung zur Verknüpfung des Jakob-Esau- und des Jakob-Laban-Zyklus ist bestenfalls eine Nebenabsicht, die allein mit der Notiz Gen 28,10 zu erfüllen gewesen wäre. Trotz der anfänglichen Einschränkung lassen sich aber mit der gebotenen Vorsicht doch einige Gesichtspunkte zur Intention der Erzählung aufgrund der bisherigen Beobachtungen anführen.

Deutlich ist, daß die Erzählung über die Entstehung und außerordentliche Bedeutung des Heiligtums von Betel und auch speziell darüber, welche Bewandtnis es mit der dort aufgestellten Mazzebe hat, informieren und die Legitimation jenes Ortes als heiligen Ort nachweisen will. Daß dahinter die Absicht steht, bei den Lesern bzw. Hörern der Erzählung eine der Bedeutung des Heiligtums entsprechende Einstellung und Verhaltensweise zu bewirken, ist anzunehmen. Das eben Gesagte gilt wohl auch bereits für die kanaanäische Vorstufe der Erzählung, die dann allerdings durch die Übertragung auf die Gestalt Jakobs als handelnde Hauptperson einen neuen Akzent erhalten hat, indem Betel als von Anfang an israelitisches Heiligtum hingestellt wird. Als Nachkommen Jakobs sollen die Israeliten durch ihren Kult in Betel gleichsam das Gelübde des Patriarchen fortsetzen.

Theologische Kritik

1. Standort des Auslegers

Das allgemeine Vorverständnis und die Fragestellung, die im Zusammenhang der theologischen Kritik an Gen 28,10ff. herangetragen werden, brauchen im einzelnen nicht mehr entfaltet zu werden. Sie sind einmal ausführlich in § 11, I beschrieben worden, so daß der Leser in der Lage ist, den Standort des Exegeten in bezug auf die Fragestellung auszumachen. Zum anderen ist das Vorverständnis des Auslegers von Gen 28,10ff. durch die abgeschlossene Exegese des Textes geprägt, die einen Zugang zum Verständnis seiner Sprache und Struktur, seiner Entstehung und seines Inhalts eröffnet hat. Die Ergebnisse dieser Auslegung werden hier selbstverständlich als bekannt vorausgesetzt.

Um die folgenden Überlegungen nicht zu ausführlich werden zu lassen, soll die Frage nach dem Reden von Gott im wesentlichen an die einfache Einheit Gen 28,10–12.17–19a.20–21a.22a („elohistische" Erzählung) gerichtet werden, ohne daß dabei die „jahwistische" Erweiterung 28,13–16 ganz aus dem Blick gerät.

2. *Die Angemessenheit der Fragestellung*

Die Verwendung der Ausdrücke „Boten Elohims", „Haus Elohims" und „Elohim" in der einfachen Einheit A bzw. der Ausdrücke „Jahwe", „Gott deines Vaters Abraham" und „Gott Isaaks" in der Erweiterung B rechtfertigen es, die Frage nach dem Reden von Gott an den Text heranzutragen und die spezifische Weise, wie in diesen Texten von Gott geredet wird, zu untersuchen.

3. *Das Reden von Gott*

a) In Gen 28,10–22 liegt ein unterschiedlicher Gebrauch des Ausdrucks „Elohim" vor. In der einfachen Einheit wird „Elohim" als Eigenname verwendet, da für den israelitischen Hörer bzw. Leser eine Identifizierung von „Elohim" und „Jahwe" als selbstverständlich vorausgesetzt werden darf; dazu kommt, daß „Elohim" hier in der Form des Abstraktplurals gebraucht wird.

In Gen 28,13–16 hingegen dient „Elohim" innerhalb einer Kennzeichnung (Elohim = Prädikator + Abraham, Isaak = Eigennamen) der Näherbestimmung des Eigennamens Jahwe.

Schließlich ist auch der Gebrauch von Elohim als Prädikator belegt: Die Erweiterung Gen 28,21b bestimmt den Eigennamen „Jahwe" näher, indem sie Jahwe der Klasse der „Elohim" zuweist.

In Gen 28,10ff. liegt also ein doppelter Gebrauch der Ausdrücke für „Gott" vor: Sie bezeichnen einmal einen singulären Gegenstand

(Nominatoren) bzw. können mehreren Gegenständen zugesprochen werden (Prädikatoren).

Innerhalb der Erzählung Gen 28 werden folgende Prädikatoren Gott zugesprochen:

„Gott“ hat Boten (vgl. Jdc 11,13; I Sam 11,7 u.a.m.)
⟷

„Gott“ hat ein Haus (vgl. I Reg 17,17; I Chr 15,1 u.a.m.)
⟷

„Gott“ Mitsein Jakob (vgl. Gen 13,1; 18,16; 24,54 u.a.m.)
⟷

„Gott“ beschützt Jakob (vgl. Gen 4,9; Lev 18,4f. u.a.m.)
⟷

„Gott“ gibt Essen, Kleidung Jakob (vgl. Gen 21,14; 47,17; Jdc 8,6 u.a.m.).
⟷

Bei diesen Prädikatoren handelt es sich um sogenannte mehrstellige Prädikatoren, da sie nicht einfach nur einem Gegenstand zugesprochen werden, sondern Relationen zwischen mehreren Gegenständen herstellen. Wie die oben angeführten Beispielstellen zeigen, sind die „Gott“ zugesprochenen Prädikatoren umgangssprachliche Prädikatoren, die sowohl Menschen als auch Gott/Göttern zugesprochen werden[230]. Eine Ausnahme könnte unter Umständen der Prädikator „Mitsein“ in der hebräischen Form *hjh ʿmd* + Suffix (v. 20b) bilden, da er nur noch an zwei Stellen (Gen 31,5; 35,5) vorkommt und dort ebenfalls jeweils „Gott“ zugesprochen wird. In der gebräuchlicheren hebräischen Lautgestalt *hjh ʿm/ʾt* + Suffix (v. 15) jedoch wird das „Mitsein“ häufig Menschen zugesprochen[231]. Gen 28 redet also von „Gott“ wie von einem Menschen. Alles, was über ihn gesagt wird, ist nur verständlich, weil es auch von Menschen gesagt werden kann. Dieser Eindruck verstärkt sich, wenn man den Charakter des Gelübdes Jakobs mit ins Auge faßt. Die Bedingungen, die Jakob „Gott“ stellt und von denen er den Bau eines Heiligtums abhängig macht, lassen „Gott“ als menschlichen Vertragspartner erscheinen.

Die Relationen, die die Prädikatoren zwischen „Gott“ und Mensch herstellen, können folgendermaßen beschrieben werden: Für den Fall, daß „Gott“ Jakob beisteht und ihm hilft, sichert Jakob „Gott“ seine Verehrung zu.

---

230 Ein Gegenbeispiel zu diesen Prädikationen stellt der Prädikator *brʾ* „schaffen“ dar, der im Alten Testament ausschließlich „Gott“ zugesprochen wird; s. THAT I, 338.

231 S. H. D. Preuss, „... ich will mit dir sein!“, ZAW 80 (1968), 139–173 (154f.).

Die bisherige Beschreibung des Redens von Gott läßt den Eindruck entstehen, als ob die einfache Einheit mit der Erweiterung v. 13–16 auf eine Stufe gestellt würde. Doch ist hier weiter zu differenzieren. Denn: In 28,13–16 tritt Jahwe selbst redend vor Jakob hin, handelt also selbst wie ein Mensch. Dagegen tritt Elohim in der einfachen Einheit nicht mehr selbst auf; daß Elohim mit im Spiel ist, ergibt sich nur indirekt aus der Traumschilderung und der damit verbundenen Erkenntnis der Heiligkeit des Ortes. Setzt die „jahwistische" Erweiterung ganz selbstverständlich die Möglichkeit einer unmittelbaren Begegnung Gott-Mensch voraus, so ist für die „elohistische" Erzählung die zurückhaltendere Beschreibung einer nur mittelbaren Begegnung festzustellen. Damit bringt aber der Text zum Ausdruck, daß von Gott nicht einfach wie von Menschen geredet werden kann, sondern eine Distanz zwischen beiden besteht, was durch den Hinweis auf Jakobs Furcht noch deutlicher gemacht werden soll. Diese Distanz läßt aber gerade Jakobs Gelübde vermissen, das ja ebenfalls zur Erzählung hinzugehört, so daß eine leichte Spannung innerhalb der Erzählung festzuhalten ist. In der sprachlichen Analyse, in der Formen- und Gattungskritik und in der Überlieferungskritik ist auf eine Unterscheidung zwischen einer Heiligtums- und einer Vätererzählung bereits hingewiesen worden. Diese leichte Differenzierung innerhalb des Textes bestätigt sich nun auch in der theologischen Kritik.

Dieser Unterschied im Reden von Gott der beiden Teile der Erzählung ergibt sich auch, wenn man das indirekte Reden von Gott in die Betrachtung mit einbezieht. Es findet sich nämlich nur im ersten, stärker am Heiligtum orientierten Teil der Erzählung. In der zusammenfassenden Exegese von Gen 28,10ff. ist ja ein Aspekt herausgestellt worden, der bei der Frage nach dem Reden von Gott nicht außer acht gelassen werden darf: „Die Betonung der durch den Sonnenuntergang bedingten zufälligen Ortswahl sowie auch der Wahl des Steines für das Nachtlager soll natürlich beim Hörer bzw. Leser die göttliche Führung signalisieren." Dieses implizite Reden von Gott entspricht durchaus der Art und Weise, wie im ersten Abschnitt der Erzählung von Gott geredet wird. Ersetzt man den erzählerischen Ausdruck des Sachverhalts durch die Prädikation „Gott führt unsichtbar Jakob", dann wird deutlich, daß der Prädikator „führen" hier uneigentlich gebraucht wird. Der Prädikator stammt zwar aus der Umgangssprache und wird dort Menschen zugesprochen; daß aber ein Mensch einen anderen unsichtbar führt, wird von Menschen normalerweise nicht mehr ausgesagt. Ähnliches gilt für den den „Gottesboten" zugesprochenen Prädikator „auf einer Treppe ab- und aufsteigen“, der im Zusammenhang der Traumschilderung uneigentlich gebraucht ist, da mit einem Ab- und Aufsteigen von Menschen auf einer Treppe, die Himmel und Erde miteinander verbindet, normalerweise nicht gerechnet werden kann.

Schon diese einfache Untersuchung der verwendeten Prädikatoren hat also gezeigt, daß in Gen 28,10–22 unterschiedliche Weisen des Redens von Gott vorliegen. So redet Gen 28 wenigstens im ersten Teil seiner Erzählung nicht so unbefangen anthropomorph von Gott wie die Erweiterung, sondern benützt Traumschilderungen und implizites Reden vom Führen Gottes.

In alledem liegt deskriptive Redeweise vor. Die Erzählung und ihre Erweiterungen beschreiben Gottes Handeln an Jakob und seine Reaktion darauf. Es finden sich ferner emotive Redeweise und eine Sprachhandlung innerhalb der direkten Reden in v. 13–16 (Jahwes Verheißung) und in v. 17 (Jakobs Reaktion auf sein Traumerlebnis); doch kommt beiden zunächst keine selbständige Funktion zu, da sie in den Kontext so integriert sind, daß sie als Beschreibung (Deskription) von Jahwes Handeln und Jakobs Reaktion erscheinen.

b) Überblickt man diese Beobachtungen, so wird deutlich, daß die „elohistische“ Erzählung keine situationsinvarianten Aussagen über „Gott“ enthält. Es fehlen Wertungen und Aussagen allgemeineren Charakters. Dies entspricht durchaus dem Redestil von Erzählungen. Dennoch darf man annehmen, daß hinter dem situationsbezogenen Reden von Gott Vorstellungen und Erwartungen stehen von dem, was „Gott“ kann, wie er sich verhält und wie sich der Mensch zu „Gott“ zu stellen habe. So setzt doch das Gelübde Jakobs voraus, daß „Gott“ Hilfe, Beistand und Führung zugetraut wird. Offen bleibt in der Erzählung nur, ob „Gott“ sie auch dem Jakob zuwendet. Darauf bezogen ist die berechnende Haltung des Jakob, die wohl als eine für den Menschen typische Haltung herausgestellt, aber im Kontext der Vätererzählungen als der Gottheit gegenüber nicht angemessen angesehen wird[232]. Demgegenüber dürfte die Furcht Jakobs angesichts der Nähe des Göttlichen als ganz natürliche und selbstverständliche Haltung der Gottheit gegenüber hingenommen worden sein.

Situationsinvariantes Reden von Gott ist also direkt aus der Erzählung nicht zu erheben. Erst die Einsicht, daß Israel mit und anhand der Vätererzählungen seine Widerfahrnisse und Erfahrungen mit Gott er-

[232] (E. SELLIN–)G. FOHRER a.a.O. (Anm. 18) 104.

zählerisch reflektiert, erlaubt es, implizites situationsinvariantes Reden von Gott in der Erzählung zu vermuten. Einen Hinweis auf diese Funktion der Vätergeschichten liefert innerhalb des Textes die Erweiterung 28,13–16, deren Verheißung ja nicht allein auf Jakob, sondern auch auf dessen Nachkommen, also Israel, bezogen ist. In den Vätern gewinnt häufig das Gestalt, was Israel an Daseins- und Handlungsorientierung im Lichte seiner Gotteserfahrung wichtig geworden ist.

c) Aus alledem ergibt sich: Aus dem selbstverständlichen Gebrauch der Ausdrücke für „Gott" wird deutlich, daß das Dasein Gottes so selbstverständlich ist wie das Dasein Jakobs. Die Existenz Gottes steht also nicht zur Debatte. In dieser Hinsicht ist die Erzählung dem altorientalischen Weltbild verhaftet. Entsprechend selbstverständlich macht die Traumschilderung von der mythischen Sprache und damit von den mythischen Vorstellungen in Israels Umwelt Gebrauch. In diesem mythischen Kontext kommt dem Reden von Gott auch die Funktion zu, Ereignisse dieser Welt zu erklären; es hat – wie öfter gesagt wird – „vorwissenschaftlichen" Charakter. Mythische Sprache setzt ein Weltbild voraus, in welchem Götter ihren festen Platz haben. Darum wird in Gen 28 auch ganz unbefangen davon gesprochen, daß dem Jakob an besonders ausgezeichneter Stelle Gottesboten im Traum erscheinen, Jahwe mit ihm redet und Jakob mit Gott in Verhandlungen eintreten kann. Das Dasein Gottes ist nicht fragwürdig.

Problematisch ist da schon eher die Ausgestaltung der Gottesbeziehung, wie sie sich in den „Gott" zugesprochenen Prädikatoren sprachlich niederschlägt, und wie sie zusammenfassend als „Führung Jakobs durch Gott" beschrieben werden kann. Denn: Jakob akzeptiert die im Text implizit ausgesprochene Führung nur auf künftige Bewährung hin. Der Selbstverständlichkeit der Erkenntnis Gottes steht nicht unbedingt auch die Selbstverständlichkeit der Anerkenntnis Gottes gegenüber. Für Jakob ist darum als Daseins- und Handlungsorientierung eine gewisse religiöse *do ut des*-Haltung zu konstatieren. Der Fortgang der Jakobüberlieferungen zeigt, daß diese Haltung vom Erzählkontext nicht geteilt wurde. Unabhängig davon nun, wie der weitere Kontext die Haltung Jakobs beurteilt[233], wird aus der Erzählung deutlich, daß Anerkenntnis Gottes etwas mit Bewährung, mit Erfahrung im Umgang mit der Gotteserkenntnis zu tun hat.

---

233 Die Beurteilung erfolgt in den Jakobüberlieferungen nicht so, daß in theoretischer Reflexion *über* Jakob *geredet*, sondern ähnlich Gen 28 *von* Jakob *erzählt* wird, was ihm widerfuhr und wie er auf diese Widerfahrnisse reagierte.

Kurz sei noch erwähnt: Was die Erzählung am Beispiel Jakobs an Daseins- und Handlungsorientierung zur Sprache bringt, wird schließlich durch die Erweiterung 28,13–16 ausdrücklich auf Israel bezogen; es kommt zu einer Ausweitung des Geltungsbereiches der Daseins- und Handlungsorientierung. In der Verheißungsrede wird dann auch spezifisch israelitische Daseinsorientierung zum Ausdruck gebracht. So konkretisieren sich z. B. die Führung Gottes und seine Zuwendung zu Israel in der Gabe des Landes.

Schließlich muß bei aller Selbstverständlichkeit, mit welcher der Text von Gott und von Begegnungen mit der himmlischen Welt redet, herausgestellt werden, daß der Gottesbegegnung, dem Gotteswiderfahrnis für Jakob – also für einen davon betroffenen Menschen – noch eine besondere Bedeutung zukommt. Es ist letztlich Ausgangspunkt, Voraussetzung, Bedingung der Möglichkeit bestimmter Daseins- und Handlungsorientierung. Solches Widerfahrnis erscheint als eine persönliche, unwiederholbare und nicht machbare Erfahrung. Gleichzeitig wird aber auch deutlich, daß selbst solche besonderen, aus dem Alltäglichen herausfallenden Widerfahrnisse nicht hinreichend deutlich sind. Andernfalls hätte das Traumerlebnis Jakob doch sofort zur Anerkenntnis Gottes geführt[234].

Diese knappe, längst nicht vollständige Analyse des Redens von Gott in Gen 28,10–22[235] zeigte also folgendes:

1. Reden von Gott ist eingebunden in das Weltbild des alten Israel und seiner Umwelt; Gottesvorstellung und Gottesbild sind also abhängig von damaligen Frage- und Problemstellungen der Weltbewältigung (im Rahmen dieses Weltbildes erklärt sich die Verwendung von Ausdrücken für „Gott“ als Prädikatoren);

2. Reden von Gott bringt bestimmte Daseins- und Handlungsorientierungen zur Sprache, die das Leben der Menschen prägen und bestim-

---

[234] Träume als „Offenbarungen“ werden an anderer Stelle im Alten Testament dann auch in ihrer Fragwürdigkeit besonders herausgestellt (Jer 23,25–32); offenbar weil keine Beurteilungskriterien dafür zur Verfügung stehen, daß Träume von Gott kommen.

[235] Nicht angesprochen wurden z. B. Fragen wie: Welche Daseinsorientierung steht hinter dem Text, wenn man seine Legitimationsfunktion für ein bestimmtes Heiligtum ins Auge faßt? Welche Einstellungen zum Land sind zu erkennen, wenn man die Überlieferungsgeschichte des Textes (Übergang von kanaanäischer zu israelitischer Heiligtumserzählung) berücksichtigt? Welche Einschätzung Israels wird erkennbar, wenn in der „jahwistischen“ Erweiterung vom Segen Israels für die Geschlechter der Erde gesprochen wird?

men (hier hat die Verwendung von Ausdrücken für „Gott" als Indikatoren ihren Ort);
3. diese Daseins- und Handlungsorientierungen sind in einen Zusammenhang mit Widerfahrnissen gestellt, die als Gottesbegegnungen qualifiziert werden (hierher gehört die Verwendung von Ausdrücken für „Gott" als Nominatoren);
4. die Anerkenntnis Gottes ist verbunden mit Erfahrungen, die mit bestimmten Daseins- und Handlungsorientierungen gemacht werden.

4. Stellungnahme des Auslegers

Der Dialog mit dem Text provoziert geradezu die Stellungnahme des Auslegers zu der im Text begegnenden besonderen Weise des Redens von Gott. Er wird sich vor allem der Frage nicht entziehen können, ob angesichts eines völlig veränderten Weltbildes die selbstverständliche Rede von Gott (die Einführung „Gottes" über die Klasse der „Götter") überhaupt noch nachvollzogen werden kann; es sei denn, der Ausleger beschränkt sich bei seiner Verwendung der Ausdrücke für „Gott" darauf, sie als religionsgeschichtliche Termini zur distanzierten Beschreibung religiöser Phänomene zu gebrauchen. Gegenwärtiges Weltverständnis hat weithin keinen Ort mehr für Gott, so daß es schwer fällt, eine Erzählung wie Gen 28,10–22 in ihrer Aussage und Absicht heutigen Menschen verständlich zu machen. Doch hat der Dialog mit dem Text gezeigt, daß es noch andere Möglichkeiten gibt, seine Aussagen als Rede von Gott heutiger Zeit zu vermitteln. Es sind allerdings Möglichkeiten, die nicht unbedingt auf einem allgemeinen Konsens (bestimmte allgemein anerkannte Weltsicht) aufbauen können, und es sind Möglichkeiten, die den persönlichen Einsatz des Gesprächspartners erfordern (Einlassen auf bestimmte Daseins- und Handlungsorientierungen; gemeinsame Praxis). Der Text selbst redet ja von Gott nicht nur im Kontext seiner Weltsicht, sondern auch im Kontext von Erfahrungen, die sich im Umgang mit bestimmten Orientierungen ergeben haben und die diese Orientierungen möglicherweise als bewährt erweisen. Auch wenn sich dem christlichen Exegeten Daseins- und Handlungsorientierung und persönliches Widerfahrnis in ihrer jeweiligen Konkretion etwas anders darstellen mögen als dem alttestamentlichen Erzähler, so kann er sich doch vom Text auf diese Ebene der Verständigung über das Reden von Gott weisen lassen.

Schließlich leitet das Ergebnis dieses ausführlichen Dialogs mit dem Text dazu an, nicht vorschnell zu urteilen, nicht zu rasch Äußerungen des Textes in eine für ihn fremde Welt und Zeit zu übertragen und zurückhaltend zu sein mit der theologischen Auswertung von Einzeltexten. Angesichts der Komplexität der Problemstellungen ist Sorgfalt in der exegetischen Arbeit, Umsicht in der kritischen Beurteilung und Bereitschaft zum Dialog mit allen gefordert, die sich um alttestamentliche Texte und um ein verständliches Reden von Gott mühen.

§ 13 Hilfsmittel und Literatur

I. Zum Text

1. Textausgaben, Übersetzungen, Textgeschichte

Biblia Hebraica, ed. R. Kittel, 1937[3] (BHK)
Biblia Hebraica Stuttgartensia, ed. K. Elliger - W. Rudolph, 1978, 1984[2] (BHS)
Hebrew University Bible, ed. M. H. Goshen-Gottstein, 1974ff.
The Bible in Aramaic, Based on Old Manuscripts and Printed Texts, ed. A. Sperber, I–II 1959, III 1962, IV A 1968, IV B 1973
Biblia Sacra iuxta Vulgatam versionem, ed. R. Weber, I–II 1969, 1985[3]
Septuaginta, Vetus Testamentum Graecum, Auctoritate Societatis Litterarum Gottingensis editum, 1931ff.
Septuaginta, ed. A. Rahlfs, I–II 1935 (1965[8])
Die Apokryphen und Pseudepigraphen des Alten Testaments, hg. von E. Kautzsch, I–II 1900 (Nachdrucke 1921, 1962)
Die Heilige Schrift des Alten Testaments, hg. von E. Kautzsch – A. Bertholet, I 1922[4], II 1923[4] (Nachdruck 1971)
Jüdische Schriften aus hellenistisch-römischer Zeit, hg. von W. Kümmel, 1973ff.
B. J. Roberts, The Old Testament Text and Versions. The Hebrew Text in Transmission and the History of the Ancient Versions, 1951
M. Noth, Die Welt des Alten Testaments. Einführung in die Grenzgebiete der alttestamentlichen Wissenschaft, 1962[4], 267–321
R. Wonneberger, Leitfaden zur Biblia Hebraica Stuttgartensia, 1986[2]
E. Würthwein, Der Text des Alten Testaments. Eine Einführung in die Biblia Hebraica, 1988[5]

2. Lexika

W. Baumgartner – B. Hartmann – E. Y. Kutscher, Hebräisches und aramäisches Lexikon zum Alten Testament, 1967ff.
G. Dalman, Aramäisch-Neuhebräisches Handwörterbuch zu Targum, Talmud und Midrasch, 1938[3]
G. Fohrer – H. W. Hoffmann – F. Huber – J. Vollmer – G. Wanke, Hebräisches und aramäisches Wörterbuch zum Alten Testament, 1971, 1989[2]
W. Gesenius – F. Buhl, Hebräisches und aramäisches Handwörterbuch über das Alte Testament, 1915[17] (Nachdruck 1962)

W. GESENIUS, Hebräisches und aramäisches Wörterbuch über das Alte Testament, hg. von R. MEYER und H. DONNER unter Mitarbeit von U. RÜTERSWÖRDEN, 1987^{18}ff.
L. KÖHLER – W. BAUMGARTNER, Lexicon in Veteris Testamenti Libros, 1953 (1958, mit Supplementum)
E. VOGT, Lexicon Linguae Aramaicae Veteris Testamenti, 1971

3. *Grammatiken*

H. BAUER – P. LEANDER, Historische Grammatik der hebräischen Sprache des Alten Testaments. Mit einem Beitrag von P. KAHLE, I 1922 (Nachdrucke 1962, 1965)
H. BAUER – P. LEANDER, Grammatik des Biblisch-Aramäischen, 1927
K. BEYER, Althebräische Grammatik. Laut- und Formenlehre, 1969
W. GESENIUS – E. KAUTZSCH, Hebräische Grammatik, 1909^{28} (gemeinsam mit der Hebräischen Grammatik von G. BERGSTRÄSSER, 1918, nachgedruckt 1962) (G–K)
W. GROSS, Verbform und Funktion. Wayyiqṭol für die Gegenwart, 1976
H. IRSIGLER, Einführung in das Biblische Hebräisch, I 1978, II 1979
E. JENNI, Lehrbuch der hebräischen Sprache des Alten Testaments. Neubearbeitung des „Hebräischen Schulbuchs" von HOLLENBERG-BUDDE, 1981^{2} (dazu Ergänzungsheft, 1981)
R. MEYER, Hebräische Grammatik, I 1966^{3}, II 1969^{3}, III 1972^{3}, IV 1972^{3}
D. MICHEL, Grundlagen einer hebräischen Syntax I. Sprachwissenschaftliche Methodik, Genus und Numerus des Nomens, 1977
W. RICHTER, Grundlagen einer althebräischen Grammatik (3 Bände), 1978–1980
W. SCHNEIDER, Grammatik des biblischen Hebräisch, 1980^{4}, 1985^{6}
H.-P. STÄHLI, Hebräisch-Kurzgrammatik, 1985^{2}

Einzelnes:
F. I. ANDERSEN, The Sentence in Biblical Hebrew, 1974
K. BEYER, Semitische Syntax im Neuen Testament, I 1968^{2}
C. BROCKELMANN, Hebräische Syntax, 1956
E. JENNI, Das hebräische Pi'el. Syntaktisch-semasiologische Untersuchung einer Verbalform im Alten Testament, 1968
P. KUSTÁR, Aspekt im Hebräischen, 1972
D. MICHEL, Tempora und Satzstellung in den Psalmen, 1960
K. OBERHUBER, Zur Syntax des Richterbuches: Der einfache Nominalsatz und die sog. nominale Apposition, VT 3 (1953), 2–45
W. RICHTER, Traditionsgeschichtliche Untersuchungen zum Richterbuch, 1966^{2}, 353–383
W. RICHTER, Untersuchungen zur Valenz althebräischer Verben, I 1985, II 1986
O. RÖSSLER, Die Präfixkonjugation Qal der Verba I^{ae} Nûn im Althebräischen und das Problem der sogenannten Tempora, ZAW 74 (1962), 125–141
B. ZUBER, Das Tempussystem des biblischen Hebräisch, 1986

4. Konkordanzen

E. HATCH – H. A. REDPATH, A Concordance to the Septuagint, I–II 1897, Supplement 1906 (1954)
G. LISOWSKY (– L. ROST), Konkordanz zum hebräischen Alten Testament, 1981[2]
S. MANDELKERN, Veteris Testamenti Concordantiae Hebraicae atque Chaldaicae, 1937[2] (Nachdruck 1955)

II. Zur Exegese

5. Kommentarreihen zum Alten Testament

Biblischer Kommentar. Altes Testament, hg. von M. NOTH – S. HERRMANN – H. W. WOLFF, 1955ff. (BK)
Commentaire de l'Ancien Testament, ed. R. MARTIN-ACHARD, 1963ff.
Handbuch zum Alten Testament, hg. von O. EISSFELDT, 1934ff. (HAT)
Handkommentar zum Alten Testament, hg. von W. NOWACK, 1892ff. (HK)
The International Critical Commentary, ed. S. R. DRIVER – A. PLUMMER – C. A. BRIGGS, 1895ff. (ICC)
Kommentar zum Alten Testament, hg. von E. SELLIN, 1913ff., neu hg. von W. RUDOLPH – K. ELLIGER – F. HESSE, 1962ff. (KAT)
Kurzer Hand-Commentar zum Alten Testament, hg. von K. MARTI, 1897ff. (KHC)

Das Alte Testament Deutsch, hg. von V. HERNTRICH – A. WEISER, 1949ff. (jetzt hg. von O. KAISER – L. PERLITT) (ATD)
The Anchor Bible, ed. W. F. ALBRIGHT – D. N. FREEDMAN, 1964ff.
The Century Bible (New-Edition), ed. H. H. ROWLEY – M. BLACK, 1967ff.
The Interpreter's Bible, 1952ff. (IB)
Die Neue Echter Bibel. Altes Testament, hg. von J. G. PLÖGER – J. SCHREINER, 1980ff.
Die Schriften des Alten Testaments, hg. von H. GRESSMANN – H. GUNKEL – M. HALLER – H. SCHMIDT – W. STÄRK – P. VOLZ, 1920ff. (SAT)
Zürcher Bibelkommentare, hg. von (G. FOHRER –) H. H. SCHMID – S. SCHULZ, 1944ff.

6. Methodik der Exegese

H. BARTH – O. H. STECK, Exegese des Alten Testaments. Leitfaden der Methodik, 1972[3], 1980[9], 1987[11]
O. KAISER, Die alttestamentliche Exegese, in: G. ADAM – O. KAISER – W. G. KÜMMEL, Einführung in die exegetischen Methoden, 1979[6]
K. KOCH, Was ist Formgeschichte? Methoden der Bibelexegese, 1981[4], 1988[5]
H.-J. KRAUS, Geschichte der historisch-kritischen Erforschung des Alten Testaments von der Reformation bis zur Gegenwart, 1988[4]

W. Richter, Exegese als Literaturwissenschaft. Entwurf einer alttestamentlichen Literaturtheorie und Methodologie, 1971
J. Schreiner (Hg.), Einführung in die Methoden der biblischen Exegese, 1976

7. *Wortexegese*

J. Barr, Bibelexegese und moderne Semantik. Theologische und linguistische Methode in der Bibelwissenschaft, 1965
G. J. Botterweck – H. Ringgren (Hg.), Theologisches Wörterbuch zum Alten Testament, 1970ff. (ThWAT)
E. Jenni – C. Westermann (Hg.), Theologisches Handwörterbuch zum Alten Testament, I 1984^4, II 1984^3 (THAT)
G. Kittel – G. Friedrich (Hg.), Theologisches Wörterbuch zum Neuen Testament, I–X 1933–1979 (ThWNT)

8. *Hermeneutik*

R. Bultmann, Das Problem der Hermeneutik, ZThK 47 (1950), 47–69 (= Glauben und Verstehen, II 1952, 211ff.)
G. Ebeling, Hermeneutik, in: RGG, III 1959^3, 242–262 (mit weiteren Literaturangaben)
G. Fohrer, Theologische Grundstrukturen des Alten Testaments, 1972
H.-G. Gadamer, Wahrheit und Methode. Grundzüge einer philosophischen Hermeneutik, 1975^4
A. H. J. Gunneweg, Vom Verstehen des Alten Testamentes. Eine Hermeneutik, 1988^2
W. Joest, Fundamentaltheologie, 1981^2, 59–72. 174–212
H.-J. Kraus, Geschichte der historisch-kritischen Erforschung des Alten Testaments von der Reformation bis zur Gegenwart, 1988^4
K. Lehmann, Der hermeneutische Horizont der historisch-kritischen Exegese, in: J. Schreiner (Hg.), Einführung in die Methoden der biblischen Exegese, 1971, 40–80
O. Loretz – W. Strolz (Hg.), Die hermeneutische Frage in der Theologie, 1968
F. Mildenberger, Gottes Tat im Wort. Erwägungen zur alttestamentlichen Hermeneutik als Frage nach der Einheit der Testamente, 1964
H. Seebass, Biblische Hermeneutik, 1974
C. Westermann (Hg.), Probleme alttestamentlicher Hermeneutik. Aufsätze zum Verstehen des Alten Testaments, 1963^2 (mit weiteren Literaturangaben)
H. W. Wolff, Das Alte Testament und das Problem der existentialen Interpretation, EvTh 23 (1963), 1–17

III. Weitere Literatur

9. Umwelt Israels (politische Geschichte, Kulturgeschichte und Religionsgeschichte)

W. BEYERLIN (Hg.), Religionsgeschichtliches Textbuch zum Alten Testament, 1985²
H. BONNET, Reallexikon der ägyptischen Religionsgeschichte, 1971²/1981
Fischer Weltgeschichte 2–4: Die Altorientalischen Reiche I 1980⁷, II 1981⁶, III 1979⁵, hg. von E. CASSIN, J. BOTTÉRO und J. VERCOUTTER
Fischer Weltgeschichte 5: Griechen und Perser. Die Mittelmeerwelt im Altertum I, hg. von H. BENGTSON, 1967
Fischer Weltgeschichte 6: Der Hellenismus und der Aufstieg Roms. Die Mittelmeerwelt im Altertum II, hg. von P. GRIMAL, 1980⁸
K. GALLING (Hg.), Textbuch zur Geschichte Israels, 1979³
H. GESE – M. HÖFNER – K. RUDOLPH, Die Religionen Altsyriens, Altarabiens und der Mandäer, 1970
A. GOETZE, Kleinasien, 1957²
H. GRESSMANN (Hg.), Altorientalische Bilder zum Alten Testament, 1927²
H. GRESSMANN (Hg.), Altorientalische Texte zum Alten Testament, 1926² (Nachdruck 1970)
W. HELCK, Geschichte des Alten Ägyptens, 1968
A. JEPSEN (Hg.), Von Sinuhe bis Nebukadnezar. Dokumente aus der Umwelt des Alten Testaments, 1976²
B. MEISSNER, Babylonien und Assyrien, I 1920, II 1925
S. MORENZ, Ägyptische Religion, 1977²
M. NOTH, Die Welt des Alten Testaments. Einführung in die Grenzgebiete der alttestamentlichen Wissenschaft, 1962⁴
E. OTTO, Ägypten. Der Weg des Pharaonenreiches, 1979⁵
J. B. PRITCHARD (Ed.), The Ancient Near East in Pictures Relating to the Old Testament, 1969²
J. B. PRITCHARD (Ed.), Ancient Near Eastern Texts Relating to the Old Testament, 1969³
H. RINGGREN, Die Religionen des Alten Orients, 1979
A. SCHARFF – A. MOORTGAT, Ägypten und Vorderasien im Altertum, 1962³
H. SCHMÖKEL, Geschichte des Alten Vorderasien, 1957
H. SCHMÖKEL (Hg.), Kulturgeschichte des Alten Orient, 1961 (Nachdruck 1981)
B. SPULER (Hg.), Religionsgeschichte des Alten Orients, 1964

10. Geschichte Israels (politische Geschichte, Kulturgeschichte und Religionsgeschichte)

A. Politische Geschichte

A. ALT, Kleine Schriften zur Geschichte des Volkes Israel, I 1968⁴, II 1977⁴, III (hg. von M. NOTH) 1968²

J. BRIGHT, Geschichte Israels, 1966
H. DONNER, Geschichte des Volkes Israel und seiner Nachbarn in Grundzügen, I 1984, II 1986
G. FOHRER, Geschichte Israels, 1985[4]
K. GALLING (Hg.), Textbuch zur Geschichte Israels, 1979[3]
A. H. J. GUNNEWEG, Geschichte Israels bis Bar Kochba, 1984[5]
S. HERRMANN, Geschichte Israels in alttestamentlicher Zeit, 1980[2]
A. JEPSEN – R. HANHART, Untersuchungen zur israelitisch-jüdischen Chronologie, 1964
A. JEPSEN (Hg.), Von Sinuhe bis Nebukadnezar. Dokumente aus der Umwelt des Alten Testaments, 1976[2]
M. METZGER, Grundriß der Geschichte Israels, 1988[7]
M. NOTH, Geschichte Israels, 1986[10]
R. DE VAUX, The Early History of Israel, I–II 1978

B. Religionsgeschichte

W. BEYERLIN (Hg.), Religionsgeschichtliches Textbuch zum Alten Testament, 1985[2]
W. EICHRODT, Religionsgeschichte Israels, 1969
G. FOHRER, Geschichte der israelitischen Religion, 1969
J. MAIER, Geschichte der jüdischen Religion, 1972
H. RINGGREN, Israelitische Religion, 1963, 2. Aufl. o. J.
W. H. SCHMIDT, Alttestamentlicher Glaube in seiner Geschichte, 1987[6]

C. Kulturgeschichte

G. DALMAN, Arbeit und Sitte in Palästina, I,1 1928, I,2 1928, II 1932, III 1933, IV 1935, V 1937, VI 1939, VII 1942 (Neudruck des ganzen Werkes 1964)
R. DE VAUX, Das Alte Testament und seine Lebensordnungen, I 1964[2], II 1966[2]

11. Biblische Archäologie

Y. AHARONI, The Archaeology of the Land of Israel, 1982
W. F. ALBRIGHT, Archäologie in Palästina, 1962
H. BARDTKE, Bibel, Spaten und Geschichte, 1971[2]
Biblisch-Historisches Handwörterbuch, hg. von B. REICKE – L. ROST, I–IV (mit Register und Palästina-Karte) 1962–1979 (BHH)
Encyclopedia of Archaeological Excavations in the Holy Land, ed. M. AVI-YONAH, I 1975, II 1976, III 1977, IV 1978
H. J. FRANKEN – C. A. FRANKEN-BATTERSHILL, A Primer of Old Testament Archaeology, 1963
V. FRITZ, Einführung in die Biblische Archäologie, 1985 (mit weiteren Literaturangaben)
K. GALLING (Hg.), Biblisches Reallexikon, 1977[2]
O. KEEL – M. KÜCHLER – C. UEHLINGER, Orte und Landschaften der Bibel, I 1984, II 1982

K. KENYON, Archäologie im Heiligen Land, 1976²
K. KENYON, Die Bibel im Licht der Archäologie, 1980
A. NEGEV, Archäologisches Lexikon zur Bibel, 1972
M. NOTH, Der Beitrag der Archäologie zur Geschichte Israels, VTS 7 (1960), 262–282 (= Aufsätze zur biblischen Landes- und Altertumskunde, I 1971, 34–51)
M. NOTH, Hat die Bibel doch recht?, in: Festschrift G. DEHN, 1957, 7–22 (= Aufsätze zur biblischen Landes- und Altertumskunde, I 1971, 17–33)
M. NOTH, Grundsätzliches zur geschichtlichen Deutung archäologischer Befunde auf dem Boden Palästinas, PJ 34 (1938), 7–22 (= Aufsätze zur biblischen Landes- und Altertumskunde, I 1971, 3–16)
M. NOTH, Die Welt des Alten Testaments. Einführung in die Grenzgebiete der alttestamentlichen Wissenschaft, 1962⁴
Reclams Bibellexikon, hg. von K. KOCH u. a., 1978
H. H. SCHMID, Die Steine und das Wort. Fug und Unfug biblischer Archäologie, 1975
H. WEIPPERT, Palästina in vorhellenistischer Zeit, 1988

12. Realien, Geographie Palästinas

Biblisch-Historisches Handwörterbuch, hg. von B. REICKE – L. ROST, I–IV (mit Register und Palästina-Karte) 1962–1979 (BHH)
H. DONNER, Einführung in die biblische Landes- und Altertumskunde, 1976
K. GALLING (Hg.), Biblisches Reallexikon, 1977²
The Interpreter's Dictionary of the Bible, I–IV 1962
O. KEEL - M. KÜCHLER - C. UEHLINGER, Orte und Landschaften der Bibel, I 1984, II 1982
M. NOTH, Die Welt des Alten Testaments. Einführung in die Grenzgebiete der alttestamentlichen Wissenschaft, 1962⁴
Reclams Bibellexikon, hg. von K. KOCH u. a., 1987⁴
Die Religion in Geschichte und Gegenwart, hg. von K. GALLING, I–VI (mit Register) 1957³–1965³ (RGG)
Theologische Realenzyklopädie, hg. von G. KRAUSE und G. MÜLLER, Iff. 1977ff.
Y. AHARONI, Das Land der Bibel. Eine historische Geographie, 1982
Atlas of Israel, published by the Department of Surveys, Ministry of Labour and the Bialik Institute, the Jewish Agency, 1970²
L. H. GROLLENBERG, Kleiner Bildatlas zur Bibel, 1982² (GTB Siebenstern 100)
J. SIMONS, The Geographical and Topographical Texts of the Old Testament, 1959

13. Einleitung in das Alte Testament

B. S. CHILDS, Introduction to the Old Testament as Scripture, 1979
O. EISSFELDT, Einleitung in das Alte Testament unter Einschluß der Apokryphen und Pseudepigraphen, 1976⁴

G. Fohrer, Einleitung in das Alte Testament, 1979[12]
G. Fohrer, Erzähler und Propheten im Alten Testament. Geschichte der israelitischen und frühjüdischen Literatur, 1988
G. Fohrer, Vom Werden und Verstehen des Alten Testaments, 1986
O. Kaiser, Einleitung in das Alte Testament. Eine Einführung in ihre Ergebnisse und Probleme, 1984[5]
L. Rost, Einleitung in die alttestamentlichen Apokryphen und Pseudepigraphen einschließlich der großen Qumran-Ḥandschriften, 1979[2]
R. Smend, Die Entstehung des Alten Testaments, 1984[3]
A. Weiser, Einleitung in das Alte Testament, 1966[6]

14. Theologie des Alten Testaments

R. E. Clements, Old Testament Theology, 1978
W. Eichrodt, Theologie des Alten Testaments, I 1968[8], II/III 1974[7]
G. Fohrer, Theologische Grundstrukturen des Alten Testaments, 1972
E. Jacob, Théologie de l'Ancien Testament, 1955 (englisch: Theology of the Old Testament, 1967[4])
L. Köhler, Theologie des Alten Testaments, 1966[4]
O. Procksch, Theologie des Alten Testaments, 1950
G. von Rad, Theologie des Alten Testaments, I 1987[9], II 1987[9]
R. Smend, Die Mitte des Alten Testaments, 1970
Th. C. Vriezen, Theologie des Alten Testaments in Grundzügen, 1957
C. Westermann, Theologie des Alten Testaments in Grundzügen, 1985[2]
W. Zimmerli, Grundriß der alttestamentlichen Theologie, 1985[5]

IV. Bibliographische Hilfsmittel

Biblisch-Historisches Handwörterbuch, hg. von B. Reicke – L. Rost, I–IV (mit Register und Palästina-Karte) 1962–1979 (BHH)
C. Burchard, Bibliographie zu den Handschriften vom Toten Meer, I 1959[2], II 1965
Einleitungswerke (s. § 13, III, 13)
Elenchus Bibliographicus (ursprünglich: Beilage zu Biblica, 1ff. [1920ff.]), als selbständiger Band veröffentlicht ab Biblica 46 (1965)
Internationale Zeitschriftenschau für Bibelwissenschaft und Grenzgebiete, 1ff. (1952ff.) (IZBG)
Orientalistische Literaturzeitung. Monatsschrift für die Wissenschaft vom ganzen Orient und seinen Beziehungen zu den angrenzenden Kulturkreisen, 1ff. (1898ff.) (OLZ)
Die Religion in Geschichte und Gegenwart, hg. von K. Galling, I–VI (mit Register) 1957[3]–1965[3] (RGG)
S. Schwertner, Theologische Realenzyklopädie. Abkürzungsverzeichnis, 1976
Theologische Literaturzeitung. Monatsschrift für das gesamte Gebiet der Theologie und Religionswissenschaft, 1ff. (1876ff.) (ThLZ)
Theologische Realenzyklopädie, hg. von G. Krause und G. Müller, Iff. 1977ff.
Zeitschrift für die alttestamentliche Wissenschaft, 1ff. (1881ff.) (ZAW)

Register

Das Register nennt nicht alle Stellen, an denen das jeweilige Stichwort im Text des Buches vorkommt, sondern nur solche, an denen Bedeutung und Verwendungsweise des Wortes erklärt werden.

UTB

Uni-Taschenbücher GmbH
Stuttgart

Band 708

Geschichte Israels
Von den Anfängen bis zur Gegenwart
Von Professor Dr. Georg Fohrer
4., durchgesehene Auflage
291 Seiten, DM 26,80
ISBN 3-494-02073-6 (Quelle & Meyer)

Band 885

Glaube und Leben im Judentum
Von Professor Dr. Georg Fohrer
174 Seiten, DM 22,80
ISBN 3-494-02096-5 (Quelle & Meyer)

Band 658

Exegese des Neuen Testaments
Neue Wege vom Text zur Auslegung
Von Professor Dr. Klaus Berger
288 Seiten, DM 26,80
ISBN 3-494-02070-1 (Quelle & Meyer)

Band 887/972

Bibelkunde des Alten und Neuen Testaments
Von Professor Dr. Klaus Berger
und Professor Dr. Horst Dietrich Preuß
1. Teil: Altes Testament.
X/237 Seiten, DM 26,80
2. Teil: Neues Testament.
VI/288 Seiten, DM 26,80
ISBN 3-494-02097-3/02121-X

Georg Fohrer

Einleitung in das Alte Testament

12., überarbeitete und erweiterte Auflage
614 Seiten, DM 58,—
ISBN 3-494-00338-6

»Die Stärke des Buches von Fohrer liegt darin, daß er in einer umfassenden Weise das ungeheure Material darzustellen weiß, immer darauf bedacht, die eigene Meinungsbildung des Lesers zu fördern. Wer sich schnell orientieren will, bekommt präzise Auskunft über die gegenwärtige Forschungslage und kann sich an Hand der reichlich angeführten Literatur weiter informieren. Nach einer Einführung in die israelitische Literatur, den alttestamentlichen Kanon und die hier fortgesetzte Einleitungswissenschaft behandelt Fohrer zunächst die Entstehung der Geschichts- und Rechtsbücher. Eine vielfarbige Phänomenologie der Gattungen und ihrer Traditionen orientiert den Leser über die mehr oder minder gesicherten Ergebnisse der letzten Jahrzehnte. Ihr ist ein zusammenfassender Paragraph über Recht, Weisung, Erzählung und Bericht im Alten Orient vorgeschaltet ... Das Bild der alttestamentlichen Geschichte, das der Verfasser auf Grund der Texte sorgfältig zu entwerfen versucht, ist nicht nur ein von außen, eben durch die Texte gewonnenes, sondern trägt auch die Züge dessen, der seine Vorstellungen miteinbringt, so daß eine sorgfältige Reflexion über die eigene Verstehensweise allewege vonnöten sein wird. Damit rühren wir aber Fragen an, die zwar nicht mehr in einer ›Einleitung‹ verhandelt werden können, aber dennoch von einer eminenten Wichtigkeit für ihre Konzeption sind.«

(Herbert Breit in ›Lutherische Monatshefte‹)

Quelle & Meyer Heidelberg · Wiesbaden

Preisänderungen vorbehalten